新媒体创新人才培养
系列丛书

新媒体

新闻写作、编辑与传播

—— 唐铮◎编著 ——

New Media
News Writing, Editing and Communication

人民邮电出版社

北 京

图书在版编目（CIP）数据

新媒体新闻写作、编辑与传播 / 唐铮编著. -- 北京：
人民邮电出版社，2020.7（2024.1重印）
（新媒体创新人才培养系列丛书）
ISBN 978-7-115-54059-1

Ⅰ. ①新… Ⅱ. ①唐… Ⅲ. ①新闻写作②新闻编辑
Ⅳ. ①G212.2②G213

中国版本图书馆CIP数据核字(2020)第082796号

内 容 提 要

本书针对当前新媒体环境下新闻写作、编辑与传播的特点和趋势，对当前的新闻内容生产平台和新闻写作要求进行了详细介绍。本书共 6 章，从新媒体新闻的基础知识入手，讲述了新媒体新闻概述、新媒体新闻内容编辑、不同文种新媒体新闻的写作、网络新闻编辑与传播、新媒体平台新闻编辑与传播，以及新媒体音视频新闻制作与传播等内容，以帮助新闻从业者更好地顺应当前新媒体新闻创作的趋势，成为一个优秀的、专业的新媒体新闻工作者。

本书可以作为高等院校网络与新媒体相关课程的教材，以及相关教职人员的参考书，还可作为各行各业人士学习新媒体新闻写作的工具书。

◆ 编　　著　唐　铮
　　责任编辑　刘　尉
　　责任印制　王　郁　马振武
◆ 人民邮电出版社出版发行　　北京市丰台区成寿寺路 11 号
　　邮编　100164　电子邮件　315@ptpress.com.cn
　　网址　https://www.ptpress.com.cn
　　北京市艺辉印刷有限公司印刷
◆ 开本：787×1092　1/16
　　印张：13.75　　　　　　　　2020 年 7 月第 1 版
　　字数：281 千字　　　　　　2024 年 1 月北京第10次印刷

定价：49.80 元

读者服务热线：(010)81055256　印装质量热线：(010)81055316
反盗版热线：(010)81055315
广告经营许可证：京东市监广登字 20170147 号

PREFACE　　　前　言

移动化和全媒体融合已经成了当前网络媒体发展变革的必然趋势，我国新闻媒体在这样的历史洪流中不可避免地会顺势发展。尤其是新媒体，它搭建了一个综合性的信息平台，使传统媒体借此获得发展空间。对于新闻内容生产而言，现在的新闻创作在传统新闻的写作之上，融合了新媒体的特点，满足了人们获取和传播更多个性化信息的需求。同时新闻的写作类型更加丰富，人们拥有更多的新闻阅读选择，阅读观感也得到了大大提升，这在一定程度上丰富了人们的精神文化生活。

目前，网络媒体用户数量不断增加，移动网络得到普及和快速发展，新媒体行业日渐活跃、不断推新，新媒体新闻也拥有了更好的市场前景。本书从当前新媒体新闻行业的实际情况出发，对当前新闻媒体应对这种潮流趋势的具体措施做了介绍，归纳了新闻的现状和主流创作方法，以帮助读者更好地认识当前的网络新闻创作环境，完善其知识结构，培养适用于新媒体环境下的新闻创作与传播能力。相信在读完本书之后，读者能学会新媒体新闻写作的相关技能，更好地完成新媒体新闻编辑与传播。

本书共6章，各章内容如下。

第1章： 主要介绍新媒体新闻的基本知识，包括新媒体新闻基础知识、传统新闻的新媒体融合之路和新闻中的舆论处理等内容。

第2章： 主要介绍新媒体新闻的内容编辑，包括新闻的结构、新闻的语言要求、新媒体新闻的报道角度、新媒体新闻的材料选择与加工，以及新媒体新闻的写作方法等内容。

第3章： 主要介绍不同文种新媒体新闻的写作技法，包括消息、通讯、新闻专访、新闻特写、深度报道、民生新闻、会议新闻和现场短新闻等的写作技法。

第4章： 主要介绍网络新闻的编辑与传播，包括网络新闻标题制作、网络新闻内容制作、网络新闻专题和网络新闻评论等内容。

第5章： 主要介绍新媒体平台新闻的编辑与传播，包括手机新闻客户端、手机报和社交媒体平台的新闻编辑等内容。

第6章： 主要介绍新媒体音视频新闻的制作与传播，包括新媒体音频新闻制作与传播以及新媒体视频新闻制作与传播等内容。

本书由中国人民大学的唐铮老师编著。由于时间仓促和作者水平有限，书中难免存在不足之处，欢迎广大读者、专家给予批评指正。

编　者

2020年3月

CONTENTS
目 录

第1章
新媒体新闻概述

1.1 新媒体新闻基础知识............2

1.1.1 新媒体新闻的含义与特点...2

1.1.2 新媒体新闻写作六要素......4

1.1.3 新媒体新闻受众的特征......5

1.1.4 新媒体新闻的传播形式......6

1.2 传统新闻的新媒体融合

之路............7

1.2.1 新闻在大数据下的变化......7

1.2.2 传统媒体新闻的转型.........9

1.2.3 传统媒体的媒介融合

途径............14

1.2.4 新媒体新闻的探索............16

1.2.5 新媒体新闻从业者的素质

要求............20

1.3 新闻中的舆论处理............23

1.3.1 新闻媒体的风险沟通......23

1.3.2 新闻舆论引导............25

1.3.3 媒体公关能力培养............29

思考与练习............30

第2章
新媒体新闻内容编辑

2.1 新闻的结构............32

2.1.1 标题............32

2.1.2 导语............33

2.1.3 主体............38

2.1.4 背景............38

2.1.5 结尾............40

2.2 新闻的语言要求............42

2.2.1 准确............42

2.2.2 客观............42

2.2.3 易懂............42

2.2.4 精练短小............44

2.2.5 融入流行词汇............45

2.3 新媒体新闻的报道角度............46

2.3.1 宏观角度............46

2.3.2 微观角度............48

2.4 新媒体新闻的材料选择与

加工............50

2.4.1 新闻材料的含义与分类............50

2.4.2 新闻材料的获取来源............51

2.4.3 新闻材料的选取要求............52

2.4.4 新闻材料使用的注意

事项............53

2.5 新媒体新闻的写作方法............54

2.5.1 事实说话............54

2.5.2 利用引语............54

2.5.3 材料例证............56

2.5.4 场景再现............58

2.5.5 反对"合理想象"............59

思考与练习............60

第3章
不同文种新媒体新闻的写作

3.1 消息和通讯.............................62

3.1.1 消息............................62

3.1.2 通讯............................72

3.2 新闻专访、新闻特写和

深度报道.............................75

3.2.1 新闻专访.......................75

3.2.2 新闻特写.......................88

3.2.3 深度报道.......................93

3.3 民生新闻.............................99

3.3.1 社会新闻......................100

3.3.2 体育新闻......................102

3.3.3 科技新闻......................104

3.3.4 法制新闻......................106

3.3.5 娱乐新闻......................107

3.4 会议新闻与现场短新闻.......110

3.4.1 会议新闻......................110

3.4.2 现场短新闻....................113

思考与练习............................116

第4章
网络新闻编辑与传播

4.1 网络新闻标题制作..............118

4.1.1 网络新闻标题的特点.......118

4.1.2 网络新闻标题的功能.......119

4.1.3 网络新闻标题的写作方法

与范例....................119

4.1.4 网络新闻标题存在的问题

和对应措施...............121

4.2 网络新闻内容制作..............125

4.2.1 网络新闻的受众定位.......125

4.2.2 网络新闻的创作形式.......126

4.2.3 网络新闻的选稿标准.......129

4.2.4 网络新闻的信息甄别.......129

4.2.5 网络新闻的稿件梳理.......131

4.3 网络新闻专题....................132

4.3.1 网络新闻专题的作用.......132

4.3.2 网络新闻专题的类型.......133

4.3.3 网络新闻专题的编辑

思路........................135

4.3.4 网络新闻专题的内容

设计........................137

4.4 网络新闻评论....................143

4.4.1 网络新闻评论的特点与

作用........................144

4.4.2 网络新闻评论的类型.......145

4.4.3 网络新闻评论的写作

要求........................146

4.4.4 网络新闻评论范例..........147

4.4.5 网络新闻评论的管理.......149

思考与练习............................150

第5章
新媒体平台新闻编辑与传播

5.1 手机新闻客户端..................153

5.1.1 手机新闻客户端的发展

基础........................153

5.1.2 手机新闻传播情况..........154

5.1.3 手机新闻客户端的内容

运营........................155

5.1.4 常见手机新闻客户端.......156

5.2 手机报.............................158

5.2.1 手机报的发展现状..........159

5.2.2　手机报的现实意义 160

5.2.3　手机报的编辑策略 160

5.3　社交媒体平台的新闻
**　　　编辑** 163

5.3.1　新闻媒体的微信推文 164

5.3.2　政务新媒体的消息
　　　　报送 168

5.3.3　微博媒体账号编辑
　　　　运营 171

思考与练习 178

第6章
新媒体音视频新闻制作与传播

6.1　新媒体音频新闻制作与
**　　　传播** 180

6.1.1　新媒体音频新闻与
　　　　平台 180

6.1.2　音频录制与编辑 183

6.1.3　音频专辑制作与发布 189

6.2　新媒体视频新闻制作与
**　　　传播** 192

6.2.1　短视频新闻的发展 192

6.2.2　移动短视频新闻平台 195

6.2.3　视频拍摄与编辑 198

6.2.4　网络新闻直播 205

思考与练习 210

第1章
新媒体新闻概述

　　随着以现代通信技术和网络技术为支撑的新媒体的出现和普及，人们的阅读途径与阅读习惯发生了巨大的转变，在这样的时代背景下，新闻写作与传播方式必将迎来变革。为了不被时代的浪潮所淘汰，传统媒体也正在逐步向新媒体领域进军。新媒体环境下的新闻有什么特点？传统媒体如何在保持自身特色的前提下迎合时代与受众的阅读需要，转型为"新媒体新闻"？大数据时代对新闻传播有哪些影响？大数据时代的新闻传播又该如何发展？这些是本章重点探讨的内容。

1.1 新媒体新闻基础知识

新媒体的普及使传统媒体（尤其是报纸）受到了巨大冲击，新媒体的成长之快、扩张势力之强，使新媒体新闻已逐渐成为新闻的一种主要产出形态。本节主要对新媒体新闻的基础知识进行介绍，包括新媒体新闻的含义与特点、新媒体新闻的写作六要素、新媒体新闻受众的特征以及新媒体新闻的传播形式等内容。

1.1.1 新媒体新闻的含义与特点

新媒体新闻作为目前十分流行、占比较重的新闻形态，受到大量受众的关注，下面对其含义与特点进行介绍。

1. 新媒体新闻的含义

新媒体新闻其实并没有一个确切的、明晰的定义。但结合"新媒体"一词来看，我们仍然可以对此有一个清楚的认识。清华大学熊澄宇教授提出：新媒体是一个相对的概念，"新"相对于"旧"而言；他还指出，相对于广播，电视是新媒体；相对于电视，网络又是新媒体。因此，综合来看，新媒体新闻是指在当代技术环境下的一种新闻新形态，它主要依托当代互联网技术来进行呈现与传播，可以为人们带来视、听等方面的全新体验，是更适合和更贴近当前人们生活方式和阅读形态的一种新闻形式。

2. 新媒体新闻的特点

新媒体新闻在具备传统新闻特点的同时，还具备新媒体环境下延伸出来的特点。总的来看，新媒体新闻的特点有以下6点。

（1）时效性强

依托于互联网的新媒体新闻的时效性非常强，媒体的发布时间不再以天为单位，而是以分、秒为单位，新媒体争分夺秒推出最新信息。传统媒体时代，人们获取信息的速度慢、途径有限，虽然报纸、广播等同样讲究时效，但在当前社会现状下，很多信息都是即产即播，甚至不用媒体赶过去，新闻信息就直接由当事人第一时间发布到网络上传播，广大受众能快速搜索并看到他人发布的新闻信息。

此外，如果有错误信息在某一新媒体平台中传播，其他新媒体也能及时发现并修正此类信息，保证受众接收信息的准确性。

（2）发布频繁

在现在的快资讯时代，媒体平台多，信息量大，受众几乎时刻都处于信息的获取状态中，因此各大新闻媒体几乎是全天候待命，时刻准备发布新的信息，其信息数量比传统媒体更多。例如《人民日报》新媒体账号，从2019年4月15日零点起，截至当天15点24分，就已通过微博发布了17条消息。

（3）传播迅速

互联网上的信息基本呈网状散播，媒体和受众都在"一张网上"，信息不仅传播速度快，还可以经过二次或多次传播，一传十，十传百，甚至快速传到国外，这是互联网和通信技术支持下新媒体新闻发展的一个显著特点。

（4）发布方便

传统媒体发布新闻，需要多方综合选题、控制字数等，以利用好版面。如一份报纸在成稿之后，还要确定刊登时间，再经过印刷、出版、分发到销售点等一系列流程才能送达受众面前。这也造成当晚或者凌晨发生的事，很难立即见报。但现在，即便是凌晨发生的事情，也能迅速被发布出来，让受众知晓。

例如，当人们深夜感受到房屋轻微晃动后，会疑心是否地震，这时在媒体平台搜索关键词，几乎立马就能看到相关消息。图1-1所示为"中国地震台网速报"在凌晨两点地震发生后发布的即时消息。又如，在重大竞技赛事结束时，新媒体几乎同时就会对比赛结果进行报道，图1-2所示为2016年里约奥运会中国取得首金报道。

图1-1｜凌晨发布的地震新闻消息　　　图1-2｜2016年里约奥运会中国取得首金报道

（5）互动性强

传统新闻传播方式下，受众大都是被动地接受信息，这很难实现双方信息的对接与讨论，而现在，受众通过同一平台接收信息，可以实时评论，发表自己的看法，表达建议。相比传统新闻，新媒体新闻互动性更强。

（6）舆论引导效果显著

新媒体环境下，网民可以在媒体用户发布的信息下随时与之互动，并对信息进行多次传播，因此能快速形成话题发酵。尤其是一家媒体表达了自己的看法，且有大量读者附和时，就能形成舆论引导，其传播度和话题度就会很广，甚至能起到良好的监督作用。例如2019年4月11日15点05分，"共青团中央"在微博发表了对视觉中国网站图片版权的质疑，引起了广大受众关于图片版权的讨论与关注，这对强调保护知识产权发挥了很大的作用，也有助于引导受众关注与尊重版权，提升版权意识。

1.1.2 新媒体新闻写作六要素

新闻在新媒体环境下的传播形式与写作风格都发生了变化，但新闻依然以叙事为主，主要用于报道事实、评述事实，因此仍保留了新闻写作的六要素，以确保提供有效、全面的新闻内容。

新闻写作六要素一般用"5W1H"概括，即When、Where、Who、What、Why和How，分别代表时间、地点、人物、事件、起因和结果，将其概括起来就是某时某地某人因为某种原因做了什么事情，最终导致了什么结果。其具体含义如表1-1所示。

表1-1 新闻写作六要素的具体含义

各要素名称	具体含义
时间（When）	新闻报道要求时效性，所以在新闻开头会给出明确的时间，一般为事件发生的时间。时间的说明有详有略，可以精确到几分几秒，要视内容而定
地点（Where）	地点是指新闻报道事件所发生的地点，如果事件比较严重或引人注目，就需要把地点写得详细一些，而一些娱乐事件或话题事件的地点则可以模糊化，用网络指代，例如"苹果通过其官网宣布"
人物（Who）	人物是指事件涉及的主要人物，可以是个人、群体，也可以是国家、组织、社会团体、机构等
事件（What）	事件是新闻的核心内容。新闻就是因报道事件、传达消息而存在的，因此必须将事件叙述到位，可以在报道事件时详述其具体经过
起因（Why）	起因是事件不容忽视的缘由，即便暂时不清楚，也需在报道中注明"目前事件原因正在进一步调查中"等字样
结果（How）	结果是指该事件产生的影响以及目前的进展等

范例

巴黎圣母院突发大火塔尖坍塌 马克龙抵达现场

人民网讯 据法新社报道，法国巴黎圣母院在15日晚约18点50分左右突然发生大火，随后巴黎消防及救护人员立即出动。由于火势迅猛、晚间有风，正在装修的教堂屋顶上的一座塔尖已在大火中坍塌。原本当晚将发表全国政策讲话的法国总统马克龙已取消讲话，携夫人赶赴火灾现场。

巴黎市政府已下令封锁巴黎圣母院所在的西堤岛，并要求市民给消防及警方让路。一个用于接待西堤岛附近民众的中心也已向市民开放。除了大火导致巴黎圣母院屋顶的一座塔尖坍塌外，火势现已蔓延至圣母院正面的左侧塔楼，而塔楼后面圣母院内的大火仍在继续燃烧。有消息称，此次火灾可能与近期圣母院屋顶的翻修工程有关。法国内政部门指出，有超过400名消防员在现场进行灭火作业。

点评：这则新闻的第一句话就对时间、地点、人物、事件进行了概括，此处的人物是"巴黎圣母院"；接着陈述事件的具体进展，同时对事件产生的原因以及目前呈现的结果进行说明。新闻内容要素齐全，语言简短，信息量丰富。

▌1.1.3 新媒体新闻受众的特征

新媒体不仅对新闻的传播产生了很大的影响，受众对各类新闻的接受也有较大的变化。新媒体新闻受众的特征主要有以下5点。

1．变被动为主动

新媒体环境下的受众逐渐摆脱了以前被动接受信息的状态，开始主动去创造与分享信息，这使以前的媒体—受众—媒体的传达与反馈的不对等关系渐渐发生了改变，在信息的传播中受众的主动性开始发挥重要的作用，这样的变化使这种由于信息资源不对称造成的有限的沟通与反馈转型成回应、分享、提问、探讨等多种形态，受众开始掌握主动。

此外，新媒体不少新闻事件的第一信息源或线索都是由网络用户提供的，新媒体再由此进行调查编辑，将其制作成一篇真实的新闻内容。可以看出新媒体时代，新闻受众的主动性特征是非常明显的。

2．全民参与

相对于传统媒体而言，新媒体时代受众的话语权更多。一方面，网络用户在不违反相关法律法规的条件下可以自由发言，参与讨论与传播。另一方面，在新媒体时代，新媒体新闻的受众基数在不断增加，用户参与度广，几乎达到了全民参与。

3．新闻质量要求高

现在很多年轻受众喜欢在网上浏览新鲜资讯，他们是新媒体新闻的重要受众群体之一。不只是这类群体，其他新媒体新闻受众也长时间在网上浏览各种信息，这使其整个受众群体对新闻质量的要求变高，简单文本内容的新闻对受众的吸引力并不大，而准确性与时效性兼具的视频新闻、音频新闻或结合其他新技术或多媒体技术的新闻内容等，会让受众更有新鲜感。另外，美观的排版设计也会为新闻加分。

除了新闻内容外，新媒体新闻的网站栏目设计、客户端设计、界面设计等也会影响受众对新闻的整体观感。

4．新闻阅读需求大

很多受众习惯了新媒体时代信息接收的便利性，甚至养成了每天接收新资讯或查看新闻的习惯，比传统媒体时代看得更勤，"瘾"更大，经常拿手机"刷一刷"。这些受众流连于不同的媒体之间，甚至会查看某条信息的多个媒体发送方中关于该信息的相关评论、讨论，这使新媒体新闻具有非常明显的阅读需求大的特点。这种新闻阅读需求大的特点是现在频繁使用移动设备的新媒体受众常有的特点，同时也是值得新媒体新闻从业者思考的，对其新闻内容的创造和传播有十分明显的促进作用。

5. 阅读设备移动化

从中国互联网络信息中心（CNNIC）第43次《中国互联网络发展状况统计报告》可以看出，中国网民使用移动设备接入网络的比例很高。该报告数据显示，截至2018年12月，我国网民规模达8.29亿，互联网普及率达59.6%。而我国手机网民规模达8.17亿，网民通过手机接入互联网的比例高达98.6%。可以看出，新媒体时代呈现阅读设备移动化的特点。

1.1.4 新媒体新闻的传播形式

随着新闻媒体行业形态不断发生变化，新闻的传播形式在新的时代背景下也呈现出新的内容，变得更加复杂、新型与多元化。其传播形式主要有以下4种变化趋势。

1. 转向数字化传播

在新媒体环境下，新闻传播技术也在不断地创新。新闻的传播形式由平面新闻向数字化新闻转变。调查显示，自21世纪以来，受众对报纸的浏览量在逐年减少，而网络和电视等数字媒体的使用量却在不断上升。数字化新闻使受众的浏览行为更加方便，且新闻的更新速度也大大加快。

2. 转向高保真传播

在当代社会，即便人们不出现在现场，新闻也能传递出一种身临其境之感。这是因为新闻在传播过程中，从图片、文字类新闻，转向了视频、动态图像新闻，新闻的可视化、直观化程度不断提高，从而为受众提供高度保真、与众不同的阅读感受。

3. 转向便捷化转播

新媒体时代，人人都可以是信息的发布者，也都可以是信息的接受者。传播技术和互联网的发展，使信息的交互更加便利，获取信息的方式也更简单快速，突破了时间、空间对信息传播的限制。人们既可以通过越来越普及的手机、平板电脑等移动终端设备快速获取与传播信息，也可以通过地铁、公交上的移动电视接收信息。这种便捷化的传播形式是新媒体时代的一大特色。

4. 以微信和微博为主导传播

在众多的新媒体中，微博和微信在新闻的传播中占据了主导地位。这是因为微博是很大的资讯集合平台，可以清楚地将所有的时事热点展现在受众的视野中，并且热点24小时持续不断更新，受众可以时刻关注社会热点信息。而微信则是现在国内通用的、普及率非常高的及时通信应用，是人们生活必不可少的社交工具。两者都可以在移动端使用，且非常平民化、大众化，所有人都可以拥有属于自己的账号来发布和转发信息，这给新闻从业者和读者都带来了较大的便利。

几乎所有的知名人物、公司、机构和政府都有属于自己的微博和微信账号，并且会通过微博和微信账号及时发布自己的动态信息。而其他一些媒体在报道新闻时大都通过微博和微信截图来进行报道。因此可以说，在现在的新媒体新闻传播中，微信和微博占据了非常大的比重。

 # 1.2 传统新闻的新媒体融合之路

目前，我们面临的是"一部移动手机走天下"的移动互联网时代，传统的新闻报业、电视媒体将不再在新闻传播中占据主要地位，受众习惯于通过移动端获取新鲜资讯。因此，传统媒体不再"高高在上"，而开始向受众更容易接受的方向转变，以确保自己在市场中的占有率。

1.2.1 新闻在大数据下的变化

科学技术的发展使数字化趋势越来越明显，尤其是手机、物联网、云计算等的发展，无一不在预示着大数据的发展趋势和发展空间，全球信息交换的数量和速度也得到飙升。新闻作为传播性较广的一种内容输出方式，势必会受到大数据的影响，从而具备不同的行业形态特征。

大数据（Big Data）是指一种大量的无法在合理时间内被常规软件或工具截取、管理和处理的数据集合。而大数据技术则是一种从各类数据中快速截取有效信息的技术。大数据环境下，人们不仅能传播海量数据信息，还能对这些信息进行有效管理和分析，帮助企业进行管理、营销和业务决策等。大数据服务已被广泛运用于各大行业、领域，形成了由终端设备提供商、数据服务提供商、数据服务零售商等一系列参与者共同构建的复合式数据生态系统。在这样的环境下，新闻变革也正在逐步进行。

1. 不再是"一对多"，而是点对点

传统的报纸、电视等新闻只能由媒体发出，受众被动接收，而在新媒体的依托与助力下，新闻的去中心化特征逐步明显，不仅各大平台上新闻媒体的数量有所增加，受众也可以作为信息的发送者去生产、传播信息，从而形成"点对点"传播。

2. 打破媒体权威

在大数据时代，媒体、受众的关系渐趋平等，传统媒体不再占据有限的话语渠道，受众了解信息的方式也不会局限于媒体，而是可以通过多种新媒体平台了解信息并自由评论，发表自己的意见或观点。因此尽管传统媒体生产的内容也被受众信赖，但通过新媒体

可以产生更多的受众自己的多元化的观点，他们可以在新闻内容的生产和传播时表达自己的看法，因此媒体的话语权垄断地位被打破，受众所发挥的作用越来越明显。

3. 内容表现形式多元化

借助以前的报纸、广播、电视、杂志等媒介，新闻可以文字、图片、流动画面、音频的方式相对独立地呈现出来，而随着互联网技术、数字化技术的发展，新媒体平台出现了，这些表现形式逐渐融合，能借助手机等移动设备进行多元化呈现，而不只是单一形态。这种内容元素的综合，打破了传统媒介形态的限制，使受众可以更方便地接收信息，并带来更好的阅读体验。

而除了这类多元化融合的新闻形式外，新媒体平台还支持动画、VR、直播、交互图表、H5等媒体形式。其中，H5因其互动性和图文俱佳、音频辅助的特性能给受众带来更优质的阅读体验。相比其他媒体形式，H5更注重受众的参与和体验，实现了跨平台的使用，也更有利于新闻信息的传播，而好的H5新闻对受众心灵的触动和思想的启发性也会更大。

 小提示 新媒体创作的内容不仅仅有"一本正经"的、重要的、严肃的新闻事件报道，还有为各类新鲜活动、重要时事进行的事前宣传，从而让受众提前知悉信息，因此利用H5制作新闻是非常好的一种手段，既可以让新闻传达信息，形式上也更为有趣，便于传播。

图1-3所示为新浪新闻针对其新媒体峰会而制作的H5新闻，它通过交互式操作和自问自答的方式，从技术、策略、内容、媒体边界4个维度对未来媒体的猜想进行展示，实际上，这也是此次新媒体峰会的主题预告，在设计上，它采用蓝色背景、线条画和动态流星，尽显未来感和科技感，十分吸引人。这既达到了展示活动内容的目的，又具有很好的传播效果。

图1-3 | H5新闻

4. 信息碎片化

传统新闻总需要人们一块一块地阅读、获取信息，而现在，人们只需在上下班途中、休息时间、等车的间隙就能随心阅读简短信息，获取信息更加方便。人们对碎片化时间的利用使得信息也更加短小精悍，头条新闻、微信新闻、微信短文章更是说明了这一点。

5. 盲目传播广泛

由于新媒体新闻时效强、传播速度快、内容精简，能很快触达受众，因此这也造成了新闻被盲目传播的弊端。不少新闻事件，在初次报道阶段，只能报道表面信息，即"肉眼可见的真实"，但很多事件，尤其是重要的社会新闻需要一定的时间去调查发现，才能弄清楚其来龙去脉，而在这段时间差中，新媒体环境下信息的裂变式传播，以及有些网友在不了解具体情况下因自己的揣测或受某种诱导，就很容易造成舆论的发酵，这也意味着，大数据环境下的新闻生产可能很难准确把握好新闻传播过程中事件的精准。

例如，在重庆公交车坠江事件出现之后，新媒体的新闻只对事件过程进行了简单叙述，并展示了一段视频，该事件作为一起重大的社会事件理所当然地受到了受众的广泛关注，获得了大量传播。但由于事情缘由未明，人们只看到公交车在撞了对面驶来的红色小轿车后就冲向了江里，就暗自揣测并攻击小轿车司机是事故的"元凶"。不少媒体在传播过程中甚至发出"小轿车逆行撞向公交车致其坠江"的文字。网友也开始了对女司机的口诛笔伐，"开车还穿高跟鞋，出事活该""女司机果然是马路杀手"。有网友看着该司机事故后在破损的车前路边茫然地坐着，甚至口出恶言，发出较为恶毒、偏激的评论。对某网友提出"找到汽车黑匣子就能知道公交车到底发生了什么"的言论也进行激烈的反驳，"汽车有黑匣子，你搞笑吧""没文化还出来丢人现眼"，网络骂战和网络暴力就是这样产生的。最后事情真相大白，小轿车司机是无辜的，网友又去谴责媒体误导大众，这样一出闹剧就是新媒体新闻盲目传播带来的弊端。

大数据下的新闻发展有好有坏，这使新闻具备了不同的特点，因此，新闻从业者应该掌握了解这些特点，并对其中的负面事件引以为戒。

1.2.2 传统媒体新闻的转型

随着新的媒介形式对人们生活方式的改变，传统新闻媒体也逐步走上了转型之路，开始融入新媒体平台，或创新新闻内容生产方式，或扩宽传播渠道，以更好地融入人们的工作和生活，适应时代发展。

1. 进入移动新闻客户端

智能手机的普及和新媒体的发展，基于移动互联网的微信、微博、微视频等的微传播大行其道，使人们的阅读方式发生改变，传统媒体纷纷推出新媒体战略，以拓展传播空间，其中非常重要的一个表现就是建立新闻客户端。移动端产品功能的加强和体验优化，让新闻资讯内容的覆盖领域不断扩大，以移动设备为主的传播方式比传统方式更能满足手机网民多样化的阅读需求，这使手机客户端成为用户获取新闻资讯的重要渠道，获得了用户的认可。

（1）新闻客户端1.0

国内传统媒体最先上线新闻客户端的时间可以追溯到2009年，其时"南方周末"客户端上线。2010年，传统报业进入"新闻客户端1.0时代"，新浪、腾讯等门户网站开始推出自己的客户端产品。2012年，互联网创业公司"北京字节跳动科技有限公司"推出"今日头条"，它基于用户的社交网络数据，通过算法实现信息的精准推送。相比之下，传统媒体则显得有些"反应缓慢"。虽然也有传媒机构推出了新闻客户端，但功能和内容比较简单，内容往往只是报刊内容的迁移，并没有将新闻客户端利用起来。由于缺乏专业的新媒体运营团队和创新思维，传统媒体发展举步维艰。

（2）新闻客户端2.0

创新变革是大势所趋，要想融入新媒体，必须利用好移动设备传播渠道，以央视新闻、新华社、上海报业集团等为代表的传统媒体纷纷开始建立新闻客户端。其中，"澎湃新闻"的建立是一个典型代表。

澎湃新闻于2014年由上海报业集团建立，最早脱胎于《东方早报》，其主打时政新闻与思想分析，生产并聚合中文互联网世界中优质的时政思想类内容，定位为拥有手机客户端、网站、手机网页版、微信、微博和其他社交媒体内容的新媒体平台，目标是成为中国的全媒体内容生产平台、全媒体产品创新平台和全媒体服务运营平台。可以看出，澎湃新闻是上海报业集团着力打造的产品，其用户可以对每条新闻进行提问，并对问题进行解答；同时还设置了热门问答追问功能，这一功能使其完全颠覆了传统的新闻生产方式和新闻形态，用户也可以进行新闻的分享、追踪与栏目订阅等。

澎湃新闻强调自己是互联网技术创新与新闻价值传承的结合体，致力于新闻追问功能与新闻跟踪功能的实践，也确实创办了一系列在新媒体平台中有影响力的栏目，如中国政库、打虎记、人事风向、一号专案等，在受众中迅速建立起了自己的品牌。虽然有人认为其部分栏目的划分给人一种传统媒体照搬到移动端的即视感，但也有不少学者给出了肯定，认为其"及时""独家""深度"等特点是不少财经网站难以达到的。同时，澎湃新闻总编辑也表示这是"平面媒体内容（团队）以完整建制最大规模进入新媒体"。它并不是只由一个新媒体部门专门负责，而是数百余名采编人员的全体转型，这颠覆了《东方早报》原有的生产模式。澎湃新闻在当时有不可否认的影响力，可以说是新闻客户端2.0浪潮的起点。

除了聚焦时政的澎湃新闻外，上海报业集团还推出了主打财经的"界面"，之后还有传媒集团、互联网资本和地方政府合作投资的"无界新闻"，它强调新闻的"开放性"，可采用H5技术手段撰写新闻，让新闻更立体、多样。

2015年，《重庆日报》报业集团推出新闻客户端"上游新闻"，它以重庆为基点，突出人与人、企业和政府之间的关系，做高品质的新闻和原创内容，其中包括政情、热点、财富等多个栏目。

此外还有"南方都市报"推出的"并读新闻"客户端。它将新闻嵌入社交场景，并利用技术更好地做精准推送，其内容多采用互联网语言，并善于利用图表、数据等形式，更贴近当代年轻人的阅读偏好。长江全媒体公司推出的"九派新闻（原名长江新闻）"不仅做新闻，在地方党委的主导下，它还定位为用大数据技术构建新媒体产业融合的平台，主攻数据新闻、前沿思想，以及舆情分析、互联网金融等延伸产业链。

虽然目前的新闻客户端仍存在原创内容比例较低、新闻以整合为主的特点，且媒体客户端在拉开各自差异的路途上还处于摸索阶段，但也都在不断升级发展之中。专业媒体客户端要想做出特色、成功助力媒体转型，还有广阔的发展空间。

2. 发展门户网站

现在是数据"大爆炸"时代，各种门户网站不断地涌现发展，而很多行业在争奇斗艳的同时面临着内容与形式的变革转型，尤其是新闻。新闻是一种对社会影响较大且深刻的舆论形式，其主流传播形态也在转型发展的过程中。

在大数据时代来临之前，很多新闻门户网站的新闻基本以文字表现形式为主，尤其是财经类新闻，大多以文字分析与数据表格相结合的形式进行呈现。这种形式在目前的新媒体环境下只会给受众带来枯燥无聊的阅读感受与极为刻板的阅读体验。而随着媒体形态的变化，新闻内容的呈现方式变得更加多元化，出现了数据新闻这种新的新闻方式，它可采用文字、视频、图片、图表等多种元素进行呈现，以数据交互的全媒体叙事方式更新了原来以文字叙述为主、少量图片、视频为辅的传统叙事方式。图1-4所示为新华社联合浙江大学可视化小组研究团队发布的数据新闻。

该数据新闻以《全宋词》为样本，以数据统计了两宋年间，不同年代词人走过的路、作品的数量、用过的高频词汇、常用意象与情绪表达等，以数据化的形式向受众展示两宋时期的词作画面。

其实，门户网站早在2011年就开始了对数据新闻的探索，例如搜狐的"图表新闻"，其"图述"板块就以图表叙述为主，辅以文字和视频；"数字之道"板块则强调以数据和图片的方式叙述新闻内容，数据化、可视化特征明显。其他的门户网站也在探索，例如网易的"数读新闻"就以数据叙述为主，借助数据图表、交互设计等方式，为受众提供新闻背后的数据解读，其宗旨为"轻量化"，即信息图的设计要简洁，用简洁的方式呈现数据，同时字数要少，用最少的文字表达自己的独特观点。这样既不失数据的严谨和客观，也使新闻变得更易读、更有趣。

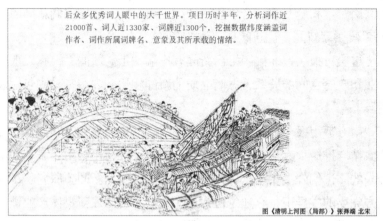

后众多优秀词人眼中的大千世界。项目历时半年，分析词作近21000首、词人近1330家、词牌近1300个，挖掘数据纬度涵盖词作者、词作所属词牌名、意象及其所承载的情绪。

图 《清明上河图（局部）》张择端 北宋

图 宋代著名词人常用意象及其表达情绪统计

喜
怒
哀
乐
思

情绪表达
次数占比

意象

功立业，眼界宽广；后者终生隐逸，情感细腻雅致，人称"词中李商隐"。

正所谓"以我观物，故物皆著我之色彩"，透过意象看去，可见宋代词人丰富的内心世界。程朱理学起源于宋代，主张修养本性、收敛欲望，因而宋代整个文人阶层都沉浸在自省的氛围之中。毕竟，万水千山走遍，冷暖人情历尽，叩问本心才是词人的真性情。因而词人们常沉思，有时还挟带着现世的种种忧愁。北宋晏几道，如其父晏殊，才华绝伦；少年及第，然家道中落，暮年沦为阶下囚。他的词作多沉浸在落花、枯草、小楼之中回味相思。而南宋末年的刘辰翁将思考上升到家国高度，一生著书立说，在山水草木之间安放无处施展的忠诚。

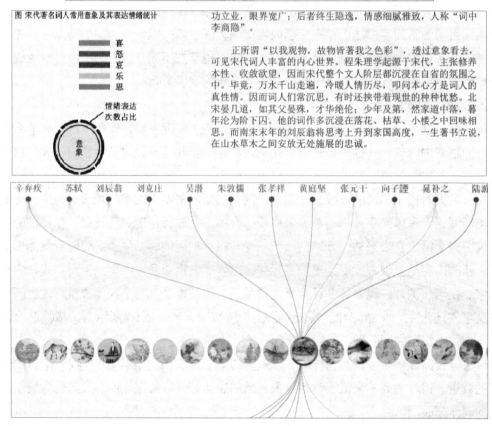

图1-4 | 数据新闻

除了数据新闻外，很多门户网站还设立了自己的新闻客户端，以打通与微信、QQ、新浪微博等多渠道的信息互通，获取移动端的市场份额。另外，高技术含量的代码结构的使用也会使门户新闻网站的内容更加精彩。未来，门户网站的发展还会不断创新进步。

3. 追求可视化

在中国互联网第一个十年，通过图文发布网络内容是新闻的主要表现形式。而可视化是新媒体内容的未来发展趋势，即中国互联网下一个十年的主要表现形式。现在生产内容的技术越来越先进，互联网基础设施的投入、高速带宽的铺设以及用户浏览习惯的自然转变是促使新闻可视化发展的重要因素，与技术的融合是新闻可视化的必经阶段。可视化技术包括全感官触动、可控性播放以及多样化内容等方面，能将信息生动形象地表现出来，也更符合人们对新闻休闲娱乐、生动活泼的要求。可视化的技术融合加快了信息的传播速度和受众的信任度，可视化的内容较静态网络图文更容易赢得受众的青睐。国内外研究数据表明，在线视频是网民比较喜欢的新闻浏览方式。

新媒体内容的呈现方式在很大程度上受到受众网络行为的影响，随着经济水平和受众精神消费水平的提高，新闻可视化在现在的新闻领域中已经有所发展。早在对伦敦奥运会的报道中，国内外的网站就将视频内容作为报道的重点。国内的新浪、搜狐、网易、腾讯除购买央视的视频节目外，还投入人力、物力、财力做了大量的原创视频和访谈视频。《纽约时报》在其网站也尽量突出视频内容，将视频按钮放置在导航条的显著位置。受众可以通过可视化新闻快速识别信息，这对信息的传播和发展也十分有利。

事实上，不断利用新技术探索、生产新闻内容是很多新闻媒体正在做的事，而融合新技术的可视化新闻在目前仍然有不小的发展空间。国内目前并没有形成完整的可视化新闻规模和体系，因此要想更好地实现新闻可视化，还需要有资金的支持和新技术的引进，需要有足够的投入。如今，已经有约600多家网络视听节目服务持证机构、10多家网络广播电视台获得了批准。一些门户网站、新闻网站，以及一些商业机构全都从事网络视频业务，其中网络视频新闻传播的主要机构为中央广播电视总台、新华社，以及一些地方广播电视台支持的新闻网站。其中一些门户网站虽然以图文内容为主，但随着新媒体的发展，其在获得相关资质后，也开始加大对视频内容的投入和制作。

4. 入驻自媒体领域

自媒体又称"公民媒体"或"个人媒体"，是指以现代化、电子化的手段，向不特定的大多数或特定的个人传递规范性及非规范性信息的新媒体的总称，是私人化、普泛化、自主化的传播方，也可以说是个人媒体账号。

常见自媒体平台包括QQ空间、微博、微信、百家号、抖音、百度官方贴吧、论坛/BBS等网络社区，对于不少媒体号来讲，可称为第三方媒体平台。传统新闻媒体入驻第三方媒体平台也是新闻媒体转型的一大表现。现在受众涉猎的平台既多又广，因此有不少主流新闻媒体与网络新闻媒体进入了这些领域，以拓宽自己的传播渠道。例如，在百家号中输出的优质文章，可能会被推荐到百度首页，带来更多的阅读量。

另外，很多新闻媒体入驻微博、微信平台也是一个有力表现，两者不仅是新媒体，也是自媒体，具备很多流量。尤其是微博，其裂变式传播速度之快，使一条新闻信息可以像接力一样层层传播转发，被纵向传播到更多不熟悉它的受众视野中。微博还可将这些受众转化为该媒体的"粉丝"，这种传播能力是其他平台较难达到的。而微信中的媒体账号在被关注之后，也可以向受众精准推送消息，很难被过滤。甚至新闻媒体还进入了抖音等娱乐视频平台，例如《人民日报》、央视新闻、央视网、新华社、直新闻等。

2019年1月22日，中国新闻史学会应用新闻传播学会发布《媒体抖音元年：2018发展研究报告》，报告中指出，2018年，抖音上经过认证的媒体账号超过1340个，累计发布短视频超过15万条，累计播放次数超过775.6亿，累计获赞次数超过26.3亿。这些平台不仅成为主流媒体传播信息的重要渠道，也为主流媒体的移动化传播变革积累了丰富的实践经验。这也是传统新闻媒体为转型、创新做出的重要尝试。图1-5所示为入驻微信和抖音的部分新闻媒体示例。

图1-5 | 入驻自媒体领域的新闻媒体

1.2.3 传统媒体的媒介融合途径

媒介融合是大势所趋，对于传统媒体而言，媒介融合既响应了相关意见、政策的号召，又满足了自身发展的需求。传统媒体只有融合新媒介渠道，才能开辟新的舆论阵地，改变传统媒体在市场生命周期中的衰退局面。通过融合发展重新建构自己的传媒业务后，传统媒体才能清楚认识到自身未来的定位与发展，获得新的市场红利。目前国内虽然还没有一个完美的媒介融合方向，但很多传统媒体都做出了尝试。从目前的新媒体大环境来看，主要可以从以下3个方面来寻求媒介融合的途径。

1. 发展互联网思维

在媒介融合的过程中，思维是非常重要的，新闻媒体一定要会应用互联网思维。互联网思维即利用互联网的传播特征进行媒介融合。中央全面深化改革领导小组审议通过的《关于推动传统媒体和新兴媒体融合发展的指导意见》明确提出，"坚持先进技术为支撑、内容建设为根本，推动传统媒体和新兴媒体在内容、渠道、平台、经营、管理等方面的深度融合。"其最终目的就是实现传统媒体与新媒体多环节、多维度、多层面的全面融合。

传统的新闻媒体在内容的生产上，遵循自上而下的线性传播，且不同的媒体组织或同一组织的部门之间都缺少互动；而新媒体则用相关性代替了线性，用互动代替了单向传播，它综合运用极致思维、平台思维、流量思维、粉丝思维、入口思维、大数据思维、快速迭代思维、跨界创新思维等互联网思维方式，通过混媒经营、全媒体营销、跨屏传播、多屏互动等手段，创造了多元化、个性化、平台化的用户体验，改变了原有的传播观念和传播制度。

不管是从受众的角度，还是从新闻从业者和传播媒体转型的角度来看，互联网思维都是推动传统媒体发展、帮助其争夺市场话语权的重要武器。这也符合当前"互联网+"的时代发展背景，这种互联网思维能成为深化媒介融合发展的核心驱动力。

2. 坚守内容优势

新媒体时代"内容"至上，虽然现在的新闻媒体数量有所增加，但新闻质量良莠不齐，传统媒体在受众心里还是有着根深蒂固的信任度优势。因此在转型道路上，传统媒体要坚守自己的内容优势，利用自己可靠的信息源和内容制作经验更好地与新媒体进行融合，让"老树"开"新花"，重新聚合从传统新闻媒体流向新媒体的受众，甚至吸引更多的受众，让受众能够通过其提供的新媒体渠道来了解更多的新闻真相。这样才能够发挥出媒体的舆论引导作用。

值得一提的是，虽然现代技术的加持使新闻看起来更加丰富和吸引人，但技术终究只是信息传播发展的推动力，不能完全决定新闻媒体的命运，优质的内容依然是新闻媒体影响力的决定因素。新闻报道中具有较大社会反响的是其内容本身的话题性和影响力，所以无论技术如何发展，在新闻传播领域，优质内容仍然处于中心地位。因此传统媒体如果依旧重视对内容的创造，其媒介融合之路会更加成功。

3. 以用户为中心

在互联网和新媒体时代，"用户至上"是媒体奉行的首要思维。传统媒体也应在媒介转型发展的过程中贴近用户思维。这主要体现在两个方面，一方面利用传统媒体的优势展示自己的专业和权威，为用户提供优质和有品质保证的内容；另一方面要充分考虑并迎合用户对媒体产品的需求，在对用户进行精准定位的基础上，满足其个性需求，这样媒体信息才能得到精准传播。例如，"今日头条"利用算法推荐为用户提供其偏好内容的媒体运营方式就是"用户至上"思维的重要表现。

1.2.4　新媒体新闻的探索

现在，新闻的内容形式、传播渠道越来越多样化，新闻媒体之间的竞争也越来越激烈。不管是与技术的融合，还是传播形式的革新，对于新闻来说，都是在从媒介融合走向报网互动再到媒介融合的过程。在未来的发展中，新闻不仅要实现新媒体技术与技能的融合，还要实现商业与盈利模式的整合，探索传统媒体在新媒体技术上的新商业模式，并由此继续进行创新发展。尤其是技术的发展变革，对于各行各业的影响都是巨大的。在新媒体新闻领域，可以设想以下3个方面的进展和突破。

1. 新闻机器人

新闻机器人是一种能够根据算法对输入的数据进行新闻写作的智能计算机程序。新闻机器人能对庞大的数据进行分析，找出数据之间的联系，分析事件的原因，指出事件未来的走向。简单来说，新闻机器人就是利用AI智能从事新闻工作的技术。

首先是机器人主持人。2018年11月初，在乌镇举行的第五届世界互联网大会上，中国展示了首批"人工智能新闻主播"（AI主播），其长相真实，面部表情、动作、声音等都与新闻主持人十分相似，轰动了整个智能界，《华盛顿邮报》称赞其"专业又高效"。而在2019年5月4日，由百度打造的AI虚拟主持人"小灵"亮相CCTV1播出的"五四"晚会，如图1-6所示。它集百度语音、视觉、大数据和AR功能于一体，在晚会现场展现出其海量知识储备，并以人工智能算法为支撑，顺畅自然地接话、对答，妙语连珠，与专业主持人站在一起也十分和谐自然，简直让人惊叹。

图1-6｜百度"小灵"

其次是机器人记者，这是写文章、做报道，甚至对新闻事实进行评论的新闻机器人。据观察，早在2012年年末，《华盛顿邮报》就启动了名为"truth teller（吐真者）"的实时新闻核查项目。"truth teller"是一名专注核实新闻准确性的机器人，它可以全程记录新闻报道中的文字、语音等信息，并随时与"打假"数据库进行对比，一旦发现异常便会发出警报。而它也曾在之后的新闻中利用其自主检索功能为编辑部立下功劳。之后，也有不少媒体在寻求这样的新闻生成方式，其中《洛杉矶时报》就曾利用"机器人写手"拔下头筹，成为第一家报道美国加利福尼亚州某次地震事件的媒体。当然，利用机器人写作需要事先准备好固有的模板，但它确实能在不少领域投入使用，能大大减少记者的工作量。

　　人民网曾在某篇报道中指出，美联社在2015年就宣布公司将使用自动化技术报道公司业绩，因为美联社每个季度约要撰写300篇业绩报道，而使用自动化技术在同样的时间内可以生成4400篇业绩短稿（每篇150～300字），所用时间比人工缩短90%以上。同时文中还提到了记者与机器人写手的写作比赛，虽然记者的文章质量更好，但机器人用时十分短暂，而机器人写手的文章质量在其进行学习之后会变得更好，它能在学习多篇文章之后掌握文章大致的语言风格，甚至还会"抖包袱"，而其写作的错误也可以通过算法的改进变得更少。

　　虽然不少人表示，机器人毕竟不是人类，不能代替人类的大脑进行深度写作。但其速度优势和技术优势始终让其在体育、金融领域，以及突发事件中起到很大的作用，正如相关研究人员所说，它可以将人从简单、重复或危险的工作中解救出来。

　　这项技术也已经引入到国内。2015年，新华社推出了新闻机器人"快笔小新"，其写作流程由数据采集、数据分析、生成稿件、编发4个环节组成，适用于体育赛事、经济行情、证券信息等快讯、简讯类稿件的写作。此外还有腾讯财经的机器人"Dreamwriter"、第一财经的机器人"DT稿王"等。2016年8月，里约奥运会期间，今日头条新闻机器人"张小明"最快可以2秒生成一篇赛事报道，平均每天发布30多篇稿件。2019年，科大讯飞的机器人记者助理"小白"在某重要会议期间，从搜集大会新闻到与记者互动，再到为记者提供新闻讯息，功能十分强大，如图1-7所示。而科大讯飞在人工智能及智能语音方面有多年的研究，在2019年2月27日，他们还与人民日报数字传播有限公司联合举行"声速两会"的产品交接仪式，双方希望能通过智能语音转写技术为记者的日常工作提供更多帮助，也为人工智能在媒体方面的应用增添更多新的可能性。

图1-7 | 机器人记者助理"小白"

　　小提示　据了解，科大讯飞的两款核心产品"讯飞听见M1转写助手"与"讯飞听见智能会议系统"拥有专业的收音效果和智能语音转写能力，能帮助记者在新闻报道时解放双手，提高工作效率。

　　虽然现在新闻机器人的运用还不太广泛，但我们仍然可以看到这项技术在新闻领域的发展前景，新闻机器人的自动化与技术化能提高整个新闻行业的效率，但如何试行和运用AI主播、提高新闻机器人的写作质量、更好地处理新闻机器人与记者之间的关系，仍是值得探讨和解决的问题。

小提示

值得一提的是，新闻机器人虽然高产，似乎有取代记者的可能，但在人工智能已成为行业工具之一的时代，人工智能不仅不会给人们带来失业的威胁，反而能让记者在实质的工作上投入更多的时间，而不是将时间浪费在简单的数据分析或处理上。

2．VR＋新闻

随着技术的发展和新媒体对当代人阅读习惯的影响，VR技术也在最近几年进入新闻领域，在国内外传媒行业都有了初步的发展。VR技术是指虚拟现实技术，它是一种可以创建和体验虚拟世界的计算机仿真系统。VR技术可以使用计算机生成一种模拟环境，通过多源信息融合的交互式三维动态实景和实体行为的系统仿真，带给用户身临其境的体验。

VR的主要元素包括模拟环境、感知、自然技能和传感设备等，其中模拟环境是指由计算机生成的实时动态的三维立体图像；感知是指人所具有的一切感知，包括视觉、听觉、触觉、力觉、运动感知，甚至嗅觉和味觉等；自然技能是指计算机对人体行为动作数据进行处理，并对用户输入做出实时响应；传感设备是指三维交互设备。

VR能将人类带入三维信息视角，通过它，人们可以全角度观看电影、比赛、风景等。VR技术甚至可以追踪用户的工作行为，对用户的移动、步态等进行追踪和交互。因此将VR技术运用到新闻中，对受众来说也将是一种独特又新奇的体验。

VR新闻重视体验，这将更贴合受众对新闻的进一步需求，传统新闻报道中线性叙事被全景式叙事所取代，受众能够在VR新闻中获取"沉浸式"的"感知"体验。受众置身VR技术中，如同自己是新闻现场的参与者，自主性增强，而且VR技术让受众在"观看"新闻现场时自由转动屏幕，自主选择关注点。新闻中的图片或视频上下左右无缝连接，打破了原有的屏幕界限，新闻传播的形态、方式、理念都得到了进一步的革新。可以看出，"VR＋新闻"技术确实为新闻媒介传播信息和受众接受信息提供了一种新的路径和可能。

例如，我国较有影响力的VR新闻作品有《人民日报》的《"9·3"阅兵VR全景视频》、新华网的《"两会"VR全景报道》、财新网的《"深圳垮塌事故"VR新闻报道》等，它们不仅收获了极高的点击率，也受到了受众的好评。VR技术使新闻媒体的报道思路和制作流程都发生了巨大的变化，部分学者或业界人士甚至做出了"VR技术将拯救新闻业"的预判。

VR技术并不是必胜武器，技术虽然会给人们带来一时的新奇，但并不能成为点击率和传播率的唯一保证。受欢迎的选题才是促进VR新闻发展得更好的因素，尤其是与人们生活相关、重大的国内外事件等选题，如果同时受到年轻受众的关注，辅以VR技术带来体验感，受众会更乐于传播。例如，有人在对上游新闻的VR新闻频道进行调研时发现，以上选题的新闻阅读量更多。因此，要想做好VR新闻，相关新闻从业者需做好选题的规划与研究，这能让VR新闻发展得更好、走得更远。

总体来看，虽然我国当前VR新闻还停留在360度全景视频或图片的阶段，选题与技术的结合还不够清晰完善，属于初级阶段，但不可否认的是，VR技术给新闻界带来了新的传播业态，VR新闻具有较大的发展潜力。美国高盛集团发布的《2015年虚拟现实报告》中曾预测"2025年VR/AR市场规模将达800亿美元"，VR市场前景可观。《纽约时报》VR视频部副编辑兼副主任Marcelle Hopkins也曾发表意见，认为VR技术能将受众带到他们不能去的地方，例如南极冰层下面；而且表示，AR技术的优势在于它能创造"身临其境"感，我们通常会在那种很需要"现场感"的故事中使用VR，它能让观众产生发自肺腑的感情，而这种体验是其他媒介做不到的。他对VR技术在新闻领域的运用表达了自己的肯定与信心。而我国首份VR报告《中国VR用户行为研究报告》中也指出，"VR产品用户和移动互联用户深度重合，他们平均每天用手机上网的时间超过了4小时"，这也为我国VR新闻的发展提供了有利条件。

3．众筹新闻

众筹新闻是社会化互联网条件下的产物，它主要是指一种新闻生产模式：记者或媒体人通过众筹平台发布新闻选题，公开向社会进行资金的筹措，然后进行实地的调查和采访，生产出新闻资讯，再通过出售新闻资讯版权获得收入，投资人同时获得收益，并且可以获得免费的新闻资讯的阅读权限。

众筹新闻是目前新闻领域的一个创新，通过这种方式，我们可以生产出更多优质的新闻内容。首先，优质的新闻内容依旧是新闻领域的稀缺资源，传统媒体因为种种原因无法报道或播出的内容，或其他缺乏资金支持的深度报道等，都可以通过新闻众筹的方式获得实现的机会。例如新闻行业的新人、有能力的撰稿人或自媒体可以通过众筹获得调查的差旅费和给线人的线索费等。例如，曾引起世界关注的《太平洋垃圾漂浮调查》就是由一个自由撰稿人通过众筹方式进行制作的。其次，众筹新闻的项目是发布在公众平台上的，如果该项目筹资成功，代表该选题项目已经过了受众的审核，获得了这些受众的重视。那么该报道取得成功的概率就较大。最后，众筹不仅为资金短缺的新闻业开辟了新的资金渠道和生产渠道，也能有效整合大众资金，打造出更符合受众需求的优质新闻和深度新闻。

实际上，在2008年，众筹新闻就进入了国外的新闻行业，大卫·科恩就创建了最知名的新闻众筹网站——Spot.us，这一新闻模式在世界各地成功兴起。而目前，我国国内已经有了众筹新闻的尝试，2013年11月28日，众筹网正式发布国内首家"众筹资讯"平台，为各类媒体的娱乐、时尚、汽车、体育、房产、互联网等内容题材提供公众预筹资服务，整体筹资额度已经超过46000元。2015年，《南方都市报》改版，推出业内首创的"众筹新闻"，以小额支付技术和社交媒体为支撑，吸引用户为自己感兴趣的新闻选题筹集资金并许诺分红。为此，不少新闻媒体从业者表示，众筹可以实现媒体人不想做或不方便做的新闻。对于筹集到新闻项目资金的人来说，他们也会拥有更大的精神力量去"鏖战极具潜力的长尾新闻市场"，进行新闻报道。

虽然目前众筹新闻在网络监管方面还不够完善，但这仍是极具发展潜力的新闻形态之一，只要更好地结合中国传媒行业市场进行有效的市场管理，那么众筹的专业化、专题化、全面化发展将近在咫尺。再加上这种模式得益于金融支付方式和互联网的融合，那么在实际操作中，众筹新闻发展前景将会非常不错。

1.2.5 新媒体新闻从业者的素质要求

新媒体时代的到来，对新闻从业者的素质和能力要求也越来越高。要想使新闻作品的质量更有保障，新闻的传播效果更好、影响力更大，新媒体新闻从业者应加强自己的素质培养，以更好地适应时代发展，融入当前的新媒体新闻创作环境。

1. 熟练运用新媒体工具

新媒体新闻从业者要想适应时代变化，就更需要适应技术要求。对新媒体技术，尤其是新媒体工具的掌握是当前环境下新媒体新闻从业者的必备技能。现在很多新闻集图文、视频、音频，甚至信息链接于一身，还会通过直播、视讯采写来展示新闻事件，因为其融合了多种媒体、媒介，新闻从业者若是不能熟练运用这些新媒体工具，将很难又好又快地生产内容。一般来讲，新媒体平台自带编辑功能，而Office办公软件、秀米、美图秀秀、Photoshop、Adobe Audition、GoldWave、爱剪辑、会声会影、Adobe Premiere、epub360等各类多媒体编辑工具对于新闻内容的创作也十分重要。

2. 具有高度的责任心和道德观

责任心与道德观是衡量新闻从业者职业道德的准则，这里尤指在法律范围以外的是非观与善恶观。在新媒体时代，各种消息、事件鱼龙混杂，有些媒体人为博眼球、求关注，捏造事件，张冠李戴，或故意发表偏激、负面的看法，传达虚假的信息，标新立异或为了追求时效性，而忽略了内容性和科学性。因此，新媒体新闻从业者更要坚守自己的道德规范和行为准则，认真负责，以严谨、严肃的心态做事，这样在工作时，才能有自律心，说良心话，办良心事。

尤其是现在，网络中的新闻事件和消息很多，从事新闻行业的媒体增加，受众接收信息的数量和速度加快，因此不少新闻媒体也会转发其他媒体新闻或自主选择新的事件进行报道。但由于互联网时代消息源过广，很多事情在多次传播之后已经失实，因此新媒体新闻从业者需要谨慎选择要报道的内容，确保事件准确、真实，否则作为大众媒体，报道失实事件，也会受到相应的处罚。

范例

媒体发布未经核实的新闻

2016年2月14日，某财经杂志微信公众号发布了以"返乡日记"为主题的微信公众号文章。文章作者对自己的故乡进行了"揭露"，并在开头注明，这篇故乡杂记虽然有"些许残酷和悲戚"，看起来"荒诞不经"，但"可惜这并非杜撰虚构，而是真实的写照"，文章描述的几种农村现象简直让人触目惊心。文章发出后，引来各大新闻媒体的转发，一时引发网友热议。

但在2月25日，新华社就此事件发文，称经过记者实地调查，发现该作者不仅并未返乡，文中记载的时间、地点、人物都是虚构的。次日，该财经微信公众号对此事件进行致歉与说明，承认虚构与加工，并对给文中所提到地区的群众带来的负面影响深表歉意。

随后，国家新闻出版广电总局对此次事件进行公开通报，依法吊销涉事记者的新闻记者证，并将其列入新闻采编不良从业行为记录；对未经核实进行转载、进一步扩大恶劣影响的相关新闻媒体进行了警告、罚款等行政处罚，并追究相关人员责任；而其他商业网站转发虚假报道的问题，也由相关主管部门核实处理。

点评： 新媒体新闻从业者在发布新闻事件时，一定要有高度的责任心，不随意发布或转发不经核实的虚假新闻，否则，将会造成虚假新闻的进一步扩散传播，带来恶劣的社会影响，严重者甚至可能会导致案例中那样的后果。

3. 建立知识体系

除了道德意识的坚守，新媒体新闻从业者整体的知识结构也十分很重要，这不仅关系到其采访能力、撰稿能力，对其新闻敏感度也有很大影响。庞大的知识体系不但让人眼界开阔，还能使新闻从业者在面对不同领域、不同层面的事件和采访对象时也更游刃有余。

新闻从业者需要具备的最基本的知识是专业知识，这是其开展工作的知识储备库，另外还要培养其在其他学科、行业领域等方面的知识掌握能力，这让他们在内容选择、栏目设置和编排中能做出更好的选择。此外，因为互联网信息的多样化，新媒体新闻从业者还需要了解如何获取信息、识别错误信息，引导正确的舆论方向，熟悉更多的新闻传播渠道，并充分培养自己的互联网思维能力。

4. 培养业务能力

据调查，新媒体新闻从业者所具备的基本科学素质低于传统媒体工作者，这意味其作为新闻从业者的工作质量和业务能力还有待商榷，而缺乏在职培训和职业资质是重要的原因。可以看到，网络上的各种消息或新闻报道多如牛毛，质量参差不齐，但由于移动终端的普及，受众覆盖面很广，但实际上，新闻媒体的受众大多还是集中在少数权威的优质内容媒体上。而新媒体时代是"内容至上"的时代，且具有多媒体融合的特征，新闻业务也开始向多元化发展，新媒体新闻从业者不再是单一的传播载体或终端服务工作者，其工作范围可能会涉及该媒体下的广播、报纸、手机客户端、网站等。新媒体从业者只有掌握各种传播技能，创作出好的内容，其新闻媒体才会有更多的受众和市场，因此新媒体新闻从业者的全媒体、广领域的业务能力至关重要，能掌握各种传播技能、善于运用各类技术工具的全能型人员以及能综合管理各种媒介平台的优秀管理人员才更符合行业需要。

新闻从业者的基本功在于专业的新闻知识，包括新闻采编、录音、摄像等，这也是现在的新媒体新闻从业者应掌握的基本技能。此外新媒体新闻从业者还需积极参与新闻从业者的在职培训或自己进行拓展学习。另外，以国家对新闻网站开放记者证为契机，相关新闻部门与新闻媒体可以大力鼓励和支持新媒体新闻的采编人员获取记者证，进一步提升从业人员的队伍质量，培养其科学素质和业务能力。

5. 具备敏锐的新闻洞察力

洞察力是人们对事物的发现和挖掘的能力，而对于新媒体新闻从业者来说，就是要有新闻敏感度。这表示他们要对新闻事件有明确的感知，这样才能在面对众多消息时，快速而有效地进行甄别判断，发现新闻线索，挖掘出有价值的新闻。同时，具有高度新闻洞察力的新闻从业者，甚至能提前预测该新闻事件的价值，挑选合适的报道时机，或能第一时间找到报道的切入点。这种能力，对于一个新媒体新闻从业者来说无疑是十分厉害且需要具备的。

> 要想具备敏锐的新闻洞察力，除了天赋外，更重要的还是后天的知识积累和大局观的培养。另外，政治敏感度、正确的"三观"（世界观、人生观、价值观）、职业道德和责任心等也对新媒体新闻从业者新闻洞察力的培养和提高有重大影响。

范例

"伊利谣言案"

2018年3月26日，一条"伊利股份董事长潘刚被带走协助调查"的消息在各网站和社交媒体上大量传播，让与伊利公司相关的奶农、上下游合作商、企业员工以及资本市场投资者感到恐慌。据了解，于3月24日起，微信公众号"天禄财经"作者刘成昆陆续在其公众号发布3篇文章，这些文章暗示性、指向性特征十分明显，因此不少人就将"小说"主人翁与伊利董事长潘刚联系在一起。由于潘刚是广大受众比较熟悉的公众人物，这些文章快速引发了轰动。

微信公众号"光祥财经"作者邹光祥查看文章后主动添加刘成昆的微信，询问有关情况，刘成昆告诉邹光祥对方一下飞机在机场就被带走调查。3月26日上午，邹光祥打电话向伊利公司求证，对方告知其为谣言之后，邹光祥仍在其公众号发文称"光祥财经获悉，潘刚已于近期回国，但很快被有关部门带走并协助调查"。当日，伊利发布澄清公告称，相关报道不实，市场传言均为谣言，公司生产经营一切正常。

然而谣言依然没有停止。在文章发出后，伊利公司联系邹光祥，表示所发文章内容失实，请其删除稿件。邹光祥再次询问刘成昆并得知刘并没有直接证据后，依旧没有删除稿件。于是，潘刚被带走调查的消息继续在互联网和社交平台被大量转发。

3月26日晚，呼和浩特公安机关接到伊利公司及其董事长潘刚报案，公安机关针对书面报案材料进行了调查核实，同时也有媒体记者进行采访报道。经调查发现，刘成昆和邹光祥确实是蓄意如此，刘成昆承认，故事情节的确是影射伊利公司和潘刚本人，其目的就是想借此引起公众的注意，做大公众号，让自己可以成为社会名人并获得广告投资。

5月初有媒体报道显示，在呼和浩特公安机关依法开展侦查后，二人作为该事件的嫌疑人以涉嫌寻衅滋事罪、诽谤罪的罪名被依法逮捕。

"我投资了1800万元，还背负了600万元的外债，这个消息出来之后，没有人愿给我们贷款了。新生的小牛也不敢养，都给卖了。"4月29日，面对记者，内蒙古自治区呼和浩特市和林格尔县盛乐镇奶农王国兴充满愤慨。

点评：互联网并非法外之地，若新媒体新闻从业者只顾利益，不求真实准确，恶意造谣、传谣，势必会受到法律的制裁。新媒体新闻从业者应加强自己的综合素质，努力超越行业标准，成为合格的新闻从业者。

1.3　新闻中的舆论处理

很多时候，发生突发事件时，新闻媒体在公众与政府之间还承担着风险沟通的作用。其过渡作用一方面可帮助公众对社会舆论形成客观、公正的认识，另一方面也能替公众发声，实施其作为媒体的监督权和影响力。

1.3.1　新闻媒体的风险沟通

风险沟通是现在一种普遍的风险管理策略，它最初作为一种工作策略于20世纪80年代出现在美国的环境保护部门，其目的是通过向公众传递和解释专家对环境风险的评估结果，以便公众能够理解和接受环保部门在专家评估基础之上制定的应对风险的政策。后随着其在健康、安全等领域的应用，风险沟通便作为一种风险管理的策略得到了不少国家学术界、政府机构的认同。现在，风险沟通的主要目的是面对某公共事件，让公众、政府与其他机构能进行冷静的对话，美国国家科学院也将其定义为"个体、群体以及机构之间交换信息和看法的相互作用过程"。风险沟通在一定程度上能让危机事件尽快得到化解。新闻媒体中的风险沟通包括以下3个方面的内容。

1．风险沟通的作用

风险沟通主要有以下4个方面的作用。

◆风险沟通可以提前预测和警示风险，避免引起公众骤然产生恐慌。

◆风险沟通可以满足公众的风险信息需求，提高公众对风险的认识。

◆风险沟通可以搭建政府危机管理信息的释放渠道，为风险评估和风险策略的制定提供可靠依据。

◆风险沟通可以削弱甚至化解社会中存在的风险。

2．风险沟通的制约因素

风险沟通牵涉到各方的利益，因此进行风险沟通的媒体也面临着巨大的压力。制约风险沟通的因素主要包括以下3个方面。

（1）政治

政治因素对于新闻媒体来讲十分重要，尤其是新闻媒体话语权更大，位置更高、更受公众关注的媒体，在公众眼中，他们是与政府公信力连接在一起的，而且影响力越大，责任越大。这类新闻媒体能抢占社会关注与舆论的先机，对受众产生的作用也是非常大的。

当某些敏感事件对政府信誉产生一定影响时，新闻媒体可能面对政府对信息进行控制与管理的压力，缺乏丰富通畅的信息源；可能面临来自公众、政府及其上级单位的压力，此时新闻媒体应尽力消除该事件的负面影响，对不正确的信息进行纠正、引导，让事情往正面发展。

（2）经济

经济因素对新闻媒体会产生非常大的影响。一方面，大众传媒是经济产业，其在采写方面的经济行为会对其生产成本造成影响。例如官方媒体，在报道有关敏感事件时，可以采用卫星电话、让记者搭乘飞机或24小时直播，这些都依托于强大的经济资本，因此其生产出来的内容质量相比其他负担不起太多经济支出的媒体会更好。在经济资本上越占优势，其获取信息的能力就越强，掌握的信息也就越多。同样地，其风险沟通的效果和作用也会更加明显。

 小提示 在新闻传播活动中，会存在信息不对称的现象，这种现象的本质在于个体获取信息能力强弱的不均衡。

（3）受众心理

新媒体的快速发展让受众获得了更多的发声渠道。话语权的加强减少了受众对传统媒体的依赖心理，他们可以自主搜索信息，个性化特征明显。但这样的环境也使各种潜在风险更加突出，一方面受众会缺乏安全感；另一方面，受众也更愿意展示自己，发表意见，其心理活动特征会更加复杂。而在敏感事件发生时，受众接收信息时可能也会变得更加敏感和不理性。因此媒体与受众打交道要更讲究方法，要采用受众更容易接受的方式。

3．风险沟通中的媒体力量

受益于信息可以得到及时更新，新媒体有着巨大的发展潜力与优势，如果新闻媒体，尤其是主流媒体能更好地发挥其引导舆论的作用，必定能让现在的网络环境更加健康和和谐。因此在面对重大舆情时，新闻媒体要做好自己在风险沟通中的工作。这主要有以下两点注意事项。

（1）媒体的阵地意识要强

主流媒体的受众覆盖面广，受众素质也高，因此有舆情发生时，主流媒体可以充分利用自己的宣传阵地，如新闻客户端、门户网站、微博、微信等引导舆论方向，利用自己的影响力减少新闻畸变的产生。

（2）把握好风险沟通的时机

新闻媒体的风险沟通要求新媒体新闻从业者能及时掌握舆论的动态，抢占能有效引导舆论的时机。舆论的爆发有一定的过程，因此风险沟通也可分阶段采取不同的方法，下面进行简单介绍。

◆**舆论爆发前：**这时新闻媒体需要提前判断事件的性质，对可能会接收到舆论信息的受众做出正确的引导。

◆**舆论爆发初：**这时网上可能已有一部分的质疑和评论，若新闻媒体就此预见到事件的严重后果，可以对受众的质疑和评论进行及时的解释和回答，从而对初具规模的舆论进行引导。

◆**舆论完全爆发：**这时事情已经引起了很多受众的关注，若新闻媒体再不做出及时的处理，可能会使受众更加躁动。因此新闻媒体应迅速对事件进行梳理，找到关键症结所在，对舆论的焦点开诚布公，同时利用权威的第三方或专家言论，引导舆论往正面的方向发展。

对于主流媒体来说，应尽量争取第一时间引导舆论，这样可以将舆论的走向调整在一个可控制的范围内。

▌1.3.2 新闻舆论引导

新闻内容针对的多是社会事件和受众关注的问题，这类信息一般会形成很大的讨论热潮，网友可能会各抒己见，但当评论失当或出现了舆论危机时，新闻媒体应当充分利用自己的话语权和影响力，做出正确的引导。尤其是当一些突发的、对社会有较大影响，且使公众产生较大情绪的事件发生时，新闻媒体更应该发挥好自己的作用。

范例

西平班主任辞职事件

2018年5月25日上午，驻马店西平县某小学老师把学生在校默写古诗的成绩和该学生的照片发到了家长群里，引发了部分家长的不满，他们觉得此举伤害了学生的自尊，学生家长称孩子因此有了自残的倾向，要求老师登门道歉，否则就要上告到教体局。

该老师先是在班级群里发了声明，承认自己此举不妥，但也希望家长不要出了一点问题就要告到局里去，甚至用到了"跪求各位家长"这样的字眼。5月28日下午，老师在朋友圈发布了《辞职信》，后又觉得不妥，随即删除。6月1日，有媒体首发了该辞职信并对事情进行了说明，此事件迅速登上了微博热搜榜，引发了网友的讨论。因为当地官方并没有发声，涉事家长也没有回应，有网友认为这是老师的一面之词，便认为该老师不够成熟、做事欠妥，也不尊重个人隐私。但也有不少网友认为家长做法太过分了，这种教学行为是十分正常的，甚至在班上公开批评犯错误的学生和后进生都是学校教学活动允许的，用不着上纲上线。一时间，支持、反对家长和教师的声音充斥网络，使舆情越发严重。

事件发生后，中国网、中国青年网、凤凰资讯、北青网、网易新闻、环球网等媒体均关注了此事，《中国青年报》发表评论《"一辞了之"解决不了教师和家长的冲突》、光明网发表评论《教师辞职信刷屏：教育需要基本的行为规范》，同时，一篇题为《先辞班主任，后辞教职，这位老师为何在"六一"前夕去意决绝?》的微信文章也刷爆网络，阅读量超10万，逐渐将网友的目光转移到该事件背后的家庭、学校关系上。6月4日当晚，河南省教育厅官方微信也及时发布了当地教体局和当事教师的回应信息，并通过专家声音引导舆论，将大家的关注焦点聚焦在家庭、学校沟通上。而公众对官方的处置结果也表示满意，讨论也渐渐回归于理性。

点评： 在此次事件中，新闻媒体的舆论处理及时到位，对网络舆论做出了正确的引导，将网友的目光聚焦到事件背后的问题上，避免了过度讨论和矛盾的进一步激化。而网络舆论得到处理之后，西平县教体局等相关单位做好了双方的思想工作，双方也回归了正常的上班、上课流程，家长也表示对老师工作的理解和支持，事情也很快平息了。

此外，谣言也是舆论形成的原因之一，它是因为不实新闻或消息的发布而产生的。新媒体和互联网带来的便利性使各种谣言能够借助网络病毒式传播，这给受众带来极大的不安全感，甚至会对个别公众带来人身危害。俗话说"造谣一张嘴，辟谣跑断腿"，尤其是在现在的网络环境下，这种情况更加严重。英国《卫报》指出：新媒体最大的问题在于病毒式传播，辟谣的难度太大。新闻媒体以及其他大众媒体不应忽视谣言的危害，要及时遏制谣言，以减小因谣言泛滥带来的社会不稳定。

图1-8所示为《人民日报》在"科学"流言求真榜发布会之后，对会上专家澄清相关谣言的内容进行缩写的新闻文章。作为粉丝数量多、受关注度大的主流媒体，其发表的文章获得了大量转、评、赞。这篇科普文章对社会谣言的传播起到了良好的遏制作用，对公众起到了扫盲作用。

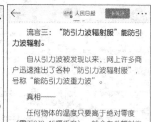

图1-8｜人民日报的辟谣科普文

范例

不实新闻引起的舆论

2018年6月，一段"继父虐童"的视频在朋友圈及社交媒体上迅速传播，引起了广泛关注。视频中，一名男子手执长棍，用长棍的尾端不断捅向坐在地上的男童。为保护自己，男童一边紧握木棍的尾端，一边哭泣求饶。但该男子并未停手，一边吼骂，一边用脚多次踢踹男童。男孩被频频推倒在堆放的杂物中，无法起身。而视频配发的文字表示，该事发生在长沙，且持棍殴打男童者为男童继父。这一事件让广大网友感到愤怒，网友纷纷谴责这种残忍的虐童行为。

视频发布者还为该视频配上了文字，呼吁转发，希望有关部门保护这个孩子。越来越多的网友加入了转发行列，并声称要"人肉"这位"继父"。而事件的发生地也有了山东淄博、四川泸州、安徽马鞍山、甘肃庆阳等多个版本。

但在6月28日，安徽马鞍山网警官方微博"马鞍山网警巡查执法"辟谣称，该事件发生于江苏省宿迁市沭阳县，该持棍男子系男童父亲，6月16日孩子爬高压电线杆，其父为了教训孩子的危险行为，做出了视频中殴打孩子的举动。而且当地警方已对该消息进行了核实与确认，并对该父亲进行了批评教育。《北京青年报》官方微博也发布了该事件的辟谣新闻。6月30日，长沙市公安局官方微博"长沙警事"也连发两条微博，转发并例证了相关消息为虚假消息，图1-9所示为辟谣内容的部分示例。

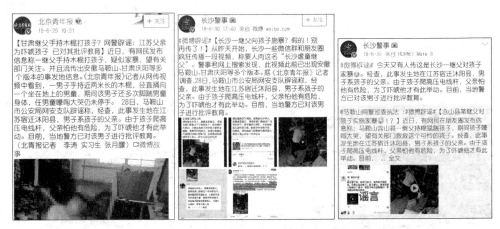

图1-9 | 媒体的辟谣消息

点评： 虽然网友关注儿童安全的意识值得鼓励和赞扬，但因为部分受众并不能很好地识别谣言，因此难免会在受到误导之后转发、传播扩散，给不实消息增加了扩大影响力的机会，反而造成以讹传讹的现象，引起社会恐慌，造成受众的危机感。甚至还有网友想利用网络去进行"舆论攻击"，要求"人肉"。因此相关媒体一定要尽早出来辟谣，新闻媒体更要及时报道，同时也要对网友的这种"人肉"思想进行教育和引导。

除了这类社会性强、与人伦道德相关、具有话题性的谣言外，与受众生活、工作、社会安全等相关的谣言也是值得注意的，它们也会对社会产生影响，我们不应置之不理。主流媒体在各种谣言扩散时，都应当利用自己在受众心中的影响力，及时制止流言的传播。图1-10所示为人民网针对"全国小学入学年龄调整"的辟谣新闻。

图1-10 | 人民网辟谣实例

点评： 人民网作为主流媒体，及时对最近的谣言进行说明，并以网页链接的方式例证了相关声明，同时善意地对广大网民进行提醒，这样对待谣言的方法是值得很多媒体学习的。因为任何谣言出现，都会对部分受蒙蔽的受众产生影响，及时制止谣言的进一步发展，就可以控制舆论趋势，消除潜在风险。

另外，当总是有谣言产生时，主流媒体可以借机对不实谣言进行盘点，并对广大受众进行善意的提醒，以此加强网友面对谣言的警醒意识。

1.3.3 媒体公关能力培养

有关专家曾表示，在新媒体技术引爆资讯革命的今天，任何涉及危机事件的部门在第一时间内的一举一动，都将成为外界评判组织处理危机的主要根据。而新闻媒体不仅需要针砭时弊，还需要发挥自己作为大众媒体的作用，达成涉事机构和受众双方的"和解"。通过媒体公关能力的展现，媒体的"喉舌"作用能得到更好的发挥，让受众、企业、政府等加强及时的沟通与对话，使事件公开化、透明化，尽快得到处理，从而将风险降低到最小。因此，新闻媒体要培养自己的公关能力，主要包括以下3个方面。

1. 提升新闻从业者的素质

部分新闻从业者习惯于问刁钻的问题，想写出更具话题性的文章，但这样反而可能造成事件当事人的不满，虽然媒体比个体的力量更大，是不少当事人想接触的对象（因为对方想要借此发声），但是如果某媒体报道的内容过于哗众取宠，在最初的新鲜感之后，若有其他媒体的内容更加公正、正面，获得了受众的认可，那么该新闻从业者所属媒体反而会收到受众的负面评价，这对媒体以后与其他工作伙伴的合作是不利的。

不少企业、机构会与媒体搞好关系，或保持一定的合作，这样进行公关会更加方便，而媒体也需要这样的合作，因为他们可能也会拿到独家新闻。但新闻从业者的素质必须过硬，要有职业道德、过硬的专业能力和交际能力，因为有些当事人甚至不愿意接受采访，这就需要新闻从业者与之沟通，争取当事人的配合。如果新闻从业者能力够强，那么面对各种情况、问题时就能做出更好的反应。

2. 提升新闻从业者的敏锐度

前面提到，新闻从业者应当具备对新闻的洞察力，实际上就是要求新闻从业者要有敏锐度，要具备新闻嗅觉。这对媒体公关是十分重要的，如此他们才能把握好绝佳的公关时机。那么如何提高这种能力呢？敏锐度与专业知识储备、政治敏感度和工作年限有关，因此就需要新闻从业者多积累工作经验，积极学习进取，这对其公关能力的提升也是很有帮助的。

3. 拓宽自己的传播渠道

媒体进行公关，实则就是利用自己的影响力向广大受众发布正确的事实，以正视听。但网络渠道很多，对受众会有分流的作用，因此媒体除了在受众覆盖范围广的平台上拥有自己的发声渠道之外，还要扩展自己的传播渠道，在新闻端、网站等建立自己的"根据地"，这样才能产生更好的效果，触及尽可能多的受众。

 因为新闻媒体也需要通过经济收益来维持运营，所以部分媒体也会与其他企业合作，这也催生了一些以此盈利的公司，它们可以通过问答平台、旗下的优质自媒体账号、自媒体客户端 KOL（关键意见领袖）将企业或品牌的信息发布出去，甚至可以根据自己研发的舆论监测系统掌握合作企业的全网舆论动向。

 思考与练习

1. 简述新媒体新闻的特点。
2. 新媒体受众具有怎样的特征？
3. 简述新媒体新闻写作的六要素。
4. 新媒体新闻的传播方式有怎样的变化？
5. 新媒体新闻从业者需要具备怎样的素质？
6. 如何培养媒体的公关能力？
7. 查看新闻众筹的相关网站，谈谈你认为比较热门的众筹选题。

第2章
新媒体新闻
内容编辑

在新媒体环境下，新闻融合新兴技术、互联网思潮，开始适应人们生活习惯、思想观念的改变，逐渐发展出既不完全脱离传统写作、又有别于传统媒体新闻的特点和写作方法，增加了新闻在新媒体环境下的特色，符合广大受众的需求。本章将对当前时代背景下新闻的结构、语言要求、报道角度以及材料选择与加工等知识进行介绍。

2.1 新闻的结构

在新媒体环境下，新闻依旧保持以前的大格局不变，由标题、导语、主体、背景和结尾5个部分组成，表2-1所示为新闻各组成部分及其主要写作内容。下面对每个部分的写法进行介绍。

表2-1 新闻各部分及其主要写作内容

新闻组成部分	主要写作内容
标题	浓缩新闻内容
导语	定下新闻的整体基调，引发受众思考
主体	对导语进行展开，包括新闻六要素等内容
背景	丰富事实材料，深化主题
结尾	交代事件的结果,它依内容的需要,可有可无

2.1.1 标题

新闻的标题主要分为5种：引题、主题、副题、提要题和插题，其具体内容如表2-2所示，其中引题、主题和副题可以组成单行或多行标题。下面对这几种标题的写作方法和运用方法进行介绍。

表2-2 新闻各标题的具体内容

标题分类	具体内容
引题	引题又叫肩题或眉题，位于主题之前，字号小于主题，主要用于引出主题，可交代形势、烘托气氛、介绍起因、说明背景等，常与主题存在因果关系
主题	主题又叫正题，主要用于概括说明新闻的主要思想、中心内容，是新闻标题中最引人关注的部分，一般为单行，单行标题常由主题充当，要求简明扼要
副题	副题又叫子题，位于主题之后，用于对主题进行解释说明，可以提示报道结果或做内容提要，其字数一般多于主题
提要题	提要题是在主题之下增加的内容提要式的独立文段，主要放在标题之后、正文之前，用来吸引受众阅读
插题	插题是指文中的小标题，用于给篇幅较长的新闻稿件分篇，方便受众阅读。它可以让受众快速跳转和定位到自己感兴趣的信息

以上5种均为较为常见的新闻标题类型，其中新闻标题主要是由引题、主题和副题组成，一般单行标题需要主体（事物或人物）和事件两个要素，标题写作则主要是在导语中筛选关键信息，然后对其进行整理、组合，由此组成表意完整的句子。以下为不同组合的

标题示例。

短租巨头Airbnb投资印度最大经济连锁酒店（单行标题）

平价药店两天招聘6万人（单行标题）

孤寡老人的好闺女（主题）
清洁工田明云热爱本职，带动了全公司员工（副题）

廉政不可无监督，监督不可无群众（引题）
贵阳交警支队开门刹风（主题）

国家气候变化专家委员会第×次工作会议强调（引题）
大力提升科技咨询与决策报告水平（主题）

现代科学研究揭开千古学术悬案（引题）
《夏商周年表》正式公布（主题）
我国历史纪年向前延伸了1200多年（副题）

2.1.2 导语

导语是新闻的开头部分，是新闻中最主要的事实或能体现该条新闻报道的价值和主题所在。在新闻报道中，导语能起到提纲挈领、引起下文的作用。新闻对导语的要求有两点：一是要抓住事件的核心，二是要能吸引受众看下去。下面对导语的写作方法进行介绍。

1. 导语的写作要素

人、事、时间、地点等都是新闻中不可缺少的要素，导语作为新闻最有价值信息的提取，一般也要求包含这些要素。因此按写作要素来分，导语可分为何人导语、何事导语、何时导语、何地导语和何因导语等，即以新闻要素为内容的导语。而根据要素包含的多少来进行划分，还可以将导语划分为以下3种类型。

◆ **单元素导语：** 指一句话导语，在导语中只表现一个最重要、最有价值的新闻事实。例如，在受众更关注某事什么时候发生时可用何时导语，受众关注事情的起因大于结果时则用何因导语。以下即为单元素导语示例，这两则分别选自2017年和2018年发布的诺贝尔文学奖新闻，是更重视事件本身的何事导语。

据BBC消息，诺贝尔文学奖刚刚揭晓，英籍日裔作家石黑一雄获得这一荣耀！

北京时间5月4日下午，瑞典学院正式公布，2018年将不会颁布诺贝尔文学奖。这是诺贝尔奖文学历史上的第八次取消。

◆ **多元素导语**：指由多个新闻事实组合而成的导语形式，一般在新闻的价值难以用一个主要新闻事实表达的情况下使用。如下所示的导语中就有多个新闻事实，包括会议的基本情况和会议的主要内容等。同时，多元素导语也可由多个段落组成，因此也叫多段落导语。

5月17日上午，全省防汛减灾和地质灾害防治工作会议在××召开。省委书记、省人大常委会主任××出席会议并讲话。他强调，全省各地各部门要强化底线思维，增强忧患意识，汇聚各方力量，坚决打赢防灾减灾救灾这场硬仗，坚决保障人民群众生命财产安全。

◆ **复合导语**：指由两个或两个以上自然段组成的导语。导语通常是新闻中的第一自然段，在不分段的短新闻中则是第一句话，但有些新闻在交代的核心内容之前或之后，还需加以解释，而两者又并非同等重要，不能写在同一段落里，因此为了将内容交代清楚，保证导语意思完整，或为了增加导语的表现手法，也可在导语之前或之后添加一或两个补充性的自然段。如下是两则复合导语的示例。

跳广场舞是很多市民的健身选择之一，但随之带来的噪声也让周边居民苦不堪言。一方有健身需求，一方想要安静的生活环境，各自利益难以调和，跳广场舞为此也逐渐升级为一些城市的治理难题。

近日，安徽宁国市开出广场舞扰民罚单引起社会关注。多方人士认为，跳广场舞引发噪声污染，并非没有办法解决，还需刚柔并济，多措并举。

将云计算、大数据、人工智能这些高科技元素应用到农业领域，会给传统种植方式带来什么样的改变？

在山东省平度市，这样的尝试和碰撞已经初见成效。2018年该市启动普惠三农智慧农业项目，预计投资5亿元研发一个基于人工智能的植保服务平台。有了它，农民发现农作物有病虫害时，只需用手机拍张照片上传至该平台，该平台3秒就能鉴别病虫害并给出相应的解决方案。该项目今后有望为农户高效、快速、低成本地解决病虫害识别和防治难题。

2. 导语的分类

根据导语写作方法进行分类，主要有以下9种导语组织方式。

◆ **概述式导语**：指在写作导语时，直接把新闻最重要、最有吸引力的部分简明扼要地进行高度概括总结，这是新闻导语十分常见的写法。其写作重点在于提取这条消息中的精华与要点，同时用受众容易理解的方式直白简单地表示出来。如下是两则概述式导语的示例。

美联社纽约4月9日电 老年人有时很难记住钥匙放在什么地方，但是，一项研究报告表明，那些身体健康和受过良好教育的老人对复述人名、地名和故事等的能力并未减退。

5月8日晚上8时许，在来宾市上宾官邸小区一栋高层住宅楼，一对4岁的双胞胎女孩从

17楼阳台坠楼。不过，幸运的是，两姐妹只是股骨骨折，无生命危险。南国早报客户端记者了解到，两姐妹之所以从高楼坠下没有危及生命，可能是坠落的地方有植物，起到了缓冲作用。

◆ **评论式导语：** 指在写作导语时，在叙述新闻事实的基础上，对新闻进行评论或揭示新闻的意义，以加深受众对新闻的了解，增加宣传效果。如下所示的两则导语分别为对地铁"禁食令"意义的评价，以及对形式主义加班行为的解读。

出台地铁"禁食令"有利于保障大多数乘客的利益，强化乘客的规则意识和法治观念，引导乘客做遵守公序良俗和法律法规的文明公民。只有打好失信惩戒地铁不文明乘坐行为的"第一炮"，才能对不文明乘坐地铁行为产生警醒惩戒作用，释放地铁乘车文明的最大诚信正能量。

在职场生态中，有一种加班屡见不鲜，令人感到心累："唯时长论""坐班不做事""领导不走我不走"等形式主义加班现象，正在污染我们的奋斗精神。

◆ **描写式导语：** 指在写作导语时，抓住所报道事物的某一特征、场景、侧面或细节，用简洁朴素的文字勾勒出鲜明的画面、动人的形象。这种导语在提供信息的同时，利用文学手法来刻画新闻事件，以形象的画面或情景来感染受众。近年来，随着"散文式笔法"在新闻写作中日益被重视，描写式导语也日渐增多，但其写作范围有一定限制，一般在特写新闻、事件新闻中使用较多。写作描写式导语时还要注意描写的文字不能过于冗余，描写的画面要与新闻主题或事件有关联。如下两则导语皆为描写式导语示例，可以看出其语言优美，画面感强。

随着"砰砰砰"的机械声响起，隧道深处掌子面上方的泥土不断掉落，一个硕大的金属钻头突然露了出来。泥土洞开后，数名身穿中国中铁工作服的工人鱼贯而出，现场响起了欢呼声。14日10时50分许，在中印尼双方见证下，印度尼西亚雅加达—万隆高铁瓦利尼隧道项目顺利贯通。中印尼员工激动地握手拥抱，庆祝印尼历史上第一条高铁隧道贯通。

泉水潺潺，鱼翔浅底，绵延群山，郁郁葱葱。不远处，是热闹的社区广场，78岁的向朝旗又在悠闲地散步。每次，他会路过一处断壁残垣，这里杂草丛生，木窗已被染成黑色。

◆ **结论式导语：** 指在写作导语时，把结论写在开头，提示报道某一事件的意义、目的、结果、总结。如下3则导语都是结论式导语示例。

中新网海口 5月9日电（洪坚鹏 王倩）因在行驶中的公交车上扇了司机一巴掌，海南海口一女乘客陈某9日被海口市美兰区人民法院以危险方法危害公共安全罪，判处有期徒刑四年。

新华社华盛顿5月14日电（记者周舟）美国一项新研究说，月球可能像"葡萄变成葡萄干"一样皱缩,在过去数亿年间直径"瘦身"约50米,这种皱缩导致浅层"月震"频发。

人民网武汉5月18日(王郭骥)5月17日,一架从越南庆和省芽庄市起飞的民航包机抵达武汉天河机场,15名在越南境内向我国群众实施非法证券投资咨询违法犯罪活动的犯罪嫌疑人被集中押解回国。这是中越两国警方近年来首次联合实施跨国包机押解涉嫌经济犯罪嫌疑人,也是湖北警方2019年"猎狐行动"取得的重大战果。

◆**引语式导语**:指在写作导语时,引用某人或某文中的一两句能够揭示主题或表达主要事实的原话做导语。引语式导语要求观点鲜明、主题突出,最常见的写作方式是引用领导人、权威人士或知名人士的话语、言论等。如下所示为人民网2019年5月18日在"观点"栏目发布的文章的导语,该导语就华为海思总裁致员工的信称赞中国企业的气节和未雨绸缪,以表现"不怕打贸易战"的文章主题。

"今天,是历史的选择,所有我们曾经打造的备胎,一夜之间全部转'正'!""今天,这个至暗的日子,是每一位海思的平凡儿女成为时代英雄的日子!"5月17日凌晨,华为海思总裁发出致员工的一封信。当天这封信在网络热传,引发网友的强烈点赞,如潮好评:"为华为的前瞻性点赞!""这就和老一辈科学家研究从无到有的历程一样,加油!"

◆**号召式导语**:指在写作导语时,在新闻开头便提出号召,给受众指出方向和奋斗目标,以增强新闻的感染力,如下所示。

目前,全球知名海湾有上千个,对推动区域和全球经济发展产生了重要作用,在生态环境保护方面也采取了相关措施。其中,纽约湾区、旧金山湾区和东京湾区在生态环境保护合作方面的经验值得借鉴。

近日,中共中央政治局召开会议,会议决定从今年6月开始,在全党自上而下分两批开展"不忘初心 牢记使命"主题教育,强调"要将力戒形式主义、官僚主义作为主题教育重要内容,教育引导党员干部牢记党的宗旨,坚持实事求是的思想路线,树立正确政绩观,真抓实干,转变作风"。前不久,中共中央办公厅印发《关于解决形式主义突出问题为基层减负的通知》。形式主义给基层带来的负担越来越重,让人深恶痛绝。遏制形式主义继续蔓延,必须坚持标本兼治、综合治理,切实将为基层减负落到实处。

◆**设问式导语**:指在写作导语时,以自问自答的方式来描述,一般先揭露矛盾,鲜明、尖锐地提出问题,再做简要的回答,或进行陈述,以引起受众的关注和思考。如下是设问式导语的示例。

新华社北京10月6日电 孩子患了白血病是否都会遭到像日本电视剧《血疑》中幸子那样的结局?今天参加北京儿童医院急性白血病儿童联欢会的孩子们的健康状况,对这个问题做了否定的回答。

收监服刑，养老金却照领不误？从2018年10月开始，浙江省台州市检察机关针对服刑人员违规领取养老金领域开展公益诉讼专项监督，截至2019年4月底，已发现违规领取养老金的有200余人，涉案金额达360余万元，其中，已有100余人被停发基本养老金。

小提示

> 除了设问式导语外，还可以使用提问式导语，其写法与设问式导语相似，不同的是，提问式导语可以在导语段落中直接提问而不用做出回答与说明，它也有启发受众思考的作用。如下为示例写法。
>
> 俗话说"男大当婚，女大当嫁"，近几年的数据却显示人们的结婚意愿逐年降低。根据国家统计局和民政部的统计数据，从2013年开始，我国结婚率逐年下降：2013年为9.9‰，2014年为9.6‰，2015年为9‰，2016年为8.3‰，2017年为7.7‰，2018年全国结婚率只有7.2‰，创下5年以来新低，"2018年结婚率创新低"还为此上了热搜。为什么越来越多的人选择不婚或晚婚？他们是出于什么原因才做出这种决定？

◆**摘要式导语：** 指在写作导语时，对新闻内容做提要式概括，或列举具体数字说明问题，为受众提供最精简、最能说明问题的文字，如下所示。

人民网海口5月17日电（柜源）日前，2019年（第七届）海南乡村旅游文化节新闻发布会在海口召开，会上公布了目前海南已评定椰级乡村旅游点106家。其中，五椰级18家，四椰级25家，三椰级26家，二椰级31家，一椰级6家，基本形成了"日月同辉满天星、全省处处是美景"的全域旅游发展新格局。

◆**对比式导语：** 指在写作导语时，将性质相反或情况迥异的材料加以对比，注意是将该文章中的新闻事实作为主要材料，反衬新闻事实所使用的背景材料作为从属材料。对比式导语具有两相对比性，表现力强，因此常让人印象深刻。需要注意的是，使用对比手法时，选取的材料要严格遵循新闻的真实性原则，对其中的"反差"既不能夸大，也不能过分渲染，如下所示。

新华社拉萨1月2日电 解放前没有一千米公路，在狭窄险道上全靠牦牛、毛驴驮运或人背的西藏，今天已有一万五千八百千米的公路通车。

3. 导语的写作要求

在导语的写作过程中，要注意以下3个方面的要求。

◆导语写作要言之有物，紧扣主题，如果受众从导语中一无所获，就会对新闻失去兴趣。

◆导语中要传述有价值的信息，不让其淹没在其他的一般性事实中。

◆标题和导语都有要吸引人阅读的作用，但是导语的内容不能与标题重复。

2.1.3　主体

　　主体是新闻的主干部分，承接导语，对导语做具体全面的阐述。主体写作一般是具体展开事实或进一步突出中心，从而写出导语所概括的内容，表现新闻的主题思想。

　　在安排主体时，应该按"时间顺序"（事件的发生到结束）、"材料重要程度顺序"（按受众的关心程度，将重要的排在前面）或"逻辑顺序"（内容各部分之间的因果、递进、点面关系等）写作，或以兼具时序性和逻辑性的结构写作，合理组织新闻结构。在写作新闻主体内容时，需满足以下条件。

- ◆**补充导语：** 主体与导语是一个整体，都为新闻的同一个主题服务，导语为主体定下新闻的整体基调和方向，而主体需围绕导语，对导语中提到的主要事实进行展开和补充，按照导语的轨迹铺设内容。但注意主体不能与导语重复，这需要在写作中格外小心。

- ◆**内容充实典型：** 新闻，尤其是一些短新闻，即便要求简洁精练，也需内容丰富，能传达出比较具体的信息，让受众对人物和事件等有比较完整的了解，避免让受众觉得过于干瘪。在诸如通讯、专访、深度报道之类的新闻中，更是要选取具有代表性的典型材料，以反映事物的本质。

- ◆**段落层次分明：** 主体的内容可能比较多，因此要注意段落及段落之间的层次性和逻辑结构，不管段落是并列关系还是递进关系，主体都要使它们的关系明确，起承转合自然。如果内容是片段取材，在组合时，也要"以意贯之"，使其形散而神不散，展现出中心思想和内在的逻辑结构。

- ◆**写法创新：** 在写作主体内容时，可以减少模式化的运用，尽量使新闻生动、活泼，避免平铺直叙。例如可以在新闻主体的行文结构或叙事技巧上花心思，在点、面之间承转，使行文流畅。

　　在新闻的行文方式中，还有新闻跳笔这一笔法，它是指不按照事件发生的先后次序和逻辑次序对事件进行详尽、面面俱到的叙述和描写，而是把不太重要的情节、片断和段落省略掉，简练、概括地勾勒出新闻事件，从而达到特定的艺术效果。与其他行文结构不一样，它不会过度在意段落之间、句子之间的衔接，看似缺乏连贯性，让人在阅读时有跳跃感，但事实上，各段落或独立的信息材料表达的意思却是一脉相承的。

2.1.4　背景

　　新闻编辑在写作新闻时，不必每篇稿件都交代背景，但关于新闻背景方面的认知，却是每一篇稿件都不应忽略的。新闻背景可以是新闻事实发生的历史条件或现实环境，可以是与新闻人物或事件发生、发展有关的背景材料，如历史条件、社会环境、政治原因、因果联系、地理特征、科学知识等，也可以是向记者提供消息、介绍情况的人的背景情况等。其作用有：交代事件发生、人物的成长过程；扩大新闻信息量；传授更多的相关知识；通过比较、衬托更鲜明地阐述新闻等。背景可以分为说明性背景材料、对比性背景材料和注释性背景材料3种，下面分别进行介绍。

（1）说明性背景材料

说明性背景材料是指用来说明和解释新闻事实产生的原因、条件和环境的材料，以方便受众理清新闻事实的来龙去脉。这类背景材料可以让新闻内容更容易被受众理解，并起到深化主题、厘清事实的作用，使新闻的意义更清楚和突出。说明性背景材料可以分为历史背景材料、地理背景材料、人物背景材料和事物背景材料等不同类型。

如下所示为《上海宝山减税一线调研：宝钢预计年增值税同口径减少4亿元》的部分内容截取，文章前半部分介绍了宝山钢铁股份有限公司某负责人对上海市整体减税降费的感受，然后通过小微企业所得税的变化数据来予以说明，以强调此次普惠性减税使企业获益不少。

首先，小微企业所得税可享受减征政策的年应纳税所得额标准10年间从3万增长到了300万。2019年更是将年应纳税所得额不超过100万元的部分，减按25%计入应纳税所得额，意味着年度利润规模不到百万的中小企业所得税实际税负只有5%。

以下所示为关于中国厚煤层的相关说明，以表明厚煤层的开采难度，同时为受众更好地认识到文中提出的千万吨级特厚煤层智能化综放开采关键技术背后蕴藏的重要社会价值提供了理论依据。

在我国煤炭资源探明储量中，厚煤层约占总储量的44%，厚煤层的产量也占总产量的40%以上，但14米以上特厚煤层安全高效开采技术是世界性难题。而塔山矿平均煤层厚度在18米左右，最厚的有20米，对煤炭开采来说，无异于打捞"深海沉船"。

（2）对比性背景材料

对比性背景材料是指能与所报道新闻事实、事物形成前后、左右、正反等对比的材料，通过相互之间的差异性来衬托出新闻事实本身的意义，加深受众对新闻事实及其特点、意义的理解。如下所示为通过公海塑料多年来的前后数据对比来帮助受众更清楚地明白其增长趋势和背后潜藏的危害性。

自1957年以来，采样器已在北大西洋和邻近海域拖曳超过650万海里，这帮助团队确认了公海塑料数量从20世纪90年代至今的增长。结果发现，塑料缠结从2000年开始增长了10倍！

（3）注释性背景材料

注释性背景材料是指对新闻稿件中的专用术语、历史典故、民间传说、产品性能，以及其他不易被受众理解的知识性问题进行解释的材料，一般常出现在科技报道或涉及专业性知识的报道中。注释性背景材料不仅可以帮助受众理解新闻内容，还能增加新闻稿件的知识性与趣味性，如果运用得当，可以更好地支撑新闻内容，让其变得更加丰富，受到受众的喜爱。

以下所示为《天津大学科学家世界首创新型细胞培养变色水凝胶》一文中的注释性材料，是对目前已申请中国发明专利的相关材料和技术的解释。

三维细胞培养技术是目前人类再造人体组织和器官的主要手段。"如果说细胞是一粒种子，而我们研制的新型水凝胶就好像肥沃的土壤，不仅为种子的生长提供牢固的根基和充足的养分，同时也创造了一种发光环境，为更好地观察种子生长提供便利。"天津大学化工学院教授仰大勇介绍到。新型细胞培养变色水凝胶具有良好的生物相容性，对细胞没有毒副作用，可以作为一种优良的三维细胞培养基质。

小提示　需要注意的是，面对那些专业性、技术性较强的问题时，新闻编辑需要在吃透原意的基础上，力求用浅显易懂、通俗直白的文字加以表述，否则将无法达到注释的目的。

同导语、主体一样，背景材料的选择同样需要紧扣主题，为新闻稿件的中心服务。此外，背景材料的位置比较灵活，运用手法也比较多样，例如对比衬托、场景刻画、引经据典等，与新闻事实结合起来之后也会更具新鲜感。但注意不宜写得过多，否则会冲淡主体，打乱主体与背景之间的主从关系。

2.1.5　结尾

结尾是整条新闻的最后一部分，其写作方式比较灵活，可能是最后一个段落或最后一句话。根据新闻报道内容和角度的不同，其结尾也有不同的写法，下面对常见的结尾方法进行介绍，包括总结式、展望式、评论式、启发式、自然式等。

◆**总结式结尾：**指在结尾处对新闻报道事件进行总结。如下所示皆为总结式结尾，第一则是关于社区民警挨家挨户进行防电信诈骗的新闻报道，结尾对社区民警工作的方法与意义做出了总结，起到了画龙点睛的作用；第二则则是对某市积分落户工作的总结。

在群众心里，社区民警某种程度上代表着整个公安的形象，要足够"接地气"，才能让群众有踏踏实实的安全感。只有与百姓良性互动，维护好彼此之间的感情交流，才能真正提升群众的满意度，把社区建设得更加安全！

据悉，2018年首批积分落户工作共计6019人经公示取得落户资格，截至目前已完成落户5625人，随迁子女4405人，实际落户10030人。综合城市承载能力和政策关联影响等多方面因素，今年的申报工作整体保持政策稳定，积分落户规模为6000人，并实行同分同落。

◆ **展望式结尾：** 指在叙述完事情之后，对事情未来的发展做展望或对事情的结果做预测。如下所示皆为展望式结尾。

航化作业是农业机械化的一个"高端"标志。近年来，吉林省不断提高农机装备水平，2014年全省农作物耕种收综合机械化水平达到77.8%，2015年这个数字将达到80%，航化作业面积达到200万亩，吉林省现代农业生产将迎来"飞速度"。

获奖者在正式庆典中被授予奖项之后的第二天，新学院将被解散。目前预计瑞典文学院将在2019年宣布两位诺贝尔文学奖得主。

◆ **评论式结尾：** 指以评论式的语言对新闻内容做总结，可以借别人之口发表评论，也可以转述别人的观点或谈自己的看法。如下所示皆为评论式结尾。

"建议管理部门加大对公共文化设施的投入，以便更好地为群众提供服务。同时，将广场舞管理纳入物管体系或其他相关部门的管理体系，权责明晰，给有诉求的群众一个可以沟通的平台。"姚某认为，只要正确引导规范，久久为功，广场舞就可以成为一道文明的风景线。

◆ **启发式结尾：** 指在结尾时通过某一点给受众留下思索的空间，引发其进一步的思考。如下关于财富观的结尾也能引起受众对自己的思考。

这位八旬老人坦承自己的财富观："钱是要的，因为要生活，但君子爱财取之有道；钱是拿来用的，该用则用，不挥霍不浪费，不小气不吝啬。"

◆ **自然式结尾：** 指在主体之后自然收尾。它可能于文末另起一段，也可能在主体之后交代完新闻事实就收尾了，可不用另起段。如下所示皆为自然式结尾的示例，第一则是某篇新闻评论的结尾部分，这里放了两段，是为了展示结尾段落与上文的衔接，可以看出结尾以抒情的方式自然地配合主题；第二则是关于矿区变景区的新闻内容，结尾通过居民搬回原矿区的描述自然顺畅地表明环境工作取得的成效。

"历史只会眷顾坚定者、奋进者、搏击者，而不会等待犹豫者、懈怠者、畏难者。"一个古老的民族焕发青春，亿万向往幸福生活的"追梦人"，正朝着中华民族伟大复兴的目标奋勇前行！

一个更高水平开放的中国，将与世界形成更加良性的互动，一起播撒合作的种子，共同收获发展的果实！

眼见家乡的变化，向某决定搬回来住，"叶落归根，谁不想老家呢，之前是受不了恶劣的环境。现在这么干净，还是回来住！"

2.2 新闻的语言要求

新闻作为一种正式的、覆盖面广的媒体形式，在语言方面有着特殊的要求，正如上海复旦大学新闻学院的徐培汀教授所言：新闻要用事实说话，凭借对事实的客观叙述来吸引人，新闻的这一特点决定了新闻语言的个性——可信性、可读性、易读性，既要确切又要具体，既要通俗又要简练，既要新颖又要生动。在新媒体环境下，新闻语言则具体表现为准确、客观、易懂、精练短小和融入流行词汇5大特点。

2.2.1 准确

准确是指新闻使用的语言不能夸大或缩小，不能含糊其辞模棱两可，导致意思失真或出现歧义。例如"最近""长期以来""可能""大概""也许""无数"等词语的意思就比较笼统，用来代表具体的内容是不太准确的。如果明确知道事件发生的时间是在2019年3月18日，在20日重述这件事时，就最好不用"前天""最近"来指代。具体的时间叙述可以增加新闻的准确度和可信度，使新闻更清楚具体，让人信服。

另外，新闻的准确还表现在句式和搭配上，句子成分不全、指代不明、搭配错误、句式杂糅、词句重复堆砌、语意有歧义、逻辑不清等，都有违新闻语言对准确的要求，值得新闻编辑注意。

2.2.2 客观

新闻用事实说话，因此新闻要反映客观真实，向受众传达真实可靠的信息，充分保障广大受众对真实事件的知情权。客观也代表了新闻编辑不要用主观的感情因素去评判或表达事实，因为主观感情对受众是有情感引导的，所以要尽量保证所报道的内容的原始面貌。当然，绝对的客观只是理想状态，但新闻排斥主观性，因此客观也是新闻写作需要着重注意的写作要求。

2.2.3 易懂

新闻面对的受众数量庞大，覆盖面广，要想达到良好的传播效果，让广大受众明白、理解，语言就不能艰涩，不能过于专业、高深，最好选择通俗易懂的书面用语。尤其是涉及一些不可避免的、难懂的专业词语时，除了顾及广大受众的认知能力，还应该对这些词语做出相应的解释，以利于受众对内容的理解。

范例

纳米晶三线态能量转移动力学研究取得新进展

近日，中科院大连化物所光电材料动力学吴凯丰研究员团队基于量子限域的$CsPbBr3$纳米晶与多环芳烃分子构建模型异质结，并结合稳态和飞秒瞬态光谱，揭示了该体系内纳米晶量子限域效应主导的三线态能量转移动力学过程，清晰地展示了转移速率对纳米晶载流子表面概率密度的线性依赖关系。相关成果发表于《美国化学会志》上。

多环芳烃的三线态敏化在光子上转换和光催化有机合成等领域具有重要应用。光子上转换可减少太阳能转换中的低能光子透过损失，有望使转换效率突破传统的Shockley-Queisser极限。三线态敏化的一般途径为：含重金属的敏化剂分子受光子激发后通过系间窜越产生敏化剂分子的三线态，此三线态再通过能量转移产生多环芳烃的三线态。然而，敏化剂分子的系间窜越会带来较大的能量损失，降低上转换过程的有效增益（上转换光子与激发光子的能量差）。近年来，半导体纳米晶作为三线态敏化材料开始受到广泛的关注。

吴凯丰研究团队提出，近期在光伏和发光应用领域广受关注的钙钛矿纳米晶也是一类理想的三线态敏化材料，因其具有较高的荧光量子效率（≥60%）和对称的载流子波函数分布，特别适合用于构建模型体系，探索纳米晶三线态能量转移的主要影响因素。光谱动力学研究发现，纳米晶尺寸相关的能量转移驱动力和光谱重叠对转移速率的影响极小；相反，纳米晶的波函数表面分布在三线态能量转移过程中起主导作用，其速率随尺寸相关的载流子表面概率密度（波函数平方）呈线性关系。纳米晶尺寸越小，量子限域效应越强，载流子在纳米晶表面的波函数分布越大，越能有效地与吸附于纳米晶表面的多环芳烃进行波函数交换从而实现三线态能量转移。这与三线态能量转移的Dexter机理是符合的。

本项研究首次揭示了纳米晶到多环芳烃分子三线态能量转移的核心影响因素，对采用纳米晶吸光材料驱动的光子上转换和光催化反应具有重要指导意义。研究还表明，虽然在光伏和发光应用领域钙钛矿材料的量子限域效应未受关注，但在三线态敏化等应用领域量子限域，钙钛矿材料是不可或缺的。

点评： 这是一篇关于纳米晶三线态能量转移动力学的研究报道，涉及的知识非常专业，其受众主要是相关专业的研究学者、学生以及对该领域感兴趣的人，因为文中很多专业名词是普通受众难以理解的，因此不熟悉这方面的受众的阅读兴趣会比较低。

范例

科学家研制出手链状尿素凝胶

本报讯 一种由尿液中的主要成分制成的凝胶看起来就像一条友情手链。它由自发形成"辫子"的微小纤维组成，可被用来制造新药。相关成果日前发表于《自然—化学》。

英国杜伦大学的Jonathan Steed和同事用尿素创造了这种凝胶。在分子水平上，该凝胶以两种不同的结构将自己组装成四股辫。

最简单的四股辫是四股螺旋——类似于DNA的双螺旋，但有四股平行缠绕的"辫子"。另一种是两个相互交织的双螺旋。

"我们设计了一种玩具分子，并且可以看着它形成相当漂亮的'辫子'。"Steed说。

虽然他们的分子是经过设计的，但像这样的"辫子"可以自然地出现。例如，在疯牛病中，淀粉样蛋白的纤维会形成"辫子"并聚集在一起。

该团队使用类似的以尿素为基础的凝胶生产具有不同性质的药物。

这种新分子比研究人员此前生产的凝胶更有黏性，并且可能有助于更好地控制其性质。

"你可以想象这样一种情况：用一种方法编织纤维，然后得到了类似于番茄酱的东西；也可以用另一种方法编织它们，然后得到了像橡皮球一样的东西。"Steed说，"如果你能用同样的分子产生不同的微观结构，那么就能得到具有不同性质的材料。"

点评：相比之下，这则报道使用了很多通俗易懂的词语，对文中涉及的专业知识做出了便于理解的说明，受众的接受度会更高一些。

此外，虽然新媒体环境下新闻语言会比之前更加活泼，但是在组织语句时，最好还是选择一些常用的、固定的词语进行搭配，在通俗易懂的前提下也不失新闻的规范性和书面性。例如"此次活动完成得非常完美"就过于通俗、口语化，受众会不太适应，而"此次活动圆满结束"则让受众觉得熟悉，同时也不失原意；形容旅游景区的人多，也不能使用"多得让人数不清"，而用"人山人海"这种常规的语言表述是非常有必要的。

新闻的易懂还表现在对方言的使用上，例如在进行一些报道时，会在标题或正文中引用被报道对象的当地方言，如"旮旯""波棱盖（膝盖）""巴适"等字眼，除此之外的语言表述是不直接用方言的，以免造成受众的不解。当然，如果是地方的新闻报道，受众是当地居民，那么其新闻语言中的方言不但不会对受众造成理解上的障碍，熟悉的词句反而会增加受众对报道内容的兴趣，提升文章的趣味性，这也是现在的新闻写作中比较常见的现象。

2.2.4 精练短小

新闻需要及时发布，甚至有时需要抢断先发，因此很多新闻的篇幅较为短小，语言直截了当、简明扼要。新闻主要精选重要事项来讲，只叙述客观事实而不多做评价。即便事件比较复杂，也是采取只记一事或者一人的方法，或是化繁为简，分解报道，以让新闻内容结构清晰、干净利落，因此语言必须简洁精练，以达到快速发布的目的。如下所示为2019年5月23日微博话题榜上的一条热门新闻。

范例

乘务员高铁上吸电子烟
官方：罚款1000元调离岗位，列车长免职

近日，网友爆料，在延吉西开往丹东的G8075次列车上，一乘务员在特等座车厢内抽电子烟。5月22日，沈阳铁路局称，已对该乘务员训诫并罚款1000元，给予其下岗3个月处理，并调离动车岗位，同时，给予当班列车长免职处理。

点评： 该新闻篇幅短小，但内容精练，直截了当，用简短的文字就描述清楚了事情的起因、结果。

2.2.5 融入流行词汇

随着互联网的高速发展，网民数量和活跃度也在增加，一些新鲜的、反映时代特色的词汇开始大量且频繁出现，这些词汇在社交媒体中被广泛传播，并逐渐深入受众心中。随着新闻渐渐融入新媒体领域，一些新闻媒体或新闻门户网站将这些流行词汇用于新闻报道，力图使新闻内容更加生动活泼，符合受众的语言习惯，使其被更多年轻受众所接受。例如人民网在新闻标题中使用"给力""飞的"，澎湃新闻通过微博发布消息时使用"教科书式"等，如图2-1所示。此外还包括"小姐姐""一脸懵""报复性熬夜"等流行词汇，这些流行词汇也反映了一种社会现象，甚至是当代年轻人身上特质的缩影，这些词汇的使用，更赋予了新闻内容时代性的特点。

图2-1 融入流行词汇的新闻

图2-1 | 融入流行词汇的新闻（续）

 小提示　早在2011年11月10日，《人民日报》头版头条《江苏省给力"文化"强省》一文就因"给力"一词引发网友热议，向来以严肃庄重著称的《人民日报》突然"新潮"起来，这种党报风格变化的行为无疑是传统媒体对新时代顺应网络和社会语言变化趋势的一种认同，这种风格的转变也更吸引广大受众的眼球。

2.3　新媒体新闻的报道角度

报道角度反映的是新闻编辑对新闻的敏感程度，是新闻编辑从不同角度、不同侧面，对某一事物和其他事物之间的联系进行分析、比较，去报道新闻事件本身及其思想意义。它在一定程度上能体现出新闻编辑处理采访的素材、挖掘材料的新闻价值的能力和水平。越会找报道角度的新闻编辑，越能写作新颖的、价值高的新闻稿件，新闻也更容易被受众所接受，这样的新闻角度会对受众认识、接受事实起到一个"引导"或"导读"的作用。一般来说，可从宏观和微观两种角度出发去打造更易于被受众接受的新闻内容。

2.3.1　宏观角度

宏观角度可以从选标志点、选切入点和选相关点3个方面去寻找新闻的报道角度。

1. 选标志点

标志点即具有标志性的点，相比其他内容它更具典型性与说服力，其本质是选择具有象征意义的事件去体现新闻主题，这要求这一件事在同类事件中极具代表性。

例如《150年来伦敦泰晤士河第一次出现海豹》这一经典新闻就是借150年来海豹第一次出现在这个一度有毒、在生物学上已"死亡"的河水中一事，来表现泰晤士河生态环境的改变。通过这个标志性的点，人们可以感受到这一时期事物所发生的质的变化。

2. 选切入点

新闻报道中选切入点的一个重要方法就是让受众从小事上感受到巨变，这就要求报道的角度尽量能"以小见大"。从大主题中选取一个小的角度，从小处着手，这样更容易突出主题，也能挖掘得更深一些，由个性见共性，由表及里，将小的事件反映到大的层面上来。

新闻角度的切入点可以从事件时间、内容、体裁、细节等多种途径来提炼。例如在《看得见的美丽 记得住的乡愁》一文中，新闻编辑就发生在芜湖和泾县的两个示例："一条'龙须沟'的华美转身"和"一个'废品村'的标本兼治"来展现全力构建农村共建共治共享的社会治理新格局，反映了建设美丽乡村的"安徽实践"，从小的改变来映射整个社会的发展局面、趋势，达到窥一斑而见全豹的效果。

3. 选相关点

选相关点是指通过对相关的人、事物的侧面表现等来表现事件的社会意义，表达新闻主题。例如同样是对西藏通火车这一事件的报道，《西藏不通火车历史被改写，"青1"抵达拉萨》一文主要分了4个小标题来表现该事件及其重要意义，而《藏族牧民："没想到这辈子我还能坐上火车"》一文则从藏族牧民的角度对该事件进行报道。

【范例】

藏族牧民："没想到这辈子我还能坐上火车"

新华网拉萨7月1日电"你们放心，我已经上火车了！"7月1日上午9时许，已经进入由拉萨开往兰州的青藏铁路全线通车庆典列车的藏族牧民土登当曲，拿出手机激动地告诉家人。

在"藏2"次列车第六节车厢里，记者看到三四盏闪光灯一起对准了脸色黝黑的土登当曲，记者们用镜头生动地记录下了他兴奋的一瞬间。

土登当曲来自西藏那曲县，他幸运地成为青藏铁路开通庆典列车的首批旅客之一，这也是他生平第一次乘坐火车。

"没想到，这辈子我还能坐上火车！"身穿藏袍、头上盘着一圈辫子的土登当曲对记者说。当然他的话都是经过和他同行的西藏安多县完全小学教师安德翻译过来的。

记者注意到，土登当曲的"英雄结（辫子）"是用新的红头绳编的。他说，因为今天是大喜的日子。

一直生活在草原上的土登当曲出行主要靠骑马或骑摩托车，很不方便。几十年来，他去过最远的地方是青海格尔木。当时是为了购买日常生活用品，来回花费了十多天时间。

"火车开通后，我们的生活就更方便了。"土登当曲说，他有5个孩子，其中最大的27岁，他希望能带着孩子外出打工、做生意。（记者杨步月 边次 吕雪莉）

点评： 该新闻报道从乘火车的藏族牧民角度出发，从侧面表现了青藏铁路通车一事及其具备的重要历史意义，角度独特，新闻表现力比起其他写法来也毫不逊色。

2.3.2 微观角度

微观角度可以从贴近社会语境的点、体现事实价值的点、与受众利益相关的点、共性中找独家的点和旧闻中找新的点5个方面去寻找新闻报道角度。

1. 贴近社会语境的点

贴近社会语境的点有很多，其中最明显、最有效的就是焦点与热点，它们都是人们感兴趣的话题。现在的受众，相比于以前"被动接受"，他们更倾向于寻找符合自己喜好的内容，如果新闻报道的内容更贴近受众所感兴趣的话题，更适合现在大部分人的阅读需求，甚至在语言习惯上更让他们觉得务实、灵动，具有亲和力，就更容易引起受众的传播与讨论。尤其是当报道从受众的角度去理解、观察新闻事件时，就会更加贴合受众的心理，此时媒体在把握正确舆论导向的前提下就可以更好地传达出自己的心声，也更容易受到受众的欢迎。

2. 体现事实价值的点

新闻的来源有很多，每分每秒，在不同的地点可能都有不同的事情在发生，因此新闻材料是非常多样化的，但显而易见，并不是所有事情都适合报道或值得报道，只有当其具备了足够的新闻价值，才具有被报道的意义。因此在面对大量的新闻材料时，新闻编辑不仅要选择具有新闻价值的点，还要选择具有独特价值、展现社会意义或有社会影响力的点，或能与受众达成共鸣的点，这样的新闻才更有价值，也更容易获得受众关注。

3. 与受众利益相关的点

越与自身相关，越容易得到关注，这是由人与生俱来的"利己性"和生存本能所决定的。在新闻行业，以受众利益为出发点才能最大限度地勾起受众的阅读欲望。因此，从与受众切身利益相关的事情上找角度，回答或帮助他们解决问题，就是很妙的新闻报道角度。

例如，在很多会议报道中，即便会议内容多种多样，但很多新闻媒体会着重报道与受众利益相关的提案，传递与受众更具关联性的信息，以更加贴近受众的视角去报道新闻内容，自然也就更容易吸引受众。在2019年的"两会"期间，全国人大代表提出的关于恢复五一长假、教师工资、社会抚养费、房价等多项提案内容就获得了广大受众的关注。

又如，食品安全一直就是人们生活的关注重点，所以海底捞北京劲松店和太阳宫店在被曝存在卫生问题后，直接登上了新浪微博的话题热搜，引起了广大受众对于食品安全的关注与重视，直到问题得到解决。人们对这类新闻的关注正好体现了新闻报道角度要与受众利益相关联的观点。图2-2所示为与受众健康、安全相关的新闻报道截图，前一张图为化妆品监管App的上线新闻，转赞评人数众多，后两张图为"地震预警"应用相关报道的内容，其阅读量超过10万，留言及点赞数也很多，可以看出其受关注度很高。

图2-2 | 与受众利益相关的报道角度

观察新浪微博一些账号的转、赞、评情况可以发现，在大部分的日常微博中，其转发量、阅读量等远低于为粉丝提供赠送、福利活动的相关数据，可以看出，在自身利益的驱动下，人们对事物的关注度更高，行动力会更强，这会使消息的传播范围变得更广。

4. 共性中找独家的点

提炼独家新闻是新闻编辑的硬功夫，这需要长期积累经验并以独特的眼光细心观察，深层次地挖掘素材，在共性中寻找个性。

例如，在韩国大邱市地铁起火事件发生后，深圳市民对正在建设的地铁产生了担忧，因此不少媒体通过采访深圳参与地铁建设的相关人士之后，报道了深圳地铁在安全方面采用的新技术，并笼统地介绍了深圳地铁具有已达到世界先进水平的报警系统和自动控制系统的事实。但对一般受众来说，报道中提到的概念并不是那么容易理解，因此《南方日报》的新闻编辑在报道中突出了韩国地铁所不具备的安全技术，并在标题中进行了有效处理，将标题拟为以下所示的内容，使文章更通俗易懂。果然这篇稿件在同类新闻中脱颖而出，并成为独家新闻。

如果地铁起火——六分钟包你逃生（主题）

不用担心打不开车门，车厢材料均不可燃，排烟风道专治有毒烟雾（副题）

又如凤凰网曾在某市的某楼盘大跌之后，从已买房的业主角度解释了楼市、消费者、开发商、政府与投资方的整个关系链条，深度解析了降价对老业主的影响、消费者是如何被楼市"套牢"的等现象，角度新颖、见解深刻，在当时就成了独家新闻。

想做独家新闻，就要善于发现，会思考、会联想，例如有些记者从学校成绩排名或学生教育情况中看出培训机构的行业发展动向，或从家政人员的招聘要求中看出城市家政服务的新热点、新趋向。

5. 旧闻中找新的点

旧闻中找新的点是指通过对比以前的旧新闻和现在的新闻，寻找新的报道角度。实际上，这是将现在的新闻报道的重点，与之前的旧话题和旧典型相结合、联系，使过去与现实相接，从中寻找新的报道角度。

例如，《人民日报》的《过去统计"有"，现在统计"无"》的短新闻就是对某县委宣传部长面对记者提问"现在全县农村有多少电视"，给出现在已经改为"统计'没有'电视机的占多少"的回答这一事件进行的新闻报道。这样新旧对比的报道角度同样表现出了发展带来的历史反差，使这篇新闻在老题材中找到了新意与鲜活感。

> 新闻报道要注重选择角度，但也不能强选角度。对于反复宣传的主题，新闻编辑最好研究出新的角度后再从选好的角度出发，组织新闻报道，这样即便是反复写作过的主题，也能体现出新闻性。

 # 2.4 新媒体新闻的材料选择与加工

新闻编辑在采写新闻的过程中，会获得很多新闻材料，这些材料可能有不同的来源，反映着事物的不同方面，其中可能有真有伪，需要新闻编辑好好甄选、鉴别、加工，才能筛选出合适的用于构建新闻的真实材料，打造好的新闻品质。本节将对新媒体新闻的材料选择与加工等知识进行介绍。

2.4.1 新闻材料的含义与分类

新闻材料可以说是新闻的"血肉"，是新闻不可或缺的重要成分。新闻编辑在生产新闻内容时务必对新闻材料有足够的了解，这有助于提升其行文速度与成稿质量。下面对新闻材料的含义和分类进行介绍。

1. 新闻材料的含义

新闻材料是新闻报道中编辑（记者）通过各种途径搜集的用以认识和表述新闻事实的各种情况的记载的总称。新闻编辑通过材料认识事实真相，也通过材料表述事实真相。新闻材料不仅指用于具体报道中的材料，同时也指新闻编辑在写作前积累和搜集的材料。

2. 新闻材料的分类

新闻材料按照获取手段和真实性划分，可以分为一手材料、二手材料和三手材料，这也是十分直接的分类方式，下面分别进行介绍。

◆**一手材料：**指新闻编辑通过实地调查采访、现场提问和观察等手段获取的材料。这类材料直接通过新闻编辑获得，因此材料比通过其他途径获取的材料更加可靠真实。对于新闻编辑来说，就应该多跑现场，这样不仅能获得第一手材料，还能提高获得独家新闻的可能性。

◆**二手材料：**指新闻编辑通过采访其他新闻相关人、事后的采访、查阅资料等多种手段获取的信息。相比一手材料，这类材料的可靠性较低，来源较多，范围较广。这是因为很多新闻事件都是突发的，新闻编辑难以第一时间赶到现场，因此二手材料也是新闻编辑经常使用的。需要注意的是，不同的人其立场和看待事物的角度不同，因此对同一件事，其叙述的过程、场景的侧重也不同，这会影响编辑对整体事件的认知。所以，在面对二手材料时，新闻编辑要注意不要偏听偏信某一对象，也不要直接采用统一来源的信息，最好多做对比、相互对照，尽可能地还原事实真相。

◆**三手材料：**指除一手材料和二手材料以外的消息内容，这类消息经手的对象更广，传播过程中沾染的"杂质"更多，但其也具有价值性，可以作为一、二手材料的佐证资料和文稿的补充材料使用，丰富新闻内容。在运用三手材料时，新闻编辑一定要注意对其进行反复核实，确保所使用的消息是绝对真实可靠的。

2.4.2 新闻材料的获取来源

支撑新闻写作的材料来源是比较多的，主要包括以下4种途径。

1. 利用媒体获取

受众可以通过新媒体平台、电视、广播等去获取新闻信息，了解新闻动态。同样地，新闻编辑也可以据此获取信息，在确定自己的主题或内容时参考各种热点、焦点，从中选取有价值的题材，进行深度挖掘，这也是获取新闻材料的一种来源。

2. 通过能提供消息的人获取

突发某事后，如果编辑（记者）能很快到达事发现场，就可以得到当事人、目击者和知情人的采访内容。而且很多媒体都会将自己的联系方式公之于众，以便快速获取信息，当事人、"新闻线人""爆料者"等出于不同的原因，也可能第一时间联系新闻编辑，为其提供具体的线索。

> 新闻线人是新闻行业获取新闻材料的一个重要来源，他们能够通过向媒体提供线索而获得来自对方的报酬。

3. 借助重大活动、节日获取

节假日和某些活动能自动聚焦受众的目光，如劳动节、植树节、"3·15"，有很多新闻题材可供选择，与之相关的新闻报道也确实会占据新闻媒体报道的不小比重。因此关注各种节日、活动等，也能为新闻编辑获取新闻材料提供重要的渠道。

4．通过观察和联想获取

在平时的生活中，新闻编辑多留心观察，也能获得比较不错的新闻材料，毕竟新闻事件都来自生活。此外，研究以前的旧题材或现有搜集到的新闻材料，多思考、联系，也能成功获取新的新闻材料。当然，这要求新闻编辑善于思考和发现，能找到好的报道角度。

2.4.3　新闻材料的选取要求

选取新闻材料时也有不少的注意事项，主要需遵守以下8个选取要求。

◆**真实有效：** 新闻必需报道客观真实的事件，而真实的事件，要靠真实的材料，如果材料弄虚作假，就会造成负面影响，因此新闻编辑选材时要严守质量关，鉴别材料的真伪，选取真实准确的材料。

◆**围绕主题：** 任何新闻都有其特定的主题，只有贴近主题选择的材料才更有说服力和表现力，因此新闻编辑选材时要选择能说明、衬托主题的材料，舍弃与主题无关的材料。

◆**类型丰富：** 这要求新闻既要有事实材料，也要有细节材料和抽象材料，其材料信息要广泛，涵盖多个方面的内容，例如现实场景、人物描述、事情的来龙去脉等，以此丰富新闻内容，展现新闻全貌。

◆**旧中取新：** 旧新闻并非无用，从旧新闻中挖掘新的线索同样可以"以旧变新"，站在新的报道角度找到新的高度，同样能吸引受众的注意力。但旧闻翻新要注意找由头，并不是所有的旧材料都能用，例如《湖北日报》曾借中秋佳节儿女祭奠父母的机会，报道了陈静一夫妇为完成父亲嘱托、十数年来筹备资金资助超过一千名学生读书的故事，使旧事产生了新的价值和意义。

◆**新颖丰富：** 新闻的内容要新颖、生动，这样才更有感染力，例如展现独特的、有戏剧性的情节，或从文字、图片、音频、VR等多媒体技术等方面增加新闻的生动性。

◆**价值性高：** 写作新闻时，要立足于受众阅读需求和新闻的价值标准，选择价值更大的材料。

◆**不要重复：** 在新闻中，虽然使用的事例各有差别和意义，但说明某一问题或某一侧面时，无须列举多个意义相同的事实来强调。新闻要求的是简洁精练，因此选取一个典型事例即可。

◆**符合政策：** 新闻不仅传播速度快、范围广、受众广泛，甚至还背负着教化民众的责任，因此新闻编辑选择新闻材料时还要熟悉新闻相关法律、法规，不能侵犯国家利益和公民隐私，或散播不符合大众价值观的信息。

一个新闻并非全靠本次采编的新闻材料来制作完成的，在从事新闻工作的过程中，新闻编辑还需要养成积累材料的习惯，这样才能拥有丰富的材料库，帮助自己快速圆满地完成稿件的写作。

2.4.4 新闻材料使用的注意事项

在新闻稿件中，新闻材料经过了各种鉴定、筛选，才会被组合成一篇稿件，但这些经过"考验"的新闻材料也并不一定直接可用，编辑还需要注意以下3个问题。

1. 注意新闻材料的搭配

新闻材料可能包括图片、文字、视频、表格等多种形式，在新媒体时代，很多受众会更愿意看多元化的、表现力强的、图文并茂的新闻。因此新闻编辑在使用各种素材时，要从受众的审美心理、阅读偏好以及主题表现等综合角度出发，打造出内容丰富、吸引力强的新闻稿件。

2. 进行新闻材料的取舍

在传递新闻信息时，我们必须知道哪些信息是必需的，哪些是可以精简或省略的。因为必需的信息要承担帮助受众了解事实真相或表现社会意义的作用，所以这类信息不能省略或被有意剪辑。例如事物之间没有联系，让受众阅读后有疑惑感；或者新闻编辑对材料进行有意的省略，如多人见义勇为，却只将报道主体聚焦在一人身上，着重渲染一个对象，对其余人只字不提，将事件的社会意义浓缩在事件中的个体上，这种做法就是刻意的取舍，违背了新闻真实的原则，是不可取的。

而写作新闻时，其内容一般短小精悍，只报道一个重要事实，因此其余相似或有关联的材料就不用花大笔墨描写，可以精简、不写，或另外做系列报道。

3. 写明新闻材料的来源

写作新闻时，如果以其他新闻媒体的报道作为提要的材料，或在文中引述当事人、知情人、权威人士、学者、专家的话或其他给予线索的人提供的信息，这时候新闻编辑应明确展示信息源，以提高新闻材料的可信度。

若某些材料的提供方确实因为敏感原因或出于保护自己的目的需要匿名，新闻编辑应当确认其消息来源是否可靠，匿名原因是否正当。一般来讲，只有出于上述原因，且该新闻确实缺乏其他消息来源以及报道内容确实十分重要时才会采用匿名手段。

在呈现新闻材料时，一般不允许匿名，这是为了避免因随意匿名造成的虚假报道情况和受众对新闻真实性产生怀疑的情况。尤其是出现行业恶意竞争时，如果媒体使用了对手提供的匿名报道，且对真伪识别不足，可能会惹上官司并承担法律责任。

2.5 新媒体新闻的写作方法

新媒体新闻写作和传统新闻写作既有相同之处，也有不同之处。但总的来说，新闻写作都是在传播一种无形的力量，从字面上看，新闻编辑只是客观地叙述他的所见所闻，但事实的叙述需要依据某一种观点，而新闻的客观叙述则掩盖了这种观点。事实上，越是好的新闻，越善于通过内容表达自己的观点，也越善于在形式上隐藏自己的观点。因此，在新媒体新闻中，为了更好地让受众接收到我们想传递的信息，并做到材料丰富、内容真实、言之有理，发挥新闻无形的力量，就要在写作上讲究方法。这可以归纳为事实说话、利用引语、材料例证、场景再现和反对"合理想象"5个方法。

2.5.1 事实说话

事实是新闻的本源，是新闻稿件成立的依据。新闻编辑在写作新闻的过程中，可能会遇到新闻事实与自己要表达的观点不一致的矛盾，这时就更需要用事实说话，寻求材料与观点的统一。除此之外，有时新闻的内容可能会匪夷所思，让受众觉得难以接受，或者编辑在表达某种观点抑或对某种说法表示质疑时，就需凭借事实本身的说服力让新闻内容更加真实可靠。

同时，受众通过新闻媒体接收信息就是相信新闻媒体提供客观事实的能力，且是真实具体的客观事实，这就更加要求新闻写作需用事实说话。这正如艾丰在《新闻写作方法论》中所说的：新闻写作最基本的内容是事实；新闻写作最基本的素材是事实；新闻写作成败最具决定性的因素是事实。尤其是在新媒体环境中，有些新闻材料来源不可考，且追求"噱头"，使得不少媒体发布的内容缺乏真实性；甚至有的社会新闻"驴唇不对马嘴"，新闻编辑给新闻事件胡乱编造起因经过，或将缺乏依据的、道听途说的事实呈现出来。虽然新闻也传达了一定的教育意义，但难免会让部分了解内情的受众觉得荒谬。这都是新闻编辑在编写新媒体新闻时需要注意的。

 除了用事实说话，新闻编辑还要注意在大量事实中选取其中的精华，即用典型事实来更好地表现自己的观点。越典型的事实越有说服力，甚至能发挥出以一当十的效果。典型事实需满足4个要求：一是鲜活且受众还未知晓的；二是十分重要且具体的；三是与新闻主题贴近的；四是有明确目的性和针对性的。这样的事实典型且价值高，表现效果鲜明突出。

2.5.2 利用引语

引语就是新闻编辑在新闻中引用的通过采访得到的被采访者的话语等。在新闻中使用引语是为了增强新闻的真实感和客观性。引语可分为间接引语和直接引语两种。

1. 间接引语

间接引语是指新闻中对采访对象的意见和语言的转述，其表现形式如下。

5月21~23日，在昆明举办的2019腾讯全球数字生态大会上集中展示了腾讯在消费互联网和产业互联网的落地应用和技术方面的成果。在备受关注的AI分论坛上，腾讯副总裁姚星在发表主题演讲时表示，在技术应用上，腾讯的前沿科技已经从消费互联网长期累积的经验，不断迁移到产业互联网，走出了C2B2C的特色路线。而对于未来的AI发展，姚星透露腾讯将持续聚焦两大方向：一是多模态研究，二是通用人工智能。

通过对新闻报道的研究发现，间接引语所占的比重高于直接引语，在使用间接引语时，新闻编辑可以将自己的观点与采访对象的观点联结起来，模糊新闻编辑话语与采访对象话语之间的界限，更好地表述自己的观点。

首先，转述可以增强权威性，传达出更好的效果。例如领导人讲述中秋是一个很重要的传统节日时，对领导人观点的转述，可以增强报道内容的权威性，相比普通的叙述更有传达效果。其次，新闻编辑可以通过"强调""表示""叮嘱"等积极动词增强转述语言的表现力度，这不仅提供了一个强有力的消息来源，还有助于塑造领导人的形象。最后，增加转述还代表认可赞同其观点的效果。在某种情境下，转述还具有解读被采访对象感情的作用，能引导受众的感情，深化报道效果。

同时，间接引语也是将官方语言转换为大众更容易接受的语言的方式。此外，间接引语在交代背景，进行铺垫、补充等方面也有十分重要的作用。

2. 直接引语

直接引语是指用引号引起来的采访者的原话，要求引文必须原原本本、准确无误、绝对忠实于被采访者的思想与语言。因为新闻是在陈述新闻事实，陈述过程中可能会有新闻编辑的转述观点，这虽然也会让受众产生直观感受，但不如直接引语清晰生动。因此在新媒体新闻写作中，使用直接引语也是一种重要的方法，如下所示。

近年来，离婚率的上升和晚婚人数的增加是备受关注的话题。在张小娴的观念里，婚姻和爱情没有画等号。她也并不觉得晚婚有什么不好，"一个人要足够成熟，才可以面对婚姻"。

"婚姻是蛮琐碎的事情。如果你有80岁的寿命，但20岁或者24岁结婚，有好几十年要和另一个人一起，你能忍受他吗？"张小娴提出了假设，"难道30岁还没结婚就是晚婚吗？其实30岁还是很年轻的。一个女人最好的年纪，是35岁"。

直接引语少了新闻编辑的转述性描述，可以增强新闻的客观性，增加可信度。直接引用采访对象的话语，还能增强新闻报道的真实感和生动性，塑造对话性和互动感，让报道更有现场感和人情味。另外，利用直接引语，新闻编辑还可以借新闻报道中的人物之口，讲出自己想说但不便直说的话。

总之，这两种引语使用方法都能增加新闻的可信度，虽然在可信度方面直接引语更胜一筹，但两者有不同的作用。新闻编辑可以根据具体情况灵活使用，更好地增强新闻的表达效果。

2.5.3 材料例证

新闻材料是新闻事实的重要佐证与表现材料，随着新闻报道形式的不断拓展和深入，受众对更详尽、更深层信息的需求更迫切，新闻媒体对信息的处理越来越精细化，新闻背景材料也被越来越多地运用到新闻报道中。因此在写作新媒体新闻时，新闻编辑要善于借鉴这种手法，利用材料例证来增强自己的表达效果。

在新闻背景材料的相关内容中，我们介绍了不同的新闻背景材料类型，它们可以与新闻事件形成有机的联系，更加充分、完整、全面地展现新闻内容，突出新闻价值。因此如何利用新闻材料进行更有效的例证也成了新闻编辑需要关注的内容。新闻材料的例证主要有以下两个特点。

1. 符合主题

背景材料选择什么，使用什么手法，完全取决于新闻主题的需要，新闻的任何内容都是为新闻主题服务的。新闻材料运用越得当，新闻主题就会显得越深刻，新闻也会越有价值。在符合主题的情况下，新闻编辑可采取以下4种方法来进行材料的运用。

◆**对比：**指对不同的材料进行对比叙述。利用这样的手法来衬托所报道的事件，能更好地突出事件的本质与内涵，向受众传达新闻编辑的真实意图。

◆**联想：**指运用联想的方式选择材料，将本次新闻要报道的事件与其他相关联的一件事或几件事联系起来，综合陈述。这样可以扩大事件的纵深度，使内容更加丰富，也更有利于受众思考。

◆**多方补充佐证：**指利用多种材料来补充该新闻事件。很多事件的背景材料并不是单一的。对于一起社会事件，可以补充该事件的起因，当事人的家人和朋友的描述，事件的环境背景、历史背景以及网友观点等，这些都可以作为材料，用以对新闻内容进行补充，拓展新闻事件的广度和深度。当然，新闻编辑应根据自己表达和内容的需求，选择更合适的多种材料。

◆**根据角度选取：**指从自己报道的角度，新闻编辑一般会选择体现自己思想与立场的材料。不同的报道角度会影响新闻材料的选择，同一个新闻事实，不同的材料会让受众产生不同的判断。例如在当事人的家庭关系中，是要体现其家庭环境对他产生的影响，还是着重描写他从小就特立独行、有自己的想法，这对人物的塑造是不一样的。其实质是从"面"上去思考"点"的选择，这种材料的选择方法也会对新闻内容的整体呈现产生影响。

2. 灵活选择材料位置

当材料契合主题时，材料的位置可以灵活选择，不拘一格，材料可放置在标题、导语、主体、结尾等不同的地方，补充新闻内容，与稿件融合。

（1）位于标题处

标题可以有多行，当有重要材料需要进行说明时，可以在标题的眉题或副题之中进行表现。如下所示为《广州日报》曾发布的一则新闻的标题，引题部分是对一名美国妇女险些失明事件原因进行解释的背景材料，起到了解释说明的作用；如果缺失它，标题的完整性会大打折扣。

错把强力胶当眼药水眼睛被粘住（引题）

一美妇险失明（主题）

（2）位于导语中

在导语中引用材料，可以提高新闻的价值，达到一语中的的效果。如下所示的导语，不仅是对之前备受网友关注的事件原因进行说明，同时还呈现了另一则材料，即事件如今的处理结果，表明相关人员已受到或将会受到处理。这样，受众能比较完整清晰地获取这则新闻的大致信息。

新京报讯（记者 雷燕超 王瑞文）"河南周口婴儿丢失事件"有新进展。今日（5月20日），新京报记者从知情人处获悉，该事件系男婴母亲因家庭矛盾，和其亲友策划"自导自演"的。目前参与策划的多人已被拘留，"（男婴）母亲尚在哺乳期，等哺乳期过后也将受到处理。"

（3）位于主体中

这是新闻中较常用的材料运用方式，主体部分经常有各种材料出现，能为事实叙述起到很好的铺垫作用，加深受众对事实的理解。如下所示为新闻主体的开头部分。该篇新闻的内容主要是对"周口男婴事件"的追踪报道和隐情介绍。其主体开头便直接承接了上一则导语的内容，对该事件的早前报道和目前的案情进行了介绍，基本展示了整个事件的全貌，这些都属于该新闻事件的背景材料。

据新京报此前报道，5月16日上午，河南周口一女子称自己带着4个月大的儿子外出散步，在一处街边游园小径内因病晕倒。等她再次醒来时，发现孩子不见了踪影。随后警方和男婴家人悬赏征集婴儿线索。5月19日，周口市公安局文昌分局通报称，婴儿已于19日凌晨被警方安全找回。

今日（20日），知情人士告诉新京报记者，"系家庭矛盾，使孩子母亲和家人策划了'丢孩子'一事。"另一位接近警方的知情人士亦证实，参与策划的有孩子母亲及其亲友，事发后参与策划者迫于社会压力主动向警方说明情况，后在郑州市公安局未来路分局被控制，现已被带回周口。目前，参与策划的多人已被拘留。知情人表示，虽然此事系策划的闹剧，但不希望因此而伤害了关心此事的人。

在新闻中，如果出现了受众不熟悉的某种事物，那么对于该事物的注释说明等也是材料运用的常见表现方式。如在一篇报道英国威廉王子可能会遭到恐怖组织的绑架或袭击，威廉王子同意了英国情报机构建议在王子体内植入具有追踪功能的微型芯片，以防不测的新闻中，就有关于该芯片的介绍，以让受众了解该芯片的功能，更好地梳理事件，厘清头绪。这也是对材料的例证使用，其内容如下。

植入威廉王子体内的芯片，是一个由以色列研制的卫星追踪系统的一部分。该系统可以准确地追踪目标的位置，其准确程度可小至3米范围内。

威廉植入的芯片可以接收卫星发出的定位坐标，无论他身在何处，都可以传回方位信息。

（4）位于结尾处

结尾处的材料可以深化文章主题，该处材料可以是对内容的补充说明或对事件的评价，可以让新闻更加回味无穷。如下所示为《北京日报》对管虎新电影《八佰》为重现苏州河两岸风貌的报道。该报道着重于对该电影为了呈现出最好的视觉感，电影方开展"大制作"，尽力重现真实场地这一事件进行说明。报道在结尾对该影片的预售情况这一材料进行说明，实则佐证该电影由于其"大制作"，吸引了不少受众的关注，目前来看成绩将会比较可观，表达了对电影的好评。

该片将于7月5日全国上映。影片海外预售也十分火爆，目前片方已与美国、加拿大、澳大利亚等近20个国家和地区的电影发行方完成签约，大多数国家将与中国同步上映。

在运用材料时，要注意高度概括、言简意赅，不要喧宾夺主。同时要选择正确的位置，虽然材料能放置在不同位置，但位置不能混淆，不要将该放在导语中的材料放在标题处、将主体中的材料放到结尾处，这样会降低新闻的价值。材料的位置应根据新闻主题表达的需要、布局特点等来决定。

每个新闻事件都有与之相关的背景材料，因此新闻编辑多会在新闻稿件中清楚交代与主题密切相关的材料，因为通过材料例证，可以大大增强新闻的表达效果，但有些众所周知或与主题无关的材料，则应简化或省略。

2.5.4 场景再现

场景再现是报道新闻事件的一种强有力的表现手法，它是新闻编辑通过对某些现场情景的具体描述，再现当时场景、画面的描写手法。

在新闻中运用场景再现，一般是从现场当事人的角度将受众带入现场，如让人亲临现场，受众在"直击"现场的状态下体验编辑想要传达的事实和画面，这种新闻表现手法可以增强新闻的说服力，更容易获得受众的理解。如下所示为《香港掀起"高铁热"市民兴奋期待参观高铁站》新闻的部分内容节选。

新华社香港8月25日电（记者张雅诗）"拿到了！拿到了！"一名香港市民顺利领取到参观广深港高铁香港段西九龙站的入场券，难掩兴奋之情。

广深港高铁香港段将于9月下旬通车，一股"高铁热"逐渐在香港形成。港铁公司将于9月1日和2日开放西九龙站让公众参观，并于8月25日上午9时开始，分别在全港5个地点免费派发共两万张入场券，吸引大批市民领取，所有入场券在当天中午前已经发完。

25日上午8时许，其中一处入场券派发地点——位于东部的杏花村已经排着超过100人的长队。在露天位置等候的市民，即使站在太阳底下晒个正着，也热情不减；有的人则撑着伞、扇着扇子，甚至带着凳子，做足准备。

由于排队人数多，港铁提前大约半小时派发入场券。不少取得票的市民，表现雀跃，一手拿着票，一手拿着手机自拍留念。

该部分内容主要描写了香港市民排队的场景和拿到票的市民的动作，笔法细腻地塑造了领票现场的情景，使市民拿到高铁入场券的喜悦之情跃然纸上。

2.5.5　反对"合理想象"

合理想象是指从已知的事实去推测记者没有采访到或无法采访的可能发生的"事实"或存在的"思想"，并作为事实来报道。这是新闻编辑为了追求新闻的完美性与可读性，从已知事实出发，以常理进行推测写作的一种手法。因为是从结果进行推导，即便是不真实的，其事实也有几分真实的可能性，所以将其称为"合理"的想象。

但在新闻领域中，新闻要求客观真实。既然是"合理"的想象，就难免会出现主观倾向，产生与事实不符的推测，如想象人物的心理活动、推测事情的细节以及没有目击者的场景等。这些想象会影响新闻的真实性和客观性，为其添加一层主观色彩，造成"客里空"现象，这对新闻来说是不利的。

小提示　"客里空"讲的是苏联1942年出版的剧本《前线》中的一个前线特派记者，他不上前线，不深入部队，每天待在前线总指挥部里，信口开河、弄虚作假，"创造"新闻，引起了新闻界的热议，因此反"客里空"是新闻写作的一贯要求。而合理想象最大的问题就是会与事实产生出入，这违背了新闻对真实性的要求。

例如《宁波日报》的记者谢健曾经在《杜绝"合理想象"——从追踪采访中国"网姐"陈帆红看人物报道的真实性》一文中对"合理想象"表达了反对意见，提出不少媒体在对宁波残疾姑娘陈帆红的采访报道中，经过"合理想象"，写陈帆红患病时痛得"天昏地暗""如刀割般"，其"父母终日以泪洗面"，而实际上，这种痛感的描写经过了编辑的加工。另一方面，谢健表示"陈帆红的父母都是宁波大学的教授，为鼓励女儿战胜病魔，虽然内心是无比担忧和牵挂，但表现得却非常坚强"。谢健对"合理想象"表示了强烈的反对，要求加强新闻编辑的职业道德教育。

情景模拟

　　小王是"每日新闻"的新媒体编辑，平时会进行一些采访、拍摄、写稿和新闻专题策划等方面的工作，并将新闻内容发布在各个新媒体平台上。下面是小王工作中的一些处理方法，你认为不正确的有哪些？

　　（1）小王在组织背景材料时，会注意材料内容与段落内容之间的结构关系，不会对背景过分着墨，以免喧宾夺主。

　　（2）在新媒体平台上发布文章时，小王偶尔也会用一些当前网络上流行的、有趣的词语，为文章增加一些趣味性。

　　（3）小王在工作时，突然收到了一封邮件，对方提供了一个非常有爆点的线索，而且"有图有真相"。小王知道这个内容非常有话题性，通过文末的联系方式联络了爆料人确定其真伪之后，便火速写文章发布此事。

　　（4）小王在写一则新闻时，涉及某个历史人物的事迹，为了更好地凸显主题，展示社会价值，小王根据该人物当时面临的情景，对其动作细节做了一些小小的刻画，以丰富人物形象，增强文章感染力，使情节更加生动。

　　点评：在写作新闻时，如果不多方求证消息来源的真伪，听信一面之词而采用了该消息，在报道引起关注之后，很容易产生不好的社会影响，也会影响媒体的公信力。另外，对历史人物的动作细节刻画有违新闻的真实性原则，也可能会引发受众的质疑，因此最后两项的做法均不恰当。

思考与练习

　　1．新闻的结构主要包括哪几个部分？

　　2．新闻标题可以分为哪几类？

　　3．什么是概述式导语？请举例说明。

　　4．主体的写作要求有哪些？

　　5．背景材料有哪些类型？

　　6．什么是展望式结尾？请举例说明。

　　7．新闻语言的要求有哪些？

　　8．挖掘独家新闻需要注意什么？

　　9．新闻材料的获取来源有哪些？

第3章

不同文种新媒体新闻的写作

新闻是一种记录事实、传播信息的文体，与传统新闻一样，新媒体新闻作为新闻在互联网和信息技术环境中的一种表现形式，可根据新闻报道的时间差、反映的生活内容等标准划分为不同的类型，常见的包括消息、通讯、新闻专访、新闻特写、深度报道、民生新闻、会议新闻与现场短新闻等。本章将对这些新闻类型的特点、写作方法、注意事项进行讲解。

3.1 消息和通讯

消息和通讯都是新闻中常见且经常使用的体裁，掌握消息和通讯的写作技法是新闻编辑的基本功。新闻一般包含标题、导语、主体、背景、结尾5个部分，因此作为新闻类型的消息、通讯，以及新闻专访、新闻特写、深度报道、民生新闻、会议新闻以及现场短新闻等的内容也大致由这5个部分构成。本章针对各类新闻体裁，对其写作方法和写作思路进行具体介绍。本节先对消息和通讯进行讲解。

3.1.1 消息

消息是新闻报道中的重要体裁，主要是从国内外新近发生的事中选择有社会意义的、受众最想知道或应该知道的事实进行报道。消息的内容精练、主题突出、信息及时、篇幅简短，是目前新闻报道使用最广泛的形式。

1. 消息的特点

消息一般具有短、平、快、新和活5个方面的特点。

◆ **短：** 指消息内容要简明扼要，尽量精练，消息应尽可能地用少量的文字将重要的信息表述出来，这种写作方法更符合当前"快阅读"的时代特征。

◆ **平：** 指消息语言要平实朴素，不要添加过多的华丽辞藻进行修饰，以免消息看上去矫揉造作、华而不实。

◆ **快：** 指消息发出的时间和事情发生的时间间隔很近。不管是传统新闻写作，还是新媒体新闻写作，都要保证快，以在众多竞争对手中抢占先机，率先获得受众的关注，这样新闻才不会变成旧闻而失去报道价值和更多的点击率。

◆ **活：** 指消息写作要从生活中入手，这与消息语言"平"的特点是相切合的。

◆ **新：** 指消息报道的事件可以是新发生的，或没有被报道过的新消息，也可以是已经报道过，但从不同角度挖掘出了新的一面的事情，总之要足够新鲜，能为受众带来新鲜感和阅读兴趣。

消息写作短、平、快、活、新并不意味着虚拟编造，而是一定要在事实的基础上进行加工创作，因此在保持这些特点的同时，一定要以消息内容的真实性作为基本准则。

2. 消息的分类

根据不同的划分标准可以将消息划分为不同的类型。按消息内容的长短分类，可以将其分为长消息、短消息、一句话新闻、标题新闻、简讯等。按消息报道对象分类，可以将其分为人物新闻和事件新闻等。按消息的内容分类，还可以将其分为事件性新闻与非事件性新闻。消息的分类有很多，其中以写作体裁与特点划分出来的述评消息、经验消息、动态消息和综合消息4种消息比较常见，下面对其进行介绍。

（1）述评消息

它介于新闻和评论之间，是一种边叙边评、夹叙夹议的消息类型，隶属于新闻评论的范畴。在写作时，述评消息既报道新闻事实，又同时对新闻事实的性质、特点、发展前景等做出阐述和评价。与其他要求客观的新闻不同，述评消息虽然文字叙述大于评论，但是它有很强的评论色彩，是利用述评结合的方式表达文章作者的主张，能起到引导舆论的作用。当然，要注意的是，任何评论都要站在典型事例、真实材料的基础之上。

事件性与非事件性
新闻

例如《新华社述评：英国"脱欧"沉思录》一稿就"脱欧"问题展开评述，作者从"脱欧"折射出的英国的民生发展、政党情况以及英国关于欧洲一体化和经济全球化状况等方面进行论述，对"脱欧"不确定性折射出的英国问题表达了自己的观点，引人深思。以下内容为该篇新闻稿件节选，可以看出评述新闻的评论要有事实支撑。

虽然英国领导人多次强调，"脱欧"并非要关闭大门，而是为了更好地拥抱世界，但选择"脱欧"已为英国的经济与政治发展带来巨大的不确定性。包括汽车制造在内，与自由贸易协议密切相关的一些产业已经或正打算撤离英国。安永会计师事务所日前发布的一份报告称，自"脱欧"公投以来，金融服务业约有1万亿英镑资产和7000个工作岗位正从英国转移到欧盟其他国家。

（2）经验消息

经验消息也指典型新闻，这是对某一部门或某一单位贯彻党和国家的方针政策的典型经验或成功完成某方面工作的典型经验进行集中报道，以典型经验来反映普遍意义，发挥经验的启发和指导作用。现实生活中有很多经验和做法是在客观的经验条件下产生的，因此新闻编辑在写此类消息时，要交代背景和条件，正确反映其指导性，而不要片面概述。例如，某新闻编辑针对某地社区的成功建设，撰写了一篇总结学习的新闻报道，报道中首先总结该地城乡社区建设管理的经验，然后归纳从中得到的启示，最后结合本市实际情况提出本市的具体措施。

（3）动态消息

动态消息也称"纯新闻，"是消息中报道量大、时效快的一种类型，它能及时、准确地报道国内外正在发生或新发生的新闻事实，反映国内外在社会、经济、政治、外交等多方面的新事物、新情况，同时也是最受大众欢迎的新闻体裁之一。动态消息包括即将发生的事实预告、正在进行中的连续性报道，文字简短、内容单一，其中简讯、简明新闻等都属于动态消息中的常用类型。

图3-1所示为某新闻媒体在微博上发布的动态消息，"【】"符号内的内容为消息标题，后面则是消息正文，主要是针对新发生事情的迅速、简短的报道。虽然消息内容篇幅短小，但基本囊括了本次事件的重要消息，能满足受众在高密度信息环境下的阅读需求。

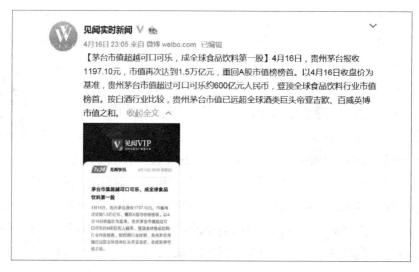

图3-1 | 动态新闻

（4）综合消息

综合消息也称综合新闻，是围绕一个中心，把不同地区、不同战线、不同部门的同类情况，综合起来并加以报道的一种消息。该消息可能是不同时间、空间中的某一事件或情况，但其能够反映出全局的情况、动向、成就和问题。综合新闻信息量大、影响广，因此新闻编辑在写此类新闻时既要有典型事例，又要纵观全局，做好"点面结合"，将多个典型事例和整体结合起来，将分析与综合集中起来，写出层次。例如国庆期间，对国庆假期内不同日期、不同地区的景区旅游人数以及旅游路况进行报道，这种反映国庆期间的旅游盛景的新闻报道就属于综合消息。

小提示

综合消息分为横向综合消息和纵向综合消息两种。横向综合消息是把同一区域和主题下，能够反映出共性的新闻事实综合起来，反映全局性的综合报道、其写作结构是总分式的，内部的新闻事实之间多为并列或并排结构。而纵向综合消息是对不同时间中呈现出来的不同的状态和面貌进行报道，以揭示事物的发展变化。新闻编辑在写综合消息时，既可以分写横、纵两种综合消息，也可以将横、纵综合消息结合起来写作，既表现空间的广阔性，也展示时间的延续性。

3. 消息的结构

消息因其具体结构的不同，也有不同的内容组织方法，下面将介绍不同结构的消息的写作方法和范例。

（1）倒金字塔结构

倒金字塔结构把故事的高潮、最重要的和最有新闻价值的内容或情节放在稿件的开头，然后在后面的段落里添加细节，按材料的重要程度将导语、主体、背景、结尾4部分划分为图3-2所示的层次。

倒金字塔结构起源于美国南北战争时电报的运用。在美国南北战争期间，电报业务刚开始出现，由于电报技术上的不成熟和军事上的临时行动，很多稿件都不能完全传送出去。后来记者便调整发稿策略，将最重要的内容（战况的结果）写在最前面，后面的内容就按事实的重要性依次写。这种把关键内容"倒"到稿件开头的写法就是倒金字塔中导语的开端。直到1880年，导语在新闻写作中开始普遍使用，倒金字塔结构也随之应运而生。

图3-2｜倒金字塔结构

倒金字塔结构的优点和缺点如表3-1所示。

表3-1　倒金字塔结构的优缺点

结构优缺点	具体体现
优点	① 便于新闻编辑快速写稿 ② 便于新闻编辑快速编写标题 ③ 便于新闻编辑编稿和排版，如果需要压缩版面，可以从后往前删除不必要的信息 ④ 可以较快吸引受众的关注，并让他们以较少的时间获取较多的信息
缺点	① 写作模式化，缺乏文采，很难写出新意 ② 信息在标题、导语和主体中的连续提炼，可能会让受众产生重复感 ③ 主要内容集中在开头，结尾比较无力，有"虎头蛇尾"之嫌

倒金字塔结构打破常规，按材料的重要程度安排结构，因此新闻编辑写作时要注意保持段落、句子在逻辑上的连贯性，讲究"由重及轻"，但也不要让后续内容显得微不足道，同时也要保持事件过程的精简。在倒金字塔结构的经典范例《刘邦出席宴会险遭刺杀》中，作者就将这一写法发挥到了极致。新闻编辑在写作这种结构的消息时，要注意编写一个能说明主要内容的新闻标题，然后写出主要消息，再补充细节材料，如事情是如何发生的、结果怎样等，将细节材料和背景材料表述清楚。

倒金字塔经典范例

【范例】

德国下令：必须给猪买玩具以提高其生活质量

最近，根据德国农业部发布的一条新指示，德国养猪户必须给猪买玩具，增加猪的"黄金时间"，提高它们的"生活质量"。

这条新指示是欧盟养猪指南条例中的一部分，德国政府已决定到2003年底逐步实施这些指南条例。生猪养殖管理负责人普拉克说，根据条例，所有的生猪每天应该得到养猪户20分钟的关照，早晚各10分钟；为使生猪"快乐生活"，防止它们打架斗殴，养猪户还得买"猪玩具"；每头猪的光照时间必须有保障，为了防止生猪冬天"抑郁"，要给它们增加光照时间；猪圈里还应该安装通风设备；养猪场还应该为病猪设立一个"特护区"。

德国农业部官员说，为确保养猪户遵守新条例，抽查工作已经展开。提起不得不实施的新条例，很多大型养猪场怨声载道，主要原因是，实施新条例就意味着他们要多花钱建更多的猪圈。

点评： 这篇消息首先用标题概括这则新闻的主要内容，然后在正文中的导语部分陈述重要事实材料，第二段主题部分对事实进行展开，第三段继续补充材料来表明这项指令目前的情况以及养猪户的看法。这篇消息结构层次分明，用简短的内容将整件事展开，是一篇经典的倒金字塔结构案例。

（2）正三角结构

正三角结构也叫作时间顺序结构，或顺序法，它按照事情的时间先后顺序进行叙述，先发生的放在前面，后发生的放在后面，事件的开头就是新闻的开头。这种写作结构与倒金字塔结构完全相反。正三角结构的优缺点如表3-2所示。

表3-2　正三角结构的优缺点

结构优缺点	具体体现
优点	① 对于新闻编辑来说，构思方便，容易下笔 ② 行文自然流畅，情节脉络清晰，故事性强 ③ 按顺序写作，可以引导受众思维，带动受众感情 ④ 对于写目击性新闻或人物新闻来说，这种结构更占优势
缺点	① 文章篇幅较长，容易淹没精彩"点" ② 开头比较平淡，写不好很难吸引受众

图3-3所示为微博某移动媒体账号发布的消息内容，主要针对的是最近热议的"视觉中国"照片版权问题，因为该事件处于不停的发酵、升级以及网友的讨论之中，因此，其内容是以时间顺序进行的整理报道。下面为微博的正文内容。

范例

视觉中国"黑洞照片"版权事件全回顾

北京时间4月10日晚，人类历史上第一张黑洞照片发布，随后有网友发现这张黑洞照片被标注版权为视觉中国所有，视觉中国遭到多方质疑。对此视觉中国发表两次道歉声明，《人民日报》、国家版权局均对此事做出评论，后国家版权局也对此进行回应。

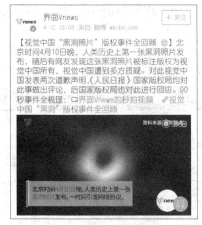

图3-3｜时间顺序结构的新闻

点评：这篇新闻消息针对的是网上的热门事件，此事件于4月10日发生，但在第二天已经有了不小的进展，网友也在持续热议与关注，因此该媒体账号就此事件进行了梳理报道，通过时间线的形式，将事情的前因及最新的发展情况一一进行了说明，并以视频的方式呈现出来，内容条例清晰，方便受众查阅了解。

范例

西安奔驰车漏油事件：双方已协商达成一致　已退款

（华商报2019-04-12）4月11日，几段4S店的视频在网络上热传。从视频中看，事发地点在西安奔驰利之星4S店，视频中，一名女子颜值很高，30岁，硕士研究生，她坐在新买的奔驰车车头上，情绪激动，边哭边说，花了66万买的新奔驰车，还没出4S店，发动机就漏油，4S店之前承诺如果车有问题可退款或换车，但现在给出的解决方案是换发动机，她难以接受，并说自己"几十年的教育受到了奇耻大辱"。

4月11日，华商报记者联系到该4S店相关负责人。对方表示，视频所发生的时间在两三天前，目前事情已解决，双方已协商达成一致，车主对解决方案很满意。对于事情更多细节，该负责人称不便多透露。（华商记者 文/任婷）

点评：这条短消息从事件起因讲起，到记者目前所知的最近进展截止，其时间顺序特征明显。

（3）华尔街日报体

"华尔街日报体"是美国《华尔街日报》惯用的一种新闻写作方法。其写作特点主要是"由小及大"，首先从小处着手，即从某具体的事例（或人物、场景、细节）开始写作，再往大处去开拓，逐渐进入新闻主体部分，最后回到开头，将其引入主题。其具体表现为开头说明核心新闻点，然后再说明次要的新闻点和支持核心的材料和依据，最后说明补充性材料，叙述多，议论少，时效性强，一般用于突发报道和深度报道。此结构的优缺点如表3-3所示。

表3-3 华尔街日报体结构的优缺点

结构优缺点	具体体现
优点	① 其写作常会涉及典型人物或事件，人文性强，人情味更足 ② 小处落笔，往大处扩展，意味深长 ③ 常以一个具体案例入手，自然过渡，能在不知不觉间将受众引入主题之中 ④ 新闻结构突出强调视觉感，人物和故事细节化、立体化，渲染气氛的作用明显 ⑤ 在结尾又会回到故事开头，首尾呼应，结构联系紧密
缺点	① 用于写作政治性较强的新闻时会显得不够正式 ② 在写作阅读性强的小故事时，容易出现杜撰或虚构行为，甚至将作者自己的意图带入故事中

消息写作中还有一种新华体，这是新华通讯社长期报道国内外新闻所形成的一种写作方法，是集我国时间顺序报道与国外新闻报道于一体的"中西结合版"。用新华体写作时，先在导语中展示最重要的部分，第二段进一步阐述导语内容，起支撑与过渡的作用；接下来再按时间顺序讲述故事，最后总结意义，进行思想的拔高。

查看经典范例

范例

计算机公司与学校

（华尔街日报 记者 卡里·史密斯小姐）一个很有志气的小作家，坐在电子计算机终端显示器前，写她最新的短篇故事。她对人们说，虽然初学时有点困难，但现在计算机使她的写作方便多了。"在幼儿园的时候，我也说不准自己爱不爱用计算机，"她说，"但是自从进入一年级，我确实爱上了它。"这位六岁的小作家，梅利莎·利·史密斯，按了下键钮，瞥了周围一眼，取出了一张绿白相间的打印稿，上面印着她的短篇故事——《过多的鹦鹉学舌》。

史密斯小姐上的是沃特福德学校。这所学校是1980年威卡特计算机设备公司创办的，用来进行计算机产品和微机化教育的试验。大约有250名一年级到九年级的学生，每天要上机学习一小时。即使幼儿园里的孩子，每星期也要上机学习两次，他们在学习字母表的同时，也可以学习掌握键盘上打乱了序列的字母。

家长们的关心

1984年全国将有大批计算机售给中小学，其价值估计将达450000000美元。随着越来越多的家长主张让他们的孩子置身于计算机革命之中，可以预料，计算机市场会日益繁荣。各家计算机公司正在竞相争夺孩子们的市场。例如，阿普尔计算机公司已经给中小学捐赠了几千台计算机，并且正在掀起一场以孩子们为对象的广告宣传。国际商用机器公司开始注重孩子们所用的教学软件的生产，以增加PCJR型计算机的销路，然而这种计算机的销路迄今都不能使这个公司感到满意。因为，只有设立在犹他州奥尔良市的威卡特公司采取措施进入一个全日制的私立学校，对它生产的软件和硬件进行试验。

开办这所学校，是一些教育工作者的主意，他们在1977年建立了威卡特社团。这是一个非营利性的研究团体，旨在研究运用科学技术改进教学的途径。1980年，这些教育工作者决定开始营业，组成了威卡特计算机设备公司来生产计算机和软件。大致在同一时间，这所学校在私人赞助者的支持下，作为一个非营利机构开办起来了。最近两年间，这家公司是亏损的。

……

"太粗糙了"

学生们也要对程序的内容进行评价，这些程序是为各种课程（从打字、数学以至公民学）编制的。"有些内容编得太粗糙了，我们要他们把它从程序中删掉"，五年级学生莱斯利·普里特这样说。另一个同学抱怨说，"在某些程序里，我们被安排来同计算机争论政治问题，真叫人厌烦，我们不愿为政治之类的材料伤脑筋。"

……

这是成功的婚姻吗？

沃特福德学校的女校长休斯顿夫人说，学校教职人员决不会为实验而使学生受到损害。"我们真正关心的东西是教育，"她说，"但是检验这点的唯一途径是公司是否会获得成功。我们不得不让工业和教育联姻。"

……

不论这项实验的长远前景如何，休斯顿夫人希望孩子们懂得：他们的贡献是值得赞赏的。她说，在威卡特公司签订了一个650万美元的合同去为得克萨斯州的一个学校装备计算机之后，"我们号召整个学校向孩子们表示感谢，并且向他们阐述我们的计算机进入公立学校这件事的重大意义。然后，我们一起吃了一餐炸面饼，表示庆祝。"

点评： 这篇消息首先从一个小作家利用计算机写作这个情景开始，自然引申到现在的计算机市场和计算机学校、计算机学校与教育的关系，以及计算机培训的发展前景等，以小见大，首尾相接，一气呵成。

查看范例原文

（4）沙漏结构

沙漏结构主要以概括或导语开头，然后按照时间顺序叙述某个部分或文章的内容。沙漏结构在开始时与倒金字塔结构很相似，在报道的开头给出重要的新闻信息，然后按照时间顺序叙述其余的部分或全部报道，其写作结构主要是"概括性导语+支持材料+概括性消息源"。沙漏结构的优缺点如表3-4所示。

表3-4　沙漏式结构的优缺点

结构优缺点	具体体现
优点	① 开头给出重要消息，能吸引受众眼球 ② 按时间顺序叙述内容，增加了文章的故事性
缺点	① 按时间顺序叙述的内容与文章开头提到过的关键信息会有重复 ② 篇幅较倒金字塔结构更长

范例

成都老人雨夜错过公交独坐地铁口，民警打车送她回家

"警官，我不麻烦你们，我就在这坐着，等天亮了再回去。""婆婆，你放心，今晚无论如何我都要送你回家。"这段发生在3月15日深夜的对话，让无数人为之动容。

3月15日晚9点30分，天空飘着绵绵细雨，成都龙泉驿区地铁站D出口处，一位老人独自坐在地铁口，迟迟未动。

成都轨道巡逻民警钟凌带领辅警谭小川巡逻此地时，发现了这位老人。钟凌顺便问了一句："婆婆，你是准备坐地铁回家还是躲雨呢？"钟凌说，看到老人身边放着一个小推车，里面装满了东西，"如果是坐地铁，就帮她把东西提到站台。"

……

钟凌再一次前往站口，找到温婆婆。此时地铁口人已经很少，外面温度骤降，温婆婆解释："联系了，儿子太远，接不到我。"温婆婆告诉钟凌，等地铁关了，自己就去外面坐。

看着善良的温婆婆，钟凌笑了，说："婆婆，你放心，今晚无论如何我都要送你回家。"钟凌向上级汇报征得同意后，随即叫了一辆出租车，安排辅警送温婆婆回家。

上车前，钟凌叮嘱司机车费由辅警出。在辅警陪伴下，温婆婆最终平安到家。回忆一个星期前的这段小"插曲"，钟凌说，自己家里也有老母亲，"这也是我的职责所在。"

点评：本篇消息的开头用一段对话来表达文章的重要思想，吸引人的关注，然后正文按照时间顺序从事情的发生、发展、高潮、结尾来叙述，是典型的沙漏结构。

沙漏结构范例

（5）其他结构

消息的结构还包括并列式、悬念式和散文式。下面做简单介绍。

◆**并列式结构：**并列式结构把众多主要事实并列起来叙述，比较适合报道事实各部分重要性相等或相似的新闻，多见于公报式新闻。并列式新闻开头为一段导语，随后几段中的内容基本都是并列关系。如下所示为2019年清明期间"中新网杭州"发布的一篇名为《"朋友圈"中的清明小长假：有情有味 有故乡远方》的新闻稿件开头节选。该篇新闻稿件开头概述互联网时代人们利用朋友圈抒情感怀，接下来便从朋友圈中寄思缅怀、家乡味道、旅游情况3个方面分别讲述清明期间的国人百态。

并列式新闻范例

数张精心搭配的图片，几句简短的文字，随着互联网逐渐渗透生活，社交平台正成为不少人展现日常、抒发情感的绝佳"舞台"。

清明小长假期间，不少人的"朋友圈"又被各色图文"刷了屏"，清明寄托哀思、重温家乡味道、出城踏野寻春……精彩纷呈的"朋友圈"正如一个万花筒，借此或可一窥清明小长假中的国人百态。

◆**悬念式结构：**悬念式结构的写法结合了正三角结构和倒金字塔结构的特点。在写作时，先用倒金字塔结构塑造一个悬念的开头，再用正三角结构来铺排消息的主体部分，这样既能立刻吸引受众的关注，又能保持受众了解事件发展过程的兴趣。但这种写作结构只适合于本身具有反常性、奇特性和较强冲突性的新闻事件，不能以平淡无奇的新闻故事为原型而故设悬念。例如，第八届"中国新闻奖"的优秀作品《夏收何必搞仪式，小麦未熟遭剃头》在导语部分通过"未成熟的小麦"被"收获"的奇怪现象，既揭示了主要的新闻事实，又借事件的矛盾性制造悬念，引人入胜。接着，在主体部分便按照时间顺序，生动地阐述了事件发生的过程及背景。再如，《焦点访谈曝光：租房"押一付一"背后是可怕的陷阱》一文以人们关注的"租房"为话题，以当事人的租房事件为内容，警惕广大受众小心租房陷阱。该报道开篇部分以租房优惠带来的"麻烦事儿"为导语，制造悬念，吸引受众的好奇心。下面是该篇新闻报道的开篇节选。

悬念式新闻范例

（环球网 3月24日）租房，现在市面上通常的承租方式都是押二付一或者押三付一，这对于很多人来说都是一笔不小的开支。因此，有些房产中介就推出了"押一付一"的承租方式，甚至还不收中介费。

很多人被这样的优惠吸引，可没有想到，没住几个月麻烦事儿来了。

◆**散文式结构：**散文式结构是指在消息写作中适当吸收散文写法的一种结构形式，其写作语言轻松优美，可读性强，结构灵活，自由度和思想性高，其写作方法为：在消息开头可以先简单描绘有关场

散文式新闻范例

面、情景、气氛、色彩，或即兴抒发见闻、感触，或引发受众的联想，激起受众的兴趣；然后，再有节奏地和盘托出新闻事实，这种结构使消息行文更具变化，能有效触达受众。如下文是一篇《工人日报》发布的日报新闻的首尾段落，两段都采用散文抒情性的语言描述，表达出了"驻村工作队"这种服务精神的可贵之处以及其巨大的感染力。

阳春三月，新疆维吾尔自治区总工会驻村工作队与村民一起走进田间地头植树造林、浇水施肥，使南疆托格拉克村发生了不少变化。而发生在这里的一件件暖心事，更让工作队感受到村民对党的惠民政策发自内心的认可。

很快，村里很多村民加入渠道修缮、清淤的队伍中来，大家你一铲、我一锹，还有的拔着渠中的杂草，有条不紊地忙碌着⋯⋯

望着眼前一片繁忙的景象，工作队队员们纷纷感叹：托格拉克的春天一定会更美好。

▍3.1.2 通讯

通讯是综合运用描写、议论、叙述、抒情等多种表达方式，对新近发生的新闻事件、典型人物以及各种有价值的客观事实进行生动、具体报道的一种新闻体裁。

1．通讯的特点
通讯的特点主要有以下4个方面。

◆ **生动性：** 通讯的文学色彩较强，表现形式多样化，能表述细节、再现现场，立体化和现场感强，十分生动。

◆ **现实性：** 同消息一样，通讯要求报道新近发生的有意义的事，例如新时代下涌现出来的新人、新事、新经验等，这样既能紧密配合当前形势，为现实中心工作服务，又能迎合受众了解新事物的好奇心。

◆ **感染性：** 通讯常采用叙述、描写、抒情、议论相结合的手法，要求对人对事进行较为具体的描写，人物要有音容笑貌，事情要有始末情节，且可以使用第一人称等，能更贴近受众，亲切感十足。

◆ **完整性：** 通讯报道的内容比较详尽，能充分展开情节，报道事情的起因、发展、经过，其材料丰富、内容完整具体。

2．通讯的分类
通讯可以分为人物通讯、事件通讯、工作通讯和概貌通讯4种，下面分别进行介绍。

◆ **人物通讯：** 指以表现人物为中心，从不同角度反映一个或多个人物的事迹、思想和精神的报道，一般通讯报道的人都具有典型性和先进性，值得学习或称颂，新闻编辑在写作时要注意从人物的行动、语言、典型细节和心理等方面来刻画人物。

◆ **事件通讯：** 指以记写事件为中心，重点描绘现实社会生活中带倾向性和典型性的重大事件，这类事件既可以是正面的、积极的，也可以是反面的、令人反思的，要具备教育意义。人与事常常密不可分，因此写事时也要写好关键人物。

◆ **工作通讯：** 指以报道某单位、部门先进工作经验或某项工作的成就和存在的问题为主要内容的通讯，又称经验通讯。其针对性、指导性较强，新闻编辑在写作时要注意运用背景材料，切合现实工作需要，且叙述、议论配合，有理有据。

◆ **概貌通讯：** 指反映社会生活、风土人情、自然风光，以及某一地区、某一行业、某一部门、某项工程发展变化的新面貌等的报道，它能反映国内外各方面的新气象或对新现象、新问题进行探讨。这类通讯取材广泛，气势大，常使用今昔对比和横向对比等反映新的概貌，给人以完整深刻的印象。

小提示

> 按照通讯形式进行区分，还可以将通讯分为故事、特写、工作综述、专访、侧记、见闻、札记、速写、散记、巡礼等。

3. 通讯与消息的区别

通讯和消息虽然都对事件的真实性和时效性有要求，都能全面深入地报道事情的来龙去脉，但也有不同之处，主要表现在以下5个方面。

◆ **文章篇幅：** 通讯虽然也要求短、快，但其对于时效性的要求低于消息，叙述也更多，因此一般篇幅较长；而消息则比较简短，要求内容简明扼要、干净利落，一则消息的字数多为百字或数百字，篇幅较短。

◆ **时效：** 通讯的时效性慢于消息。因为通讯对材料的要求更严格，材料要比消息更加详细、生动、典型；此外，通讯因为更加强调报道的完整性，有时还必须等新闻事件有一个较充分的展示过程或等事物发展有一个阶段性成果后才开始写作，其采写时机需要更加成熟，所以通讯的发布自然就慢于消息。

◆ **表述：** 通讯虽以叙述为主，但语言上也可间杂描写及抒情、议论，且可以使用比喻、拟人、排比、反问等修辞手法，语言表现力强；而消息多用直白的叙述方法，语言简洁明快。

◆ **内容：** 两者内容的侧重不同，通讯报道的是有影响、有特点的人和事，可以搜集材料，选择更典型的事例，全面深入报道事情的来龙去脉，反映事物本质，重视情节和细节；而消息内容宽泛，大多是高度概括的报道，无须细节性叙述。

◆ **语言风格：** 通讯出于深入叙述的需要，可以使用第一、二、三人称，以及灵活运用描写、议论、叙述、抒情等手法，因此文学性比较强；而消息多以第三人称进行叙事，其文中较少有议论、描写和抒情，相比之下，其语言风格更显平实客观，新闻特征明显。

范例

用愚公精神创造生命奇迹
——甘肃古浪六老汉播绿八步沙的故事

2019年03月29日09:16　　来源：光明日报

八步沙是腾格里沙漠南缘凸出的一片沙漠，是甘肃古浪县最大的风沙口。"一夜北风沙骑墙，早上起来驴上房"是昔日八步沙的真实写照。20世纪80年代，六位年逾半百的当地农民不甘心世代生活的家园被黄沙吞没，立下治沙誓言，卷起铺盖挺进八步沙，用愚公精神在这里创造生命奇迹。

矢志不渝　咬定治沙不放松

38年前的八步沙，风沙漫天，沙进田无。面对日益严峻的生存危机，郭朝明、贺发林、石满、罗元奎、程海、张润元六人，在沙漠承包合同书上郑重摁下指印，承包治理7.5万亩流沙，组建八步沙集体林场。那一年，郭朝明年纪最大，有61岁，而最小的张润元也已年近50岁。

"谁都没见过沙漠里面能长出树苗苗！"郭朝明老汉的儿子郭万刚回忆，摁了红手印后的那几天，父亲经常躺在炕上对着顶棚发呆。

六老汉不怕吃苦，但最怕的是栽在沙漠里的树苗活不了。

……

六老汉在失败中摸索，他们发现，草墩子旁边的树苗成活率很好。第二年他们就在树窝周围埋上麦草，把沙子固定住，树苗的成活率明显提高。"一棵树，一把草，压住沙子防风掏"也成为经济实用的治沙工程技术措施。

在沙漠中种树难，管护更难。为了保护辛辛苦苦种下的林子，六老汉吃住都在沙地里。他们在沙地上挖个坑，上面用木棍支起来盖点茅草当房子，再放3块砖支一口锅，饿了就烧点水，啃个馒头，一日三餐在沙窝窝里解决。

……

薪火相传　终将沙漠变绿洲

"虽我之死，有子存焉；子又生孙，孙又生子；子又有子，子又有孙；子子孙孙无穷匮也……"眼看着八步沙的树绿了，老汉们的头也白了，他们舍不得这片林子。

贺老汉做手术前，语重心长地对儿子说："我身体不行了，治沙的事就交给你了，你得给我把八步沙看好。"

石老汉病倒在沙岗上，他告诉儿子："你要好好干，不要把我们干下的这些事情丢掉了！"

郭老汉让儿子辞了供销社的工作，回到八步沙继承他的治沙事业。他病卧在床，反复交代："我走了以后，你和后生们，一定要把八步沙管好！"

罗老汉弥留之际，握着儿子的手，仔细叮咛："我们这辈子不行了，就往下传，要一代一代地传下去！"

1991年、1992年，贺老汉、石老汉因过度劳累和肝病相继离世，郭老汉和罗老汉于2005年和2018年先后去世。第一代治沙人六老汉四个走了，两个年纪大了，干不动了，但7.5万亩的八步沙才治了一半。

……

多年来，八步沙三代愚公已经累计完成治沙造林21.7万亩，管护封沙育林草37.6万亩，八步沙林场发展为古浪唯一一家由农民联户组建的生态公益性林场，也成为甘肃省农民联户承包治沙造林的典型之一。

"当年风沙毁良田，腾格大漠无人烟。要好儿孙得栽树，谁将责任担两肩。六家老汉丰碑铸，三代愚公意志坚。"传唱在古浪县的古浪老调，唱的是六老汉祖孙三代植树造林、治理沙漠的故事，他们以愚公移山的毅力创造了荒漠变绿洲的生命奇迹，而八步沙的精神也将染绿更多沙丘。（记者 宋喜群 通讯员 王雯静）

点评： 这是一篇针对多个人物的群像人物通讯，人物通讯是为了表彰各类先进人物或典型人物。在该新闻稿件中，第一段总述主题，导入全文，正文部分使用了大量细节描写和对话，还引用了古浪老调，使一代平民老汉坚持治沙的形象跃然纸上；同时首尾抒情，对人物性格以及"愚公"精神进行了高度赞扬，深化主题。这篇通讯以情动人，显得深刻而优美。

通讯范例原文

 # 3.2 新闻专访、新闻特写和深度报道

新闻专访、新闻特写和深度报道是对新闻内容进行深化或专门报道的体裁类型，其写作会涉及细节化的内容，针对性的特征更加明显，本节将对这3种体裁进行介绍。

3.2.1 新闻专访

新闻专访是指事先确定好采访对象，然后由采访者针对人物、问题、事件等进行有目的的采访，再根据采访的对话材料组织编辑而形成的新闻稿件。专访的重点在于"访"字，它是由访问内容脱胎而成的一种文体，因此专访时一定要注重筛选好关于人物的采访内容。

1. 新闻专访的准备工作

一篇新闻专访，应该在做专访准备时就已经开始了，作为扎根于采访内容上的新闻形式，新闻专访的准备工作具体内容如下。

◆**确定采访的对象和主题：**专题非专人、专事不访，在访问之前，需要选择特定的对象，确定要访问的主题，明确自己的访问目的，做好访问策划，才能采访到更有价值的内容。

◆**预约采访时间、地点：**有些受访的当事人，可能会很繁忙或有对访问地点等的要求，或不同意接受访问，这时候要先做好预约，商量妥当，确保预约成功。

◆**了解背景资料：**在采访前了解相关的采访任务或事项，则更能捕捉到采访重点，并使采访工作游刃有余。例如采访某知名人士，要在网上或报纸杂志中搜寻关于采访对象的相关报道和具体内容，如对方的兴趣爱好、生平、个人建树、曾被访问过的问题等，在了解对方背景资料之后，才能确定主题，从对方身上挖掘出有价值的信息。若对方的报道很多，要尽量避免与以往报道大部分重复的信息，应该深入挖掘其他信息，寻找不一样的角度，这样才能让受众有新鲜感。

◆**列访问提纲：**采访者可以从各个方面多准备一些连续性的问题，以便顺畅地展开话题。访问提纲确定好之后，采访者才能更好地提问和发挥，知道哪些内容可以适度展开，哪些内容点到为止。但要注意，"访"是交谈，是真情对话，而不仅仅是简单的提问。

小提示　访问提纲能发挥引导作用，不仅可以让采访者有条不紊地开展采访工作，甚至也能使采访对象引发思考，说不定能打开对方的记忆阀门，引发一些新思想，从而得到一些不错的新信息。但这也意味着采访者需随机应变，可以稍微脱离提纲，聊一些采访对象想表达的话题。访谈主要是双方的配合，所以采访者要会随机应变，营造一个双方都比较轻松、舒适的访谈氛围。

◆**进行针对性访问：**针对性访问是指采访者询问的问题是受众关注的、感兴趣的"特定问题"，是经过选择后选出来的侧重点。

◆**准备实录：**在专访过程中，为保证材料的本真，最好以采访者和采访对象的原始谈话为主要内容，并穿插现场和背景描述。专访必须为实录内容，杜绝莫须有的编造和主观的猜测。

情景模拟

最近，随着一部电影的大热，这部电影的编剧突然火了起来，引发了很多网友的关注与讨论。该编剧粉丝数量短期内快速增长，而近段时间关于她的各种文章报道也在网上层出不穷。为了"蹭"一波热度，吸引更多受众的关注，小陈的领导便要求小陈尽快写出一篇关于这位编剧的新闻专访，小陈便迅速开始准备，做好相关的采访报道工作。

在这种情况下，你认为小陈的哪些做法是恰当的，并说明原因。

（1）因为是人物专访，小陈恰好有过一次采访剧作家的经验，就直接根据之前的提纲罗列采访时要问的问题。

（2）小陈在网上搜索资料时，发现了很多关于这位编剧的报道，采访者提出的问题也五花八门，不少专访都有类似的问答，小陈觉得没有采访的必要，便打算综合各篇文章写专访。

（3）小陈搜索了网上的信息之后，综合了这位编剧之前接受过的采访，选了几篇报道中热度很高的问答，打算从中挖掘几个受众比较感兴趣的话题。

（4）因为关于这位编剧的很多问题都被报道过了，为了避免重复，小陈打算选几个全新、旁枝末节的话题进行访问，即便这些话题与电影和其热门作品关系不大。

点评：以上四种做法，第三种最为恰当。在人物专访中，因为每个人物及其人生轨迹等各方面都不一样，即便两个人的行业相似，但对他们进行采访的侧重内容也是不一样的，不能一概而论，所以第一种不恰当。而人物专访是以真实的采访为基础的，是在不抄袭的基础上进行的加工，否则写出来的专访就会带有艺术"创作"的成分，缺乏真实性，且专访重在"访"字，第二种完全脱离了专访的本意，所以第二种不正确。最后一种小陈为了避免重复，寻找新话题的做法值得学习，但若将话题延伸到旁枝末节上，偏离主题，选择受众不熟悉、不关注的领域，就很难引起强烈反响。因此最好选择第三种，在受众感兴趣的话题上深入挖掘，去寻找新角度。当然，如果新闻媒体的发布账号是粉丝很多的媒体账号，且新闻编辑文笔出众，能从受众不关注的话题领域中找出爆点，愿意独辟蹊径，最后一种做法也可尝试。

2. 专访的写作要求

专访具有新闻性、访问性和专门性的特点，其写作立场鲜明，带有一定的感情色彩，下面将介绍新闻专访的写作要求，以让新闻编辑能更好地组织稿件。

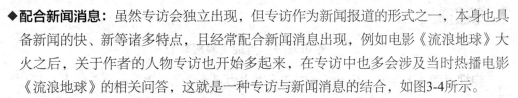

◆**配合新闻消息：**虽然专访会独立出现，但专访作为新闻报道的形式之一，本身也具备新闻的快、新等诸多特点，且经常配合新闻消息出现，例如电影《流浪地球》大火之后，关于作者的人物专访也开始多起来，在专访中也多会涉及当时热播电影《流浪地球》的相关问答，这就是一种专访与新闻消息的结合，如图3-4所示。

◆**塑造现场感：**现场感是指在采访者和被采访对象一问一答的记录过程当中，也要留意对周围环境和采访对象本身细节的描写，这样能使受众置入当时的现场之中，仿佛身临其境。

◆**突出主题：**专访的针对性意味着专访有独有的主题，因此在描写场景和人物时，要注意围绕专访主题进行，恰当地取舍场景和人物行为、动作等。

◆**突出采访者视角：**采访者作为专访中不可或缺的角色，往往能站在受众的角度去提出问题，描述采访对象，掌握整个采访过程。这样的专访既能有效塑造人物角色，让其立体感更强，也能让受众更有代入感。

◆**写出谈话纪实：**纪实是专访的重要表现手法，因此在专访中要将访谈中的重点内容或有价值的内容记述下来。图3-5所示为新华社新媒体新闻编辑为某作家写的新闻专访，其中的问答形式内容就是对谈话内容的纪实。

图3-4｜专访配合新闻　　　　　　　　图3-5｜问答形式的专访

◆**写好典型场景：**要想了解新闻事件或人物，就要写好采访对象典型的活动情节和事件进程，以及新的成果和发展等，典型场景的塑造会让事件、人物等更有立体感。

3．专访的各类型写作

专访主要包括人物专访、事件专访、问题专访以及风貌专访，下面对各类型专访的写作方法进行具体介绍。

（1）人物专访

人物专访是指针对特定人物采访之后所整理出来的新闻文稿，其写作形式类似于小型报告文学，写作风格类似于记叙文，通篇多以采访对象的言语、看法等为主，着重刻画人物形象和精神面貌。

范例

专访周涛：当现实照耀梦想

电视指南：工作日，她是沉浸在工作之中的职业女性；周末，她是坚持为女儿做饭的好妈妈，一如那个30年前在广院刻苦训练主持基本功的勤奋学生。时光荏苒，那份可贵的努力执着和赤子之心，一直伴随着周涛。

关于美丽端庄的晚会女主持人，人们总怀着各种各样的想象。她是否倨傲冰冷，拒人于千里之外？她是否是因为运气好，才能一步登天？

可当周涛出现在你的面前时，当你真正地感受到她的笃定、专业和亲和力时，所有不符实际的想象便也荡然无存。唯一让人感到意外的是，端庄知性的女主持人，骨子里亦可能住着一位勇敢的冒险家。

周涛曾连续16年站立的地方——央视春晚的舞台，是聚光灯下最受瞩目的存在，也是无数同行艳羡的目标。周涛本人，也用"丰盈"来总结自己在央视的20余年。她深感自己赶上了中国电视大发展、大繁荣的20年，跟着中国电视一步一步走向其辉煌的时刻，同时也为从事自己喜欢的工作而感到幸运。

所以当她不再出现在那方舞台的时候，所有人都在问为什么。对周涛来说，答案也许不那么复杂——离开央视，是为了做梦想的事情。

2016年，周涛走出了令人瞩目的舒适区，开始新的人生旅程。她离开央视，放下了那支令人艳羡的金话筒，去演话剧、做晚会导演……

周涛说："到了现在这个年龄，我坚定地要给自己的生命做减法，去把时间'浪费'在美好的事物上，这里的'浪费'是一种褒义词。"无论是做减法，还是去"浪费"，都意味着舍弃不重要的事物，但重要的事依然不可松懈，每一件都要认真对待。

访谈实录
用1分48秒赢来的信任

《电视指南》：在央视工作20余年，您个人有哪些收获或感受？

周涛：我之前真的没有特别认真地总结过我的央视20年，但是静下心来想一想，我觉得有一个词特别准确——丰盈。这20余年是我一生当中最年富力强的时候，我本身专业学的就是广播电视，并且我一直从事本专业的工作，同时这也是我最爱的一份工作。

更幸运的是，这20多年来，我赶上了中国电视大发展、大繁荣的20年，等于我跟着中国电视一步一步走向它辉煌的时刻。在这20多年中，祖国经历的几乎所有重大事情的时间节点，我也都经历过。在那些重大的历史事件当中，能找到我个人的一个小小坐标，对我来说是非常幸运的一件事。

《电视指南》：主持央视春晚16年，直播中是否遇见过需要化解的突发状况？

周涛：我记得我第二年上春晚。在零点之前，时间"空出"了1分48秒，而且这个时长也来不及再加一首歌，添加别的节目更是不现实。当时我们的老主任邹友开就拿了一叠电报，有传真纸的、有打印纸的、有手写的，紧急地对我说："快，周涛快过来，拿着电报，念到几点几分，到那个时间点的时候你一定得收住。"

现在回想，那一厚沓电报，字迹也不是特别清楚，我也没有太多时间把电报通读一遍，准确地说我还没来得及看一遍，就有人告诉我："快快快！站这！"我都不知道站哪。"站这！开始！"我就开始念祝福电报了。

虽然当时我是一个春晚主持的新人，但当时心里特别稳定，处于一种心无旁骛的状态，从未想过万一我念磕巴了呢，万一我要不能准时收住呢，或许要是真的给念好了，领导是不是就会器重我了呢，所有这些想法完全都不曾在我心里，我心里非常干净，完全专注于手里那沓字迹不同、多处修改的稿件。最终，在1分48秒内，把这段本来"开天窗"

的时间填充了，而且我表现得很好，冷静自然。而这或许得益于之前在北京电视台做过三年新闻主播的经历。

这件事之后，我被赋予了更多的信任，作为一个新人来说，在那个重要的时刻，你可以顶住压力。现在回头来看，对于我来说，这1分48秒几乎奠定了我后来20年在央视的发展状态。

......

给生命做减法

《电视指南》：您现在是一个什么样的工作状态？主要在忙什么？

周涛：从本质上说，与以往并没有太大的区别，只是任意度比在央视的时候更大。

2018年我参加了一些电视台的节目录制；演了一部话剧，去了二十多个城市演出，演出近三十场；做了央视二套的《魅力中国城》城市展演的导演工作；出任第五届世界佛教论坛开幕式暨文艺演出的总导演，年底还做了中国文联的《百花迎春》的总导演。所以，去年一年，我基本上没有太多休息的时间。

《电视指南》：台前跟幕后，更享受哪种状态？

周涛：都享受。因为主持人和导演对我来说，是两种不同的实现自我的方式，但都是我喜欢的，也是我相对擅长的工作。既擅长又是自己喜欢的领域，所以我觉得这就是一种幸福，特别享受。

《电视指南》：站在话剧舞台上和站在主持人的舞台上，感觉有什么不一样吗？

周涛：完全不同，因为你做主持人时，不管主持什么节目都是你自己。在演一场话剧、舞台剧的时候，你是在塑造角色。

《电视指南》：和做主持人比起来，演话剧的挑战大吗？

周涛：非常大。演话剧是我少年时候的梦想，最早我为了艺考，学过一点表演，考上北京广播学院之后，就放下了。但实际上这是一颗种子，安静地长埋在我心里。离开央视之后，因为有了更多的时间，那颗种子又一次开始萌芽和生长了。正好在对的时候遇见了《情书》这个剧本和导演。其实演话剧很辛苦，也不赚钱，但我很享受那种对艺术进行自由创作的状态，这是一种不同的人生体验，当然也圆了我心底的梦想。

......

是公众人物亦是好妈妈

《电视指南》：相较于舞台上的公众人物形象，您现实生活中是一个什么样的人？

周涛：其实应该让别人来评价，因为自己很难判断自己。但总体来说，我是一个随和、有亲和力的人，我的合作伙伴还都蛮喜欢我的。同时我也是一个比较长情的人，我的朋友都是相处了很多年的那种，他们说我没有名人偶像那种端着高高在上的架子，大家对我评价还都挺高。（笑）

......

《电视指南》：日常和女儿的相处模式是哪一种？

周涛：闺蜜型。我知道她几乎所有的秘密，甚至有些不能告诉她自己朋友的秘密，她都会跟我说。我女儿从小就很健康，是一个挺聪明的小孩儿。我很幸运，孩子一直都很好，从小到大都很乖，学习从来不用我操心，考试复习都是她自己独立安排的。这得益于我从小对她自律性和认知模式的培养。

《电视指南》：平常有时间在家里做饭吗？

周涛：会做。如果不是因为工作硬性要求的话，我的私人社交活动尽量都不安排在周末。一般周末我就会在家做饭。做饭虽不是女人的义务，但却是一份爱的表达。做饭是我有意为之的一件事，其实我也可以不做饭，因为现在出去吃饭很方便。

但我希望，女儿不仅仅看到妈妈工作很棒，同时也能感受到妈妈对家庭所承担和履行的责任，也就是说不管你在外面事业多成功，你回到家里应该做的事情还是得亲力亲为，这是我希望我女儿知道和明白的事情。

来源：《电视指南》杂志（国家广播电视总局主管）；采访：温静（《电视指南》副社长、执行主编）

点评： 该篇人物专访以采访对象的实际人生经历为中心，以问答体的形式铺排文章，开头首先对采访对象做了介绍，然后以对方的回答为主、采访者的提问为辅，从采访对象的主持事业、业余的爱好，以及工作之余的母亲角色对采访对象进行提问引导，引出了被采访对象对问题的看法和意见，是一篇值得参考借鉴的人物专访范文。

问题专访

（2）事件专访

事件专访是指为了澄清事情的真相或是专门记述某些事件的特殊意义而做的访问，主要通过采访事件的参与者、目击者来介绍关于事件的真相、前因后果，揭示事件的意义、价值，从而达到解决问题或突出事件效果的作用。

范例

专访陈华：唱吧进入再次自我创新和挑战的阶段

人工智能技术正在应用到泛娱乐领域的各个层面，从语音识别、视觉识别等多个维度加速泛娱乐产业进化。

作为一款移动K歌应用，在唱歌这件事上，唱吧做的事情也越来越技术化。

近日，唱吧发布了专注声音研发的"未来之音"实验室子品牌，其创始人兼CEO陈华提到，唱吧是一个技术产品创新的团队，一直以来花了很多精力投入在声音的研究上，接下来还会有更大的投入，把人工智能技术和声音结合得更加紧密。

在接受新浪科技采访时，陈华表示，唱吧进入再次自我创新和挑战的阶段，接下来还将进行全面的品牌升级。

"一键修音不是一个伪需求"

"外界对唱吧之前的印象更像是娱乐公司或者社交产品，并不会觉得它有多么高深的技术。但实际上我们在技术上的研究是非常有难度的。"陈华介绍，唱吧为了把人工智能技术结合进去，付出了巨大的努力。

而唱歌比简单的语音识别还是要难很多，机器要能识别出用户唱的每一个字，是否跑调，或者节奏快慢如何，然后把人的声音和背景声音进行分离，更融洽地混合伴奏和人声，使它像一个高级录音棚调出来的声音。

"这些东西都是非常有难度的，而且可以说是之前没有太多人去研究的一个方向。但对于唱吧来说这是主营业务，也是我们的核心竞争点。"陈华表示，希望技术上的长期投入，可以使唱吧在唱歌技术上引领行业潮流，让所有喜欢唱歌的用户觉得唱吧就是音效好。

其实对普通用户来说，就像照片需要通过PS来加工，对声音也有美化的需求。

2018年年初，唱吧就推出一键修音功能，被称为声音领域的美图秀秀，不过当时团队规模相对较小，更多是一种探索式的研究状态。近日，唱吧再次推出一款智能混音技术，根据现场演示效果，使用智能混音功能后的歌声，音调会更为准确，节奏也更合拍。

未来之音实验室研发中心负责人王国腾表示，一键修音不是一个伪需求，大多数用户对展示完美的声音是有需求的。"一键修音有时候甚至比人类修音师做得更好。"

经过这一年多的积累，随着技术成熟度的增加和引入的外部专家资源，未来之音实验室将会在研究上更加深入。陈华表示，技术团队其实已经组建了两三年，原来像是个应用部门，现在更偏向应用加研究的部门，"所以我们希望未来之音实验室的成立，会使我们在声音和AI技术的结合上产生一些研究成果，它们可以应用在唱法上或者别的场景下。"

据悉，目前的研究团队有十几个人，同时实验室也会跟外部研究单位合作，包括北大的研究所，同时实验室也在做跨公司的一些合作项目，可以把不同的技术融合。

"我们的投入是一个长期的和持续的，就是要保证唱吧在声音方面的技术是行业最好的。"

据王国腾介绍，未来之音实验室接下来的研究方向包括演唱体验、作品合成体验、多媒体视听体验、辅助演唱教学、歌声评价分析。

"颠覆自己，还是很有难度的"

唱吧在2012年上线，作为当年的现象级产品，曾在一百多天里收获一千多万用户。

近几年，由于短视频平台的崛起，整个互联网娱乐市场变得更加"拥挤"。各家产品都在绞尽脑汁做创新。

过去几年，唱吧在线下做出了一些成绩。

2014年投资了线下KTV唱吧麦颂，目前签约门店有500家。

2017年又投资了miniKTV咪哒，通过线上、线下融合，进一步丰富用户K歌体验。

如今唱吧所做的，陈华总结为"回归初心"，"唱吧曾经是年轻人最喜欢的东西，但今天可能有很多其他娱乐产品，我们应该做的就是再次回到时尚前沿，告诉大家今天的音乐风向标、最流行的玩法是什么。"

除了在线下场景的探索，唱吧近年来一直在做技术和线上场景的探索，2018年曾加入小程序的大军，拓展新的唱歌场景。

2019年，陈华透露团队也在规划一些新的App。而唱吧9.0版本也将于不久之后亮相，进行品牌升级。

谈到行业竞争时，陈华表示，这个世界上没有什么东西是别人做不出来的，在线K歌领域，这种声音的技术首先是有门槛的，即使竞争对手很强大，但也不见得能在每个地方都做好，每家的重心不太一样、选择不同，这个东西没有对和错。

未来，唱吧在声音技术上的研究，也可能会应用到产品端以及线下。

陈华认为，商业模式创新不是核心，核心还是在基础的唱歌体验上，"要让大家爽起来"。

"颠覆自己，还是很有难度的"，陈华坦言，对唱吧来说，持续的挑战在于，已经做了很多的产品和技术创新，怎么能让产品再上一个大的台阶。好在唱歌是一个持续性的需求，这个需求是长期存在的。

至于唱吧未来会做成什么样，陈华表示，其实就是通过产品和技术创新，让喜欢唱歌的人更喜欢唱吧，而做好这件事情的核心就在于产品和技术创新。

（新浪科技 杨雪梅）

点评： 该篇专访看似人物专访，实则其重心在于唱吧现阶段的创新研究。通过对唱吧创始人陈华的专访，文章从两个板块对唱吧的创新发展提出了陈华的看法，也对唱吧创新的必然性做出了说明，受众可以通过采访对象之口，了解唱吧这个"品牌"的价值、创新原因，以及未来的创新趋势。

（3）问题专访

问题专访是指针对社会和生活中人们关心的以及需要解决的问题去采访重要人物或名人等写成的专访新闻，采访对象主要是专业人士，其内容多是记录专业人士的观点、主张、见解等。这类专访写法深入，具有专业性、权威性，受众比较信服，在某些时候能起到引导舆论和为受众解释答疑、普及知识的作用。

范例

就我县自来水异味问题专访清华大学水处理专家陈超博士

最新消息：北京市政工程研究总院、永修润泉供水公司的活性炭投放设备都在投入使用（北京市政工程研究总院的设备从昨晚六时投入使用），今日出厂水异味已完全消除；陈超博士等专家团队和环保局一同前往东津水库各点采集水样拟带回北京做研究分析；至下午2时东津水库水位已升高至184.22米。

5月27日下午，记者来到修水县润泉自来水公司第三水厂（马家坳），采访清华大学环境学院饮用水安全教研所副研究员陈超博士。

陈超是国际水协战略委员会、消毒委员会和水环境嗅味专业委员会委员，中国饮用水深度处理研究会理事，中国环境科学会高级会员，中国微生物学会会员；主要从事应对水源突发污染的城市供水应急处理技术、消毒技术开发和消毒副产物控制以及饮用水管网水质稳定性等领域研究。

记者：通过检测发现，导致本次水异味的是土臭素，那么土臭素对人体是否有危害？

陈超：土臭素对人体没有什么危害，因为发现它有一百多年了，世界各地都有相关的研究报道，但没有一篇介绍土臭素对人体生理造成伤害的。它只不过气味难闻、让人感觉不快而已。1升水里含有10纳克（1纳克等于0.000001毫克）以上土臭素，就能闻到异味。导致异味的物质主要有"土臭素"和"2-甲基异冰片"两种。但本次通过检测水源，没有发现"2-甲基异冰片"，而土臭素达到了200纳克。土臭素产生有两类，一类是藻类，另外一类是放线菌等微生物。至于土臭素产生的原因，还有待于进一步研究分析，因为这涉及水库中藻类、放线菌的生长，是一个复杂的生态过程。

记者：土臭素既然有气味，并且水里经常发生，为何在106项水质指标里没有？

陈超：土臭素没有在正式的水质检测指标里，但它在国标的参考性附录中，需要采用精密的气相色谱质谱才能检测它，只有少数检测机构有能力做这种测试。所以在国标的正式项目中没有这个指标。水质气味检测只能通过人的感官去闻，仪器检测不到；如果发现水质有异味，需要通过其他仪器进一步分析是哪种物质。

记者：活性炭处理异味会不会第二次污染水质？

陈超：不会。活性炭的吸附处理是一个物理过程，对水质不会造成影响。活性炭有丰富的微孔，非常巨大的表面积，每克有1000多平方米，所以有很强的吸附能力，可以把水中的有机物，包括土臭素等吸附到炭里，然后炭再经过沉淀，水就清了，这个时候的水也基本没有了异味。

记者：刚开始，很多市民怀疑是水管管道原因造成的异味，你怎么看？

陈超：这种土臭素的产生只有以上说的两类，是天然产生的，不可能是人为的。另外自来水公司使用的水管都要有涉水产品卫生许可证，这是由卫生和计划生育委员会（现为国家卫生健康委员会）通过严格检测颁发的。其实这个问题很简单，因为水库源水就有这种异味。我三次到库区，库区水的异味比水厂的还重。如果是管道造成的，那么水库里的这个异味又是从哪来的，水管里的水不可能倒流到水库。所以说，水质异味绝对不是管道造成的。

记者：你作为水处理专家，你认为东津库区水质怎样？

陈超：除了异味以外，其他指标都很好。

记者：你对我县饮用水安全有什么建议？

陈超：藻类暴发产生的这种异味在全国很普遍，在全世界也很普遍，产生的原因是湖泊、水库水质富营养化，导致藻类大量繁殖。但东津水库水质从环保提供的数据来看，还没到富营养化程度，为什么藻类有这么明显的增加，我们后续还要做研究，同时也向县政府建议成立一个科研项目，进行科研分析，搞清事实真相。对于水厂来讲，一旦发生过一次这样的事情后，到秋季或明年的春季，还有可能再次发生，所以要把应急状态变为新常态，及时处理好类似的情况。用户一旦发现水有异味，应及时向自来水公司报告，以便得到及时处理。如果有人对于这种异味特别敏感，家庭可以购置带有活性炭装置的净水器净化，因为除土臭素，活性炭的效果非常好。

随后，记者参观了水厂自来水的处理过程。经介绍，从东津水库送来的源水，要经过反应池——沉淀池——过滤池——清水池的处理，最后才送到用户。

在反应池里可根据水质情况进行加药处理，由于本次水异味是含土臭素的缘故，因此需要投加活性炭。记者见到，反应池里涌动着加过活性炭的黑水。

但等来到沉淀池，长长的水道让活性炭沉淀，水慢慢变清，最后流入三角堰集水槽的水完全清澈了。

公司副经理管浩告诉记者，在反应池里，活性炭起到吸附作用，可以吸附水里的土臭素；然后经过70多米长的沉淀池，水缓慢地流过沉淀池，时间约2小时，这时活性炭完全沉淀，再由泵吸式吸泥机排出。处理好的水再由三角堰集水槽流入过滤池。水在过滤池通过1.25米厚度的石英砂过滤，最后进入清水池，再送到用户。

只见V型滤池里的水清澈见底，闻不出异味。管浩介绍，前几天，池里的水有异味，通过活性炭处理，气味基本没有了。

（九江修水发布　2016-05-28）

点评：这篇问题专访针对的是该县自来水异味的问题，其中对异味形成的原因、居民关心的会不会造成二次污染以及饮用水建议等内容进行了提问，然后由专家解答疑问，说服力强，同时也能吸引广大受众的兴趣。

（4）风貌专访

风貌专访是指为了介绍具有特殊性的单位概况以及地方风貌所做的专题采访。例如某关注中泰动态的媒体号就发表过一篇新闻报道，通过对塔吉克斯坦的中泰坦轧花厂发展变化的描写，来展现"一带一路"项目下中方负责人展现出来的中国精神、中国风貌。它的目的是向受众展示一种新的风貌、状态，带领受众去领略不同景况，让受众在审美欣赏的前提下进行思考。

范例

中国旅游报专访中旅风景巴山项目组：一个景区带动一方百姓脱贫致富

辞旧迎新之际，正是盘点总结之时。2018年，中旅风景（北京）旅游管理有限公司运营管理的巴山大峡谷景区项目，共获得3个外部奖项，分别为旅游形象宣传片优秀作品奖、四川十大红叶旅游目的地和四川十大避暑目的地；而在中旅风景公司内部，巴山大峡谷项目团队成为年度唯一优秀团队。

荣誉背后，巴山大峡谷在中旅风景运营管理的多家景区中，确实有些特殊，最特殊的一点是"大"：规划面积大，开发难度大，资金投入大。巴山大峡谷规划面积575.2平方公里，总投资100亿元。这些决定了巴山大峡谷一定是一个备受关注的标志性项目。

撸起袖子加油干

巴山大峡谷位于四川省达州市宣汉县境内，是典型的喀斯特地貌，是四川省2016年100个重点项目之一，国家4A级旅游景区、国家地质公园、宣汉县一把手重点工程。巴山大峡谷的目标是，用2~4年时间打造成5A级旅游景区、国家旅游扶贫试验区、国家生态旅游度假区、巴文化高地。景区开发过程中，当地政府引进中旅风景管理团队为其提供技术咨询和运营管理服务。2017年7月，中旅风景派出项目组入驻。

景区管理，事无巨细。用中旅风景驻巴山大峡谷项目组顾问张劲夫的话来说，就是"撸起袖子加油干"。

张劲夫已经从事旅游工作20余年，熟悉旅游行业管理流程，擅长景区策划设计、运营管理等。他介绍说，在巴山大峡谷开发建设阶段，中旅风景提供技术咨询服务，包括规划设计、产品植入与提升、景点打造、游线设置、文化提炼与包装、业态布局、标识标牌、智慧旅游、赢利模式等，其中，提供专业技术咨询20场次、各类建议方案30多个。在景区开放运营阶段，中旅风景提供运营管理服务，包括组织架构搭建、制度体系建设、员工招聘培训、岗位实操及演练、品牌打造、营销推介、市场拓展、5A创建、开园筹备等。

目前，巴山大峡谷5A级景区创建的景观质量申报已通过评审，服务质量与环境质量、游客意见两项评审也已提上日程。

累累果实满枝头

"当地政府对于项目组的专业性和运营管理能力，是高度认可的。经营管理、安全生产、队伍建设等各个环节，我们都是严格按照中旅风景的标准进行的。虽然我们管理这个项目的时间不长，但已有很多团队到我们那里参观学习。总结这个项目的经验，我认为可以概括为：利用一个平台、依托两个支撑、采取三项措施，带动一方经济发展，走出旅游扶贫新路子"，张劲夫说。

所谓"一个平台"，就是指景区这个大平台。利用这个大平台，可以带动餐饮、住宿、农家乐、休闲娱乐、交通运输、农特产品售卖等多个产业的发展。初步统计，巴山大峡谷开园后，周边新成立运输公司一家、大型演艺公司一家、劳务公司一家、保洁服务公司3家，宾馆2家、农家乐80家、民俗客栈30家、农特产品售卖30家、休闲娱乐企业5家，巴人民俗演艺团队5个，直接从业人员达到3000余人。

所谓"两个支撑"，就是指扶贫政策支撑和产业支撑。从扶贫政策来说，近年来，从中央到地方，出台了多项扶贫搬迁、扶贫资金整合使用、小额扶贫贷款、资源入股、门票分红等政策，为就业创业、脱贫致富提供支撑。另外，产业支撑也很重要，旅游扶贫必须依靠产业带动；产业支撑要有后盾，而后盾就是资金、技术等。

所谓"三项措施"，就是指景区提供就业岗位，政府提供公益性岗位，政府降低准入门槛、鼓励个人创业。"扶贫要扶到点子上去，要关注后续发展。我们的目标是，一个贫困户有一个脱贫致富的门路，转移一个劳动力就业；一个村有一个专业合作社，引导种植业、养殖业、农特产品加工业发展；一个乡镇有1~3个扶贫项目，批量安置贫困户就业。"张劲夫介绍说。

风物长宜放眼量

2018年8月28日，巴山大峡谷开园，至2018年年底，4个月共接待游客12万人次，综合收入550万元。通过景区的辐射带动作用，周边5个乡镇13个村实现整体脱贫。

张劲夫说："当今时代，做一般化的旅游项目已经没什么挑战性。在条件允许的情况下，要做大景区，做对经济社会发展有贡献的景区。旅游扶贫符合中央精准扶贫的政策背景，有亮点、有看点、有创新。"

巴山大峡谷开发区域涉及的5个乡镇，是土家族聚居区，也是宣汉县最贫困的区域之一，区域内有建档立卡贫困人口3.33万人。巴山大峡谷的资源优势就是生态，为此，宣汉县做出了利用当地优势资源开发旅游业，以旅游业带动其他产业发展，从而促进经济发展，实现脱贫致富的战略决策。

刚刚过去的春节假期，是巴山大峡谷开园后迎来的首个长假。景区设计了"9.9元"抢购2000张门票、红包送祝福、低空飞行观景、"夺宝"小游戏等营销活动，以及巴人钱棍舞、川东土家薅草锣鼓、薅草锣鼓赛歌会等民俗体验活动，游客积极参与，气氛热烈，年味十足。7天时间，巴山大峡谷共接待游客21万人次，实现旅游综合收入1.5亿元。

点评： 这篇报道通过专访中旅风景巴山项目组负责人员，以此对巴山大峡谷文旅扶贫景区发展概况做出介绍，作为《中国旅游报》的景区版专题报道，这也是一篇风貌专访，不仅项目组成绩卓然，作为其项目之一的巴山大峡谷也很特殊。报道首先介绍了巴山大峡谷项目组的成就，由此将镜头引入其项目中的特殊点——巴山大峡谷，接着用三个板块分别讲解项目的开展、措施和景区现在的发展成果，将景区发展与带动当地居民脱贫致富联系起来，介绍了巴山峡谷文旅扶贫景区的发展经验，将风貌的概述进行了思想的拔高，十分精彩，使在受众了解该景区的同时产生对国家发展项目的认同感，颇具新闻价值。

4. 专访的写作注意事项

专访有不同的类型，且各类型的写作要求也各有不同，但要重视以下4点。

◆专访一定要有采访对象，所以选择采访对象时一定要慎重。采访者采访前要拟好主题，以更顺利地获得自己想要的信息。

◆专访是采访的实录，因此新闻编辑在写作时要以问答方式和人物语言为主要内容。

◆专访中会涉及采访者和采访对象的描述，因此要注意人称上的变动与衔接。

◆专访有点类似于纪实文学，因此新闻编辑在写作时要带入情感，要有人文关怀，这样写出来的文章才更有温度，更容易打动受众。

3.2.2 新闻特写

新闻特写是以文字再现新闻事实的某一情节或某一部分，使其得到真实放大的效果，这是一种强调视觉形象的新闻体裁。特写主要是利用白描手法对具有典型意义的新闻事件、人物或场面进行生动形象的描绘，将其绘声绘色地再现在受众面前，让人如临其境、如见其人、如闻其声、如观其景。

小提示 一篇优秀的新闻特写，不仅有较强的时效性，还有较长的保留价值，甚至在很久之后，还能成为珍贵的历史资料。

1. 新闻特写的写作特征

新闻特写与一般新闻体裁相比，既有相同的新闻性，又有着它独特的写作特征。主要表现在以下3点。

◆**要求画面感：** 新闻特写在选材中必须截取新闻事件中的一个场面或一个情节，且这个场面或情节的画面感要很强，这样才能再现一个或多个特写镜头。

◆**定点描写：** 消息、通讯的写作大都是纵向的，统摄了新闻事件的过程，让受众对新闻整体一览无余。新闻特写则不是广阔的纵观，而是从一个侧面、一个细节去聚焦反映事物的核心、重点或主要事实。

◆**语言立体：** 新闻特写除具有准确、朴实、形象、生动的新闻语言特征外，还要求在谋篇上表现出立体感，写出特定的形象。因此其语言中常有电影、小说的艺术美感。

2. 新闻特写的重点要素

新闻编辑若能抓住画面、个性和情节这3个方面的美呈现给受众，就几乎掌握了特写的精髓。

◆ **画面美：** 要求特写时抓住生动的形象、动作或场景，再现出逼真的画面，让受众有画面感，犹如亲眼所见、亲耳所闻。

◆ **个性美：** 指特写镜头要抓住人、事、场景的特征，凸显其个性和高潮的片段，让特写作品闪现出独有的个性美。

◆ **情节美：** 新闻特写在写作中，只能抓整个事物中的一个重点或关键场面，因此要抓取重点情节。集中写作用以展现情节的关键镜头是整个事件的焦点与核心，也是情节展开的高潮，甚至可以以小见大，在展现情节美的同时使受众受到情感的触动。

3. 新闻特写的类型

新闻特写有不同的划分标准，目前，常见的新闻特写是根据其内容来进行划分的，这也是工作中经常用到的分类方法。新闻特写根据内容可大致分为事件特写、人物特写、专题特写和场面特写4类。

（1）事件特写

事件特写主要侧重于摄取与再现重大事件的关键性场面，它可以描写一个独立新闻或新闻事件的局部，也可以选取一两个精选镜头着重描绘，还可以组合精选事件的一个或几个场景。如下所示内容就是某新闻报道中对章小姐乘车始末的场面特写。

今天8时10分许，章小姐在广兰路地铁站出站后，看到一辆1058路公交车正好进站，她赶紧迎面朝车头跑过去。"当时，距离大概50多米，司机看到我一直在跑，看到我已经跑到车门口了，一直看到我前面那个人上了车之后，竟然当着我的面，就把车门给关了。"

"挤不上这一班车，我就要迟到了，老板的脸色可不好看！"章小姐此时心焦不已。于是，一边拍着车门，一边和驾驶员解释，想要上车。"但是，司机不但不理睬我，还想要启动车辆往前开。"在章女士的再三请求下，司机才终于开了门。章小姐表示，在这个过程中，车辆并未出站，她认为司机完全没有服务意识。

（2）人物特写

人物特写是指对人物特点的突出描绘，新闻编辑在写作时可以再现人物的某种行为或活动片段，也可以精选展现人物特点的语言、特殊爱好、

面部特征等,其写作重点是绘声绘色,突出人物个性。如下所示为人物特写的一段典型描写,它抓住了主人公的面部特征及行为举止,凸显其性格品质。

> 55岁的其美多吉是典型的康巴汉子:个子高大,一头长发,右脸上还有一道明显的伤疤。
>
> 这道伤疤透露了他曾经遭遇的危险和苦痛——2012年9月的一天,其美多吉驾车返回甘孜,行至一陡坡处,突然冒出12个人,手舞砍刀、铁棒将邮车团团围住。"机要邮件!"其美多吉脑海里闪出的是这四个字。每一车邮件中,都有一个特别的邮袋装着机要邮件。"大件不离人,小件不离身"是对机要邮件管理的特别规定,在其美多吉心里,那是比自己生命还珍贵的东西。他毅然挡在邮车前面,高吼道:"不准砸邮车!"瞬间,刀、铁棒、拳脚,齐齐落在他身上。
>
> 搏斗中,其美多吉身中17刀,肋骨被打断4根,头盖骨被掀掉一块。在重症监护室里,其美多吉躺了7天,住院的半年里,他经历了6次大小手术。
>
> 出院后,其美多吉的左手因肌腱断裂一直无法合拢,他不得不暂别岗位。"那段时间,他变得沉默寡言。"泽仁曲西说。
>
> 但其美多吉却不愿认命。"忘不掉藏汉群众拆包裹时高兴的样子,我要重上邮路。"为此,其美多吉四处求医,依靠偏方使左手康复。一年后,其美多吉回归车队,那一天,同事为他献上了哈达,他却转身将哈达系上了邮车。其美多吉说,只有托运着邮件,才能感觉曾经的自己又回来了。

（3）专题特写

专题特写是指从某问题、事件或现象的某一方面去集中描述某个对象,以使对象更加形象、立体,突出主题,同时增强对现场画面感的塑造,表现效果强。例如某先锋人物的专题报道,就通过对其居住环境、村民朋友以及建树成就的特写来进行。如下所示为"8·11"抗洪抢险专题特写的报道,该报道塑造了一个探亲军人在家乡遇险时投入抗洪大军的勇毅形象,这种军人精神让人敬佩折服。

专题特写

> 镜头中身穿黄色背心的小伙子名叫杨科,今年才22岁,是一名人民解放军士官,8月11日,刚刚回家探亲才两天的他,遇上了家乡官渡遭受百年不遇的洪水灾害,顾不得自己家中也被洪水浸泡,杨科毅然参加了抗洪救灾的队伍,和前来支援的民兵队伍一起清除淤泥,一干就是7天,等清淤工作基本完成时,他也马上就要返回部队。
>
> 记者来到杨科的家中,看到被洪水浸泡后,家里的小卖部已经在家人的努力下打扫干净了,只是里面的货物已是荡然无存,家中的家电、房屋等也受到了不小的损失,杨科的叔叔正一个人在整理屋子。

（4）场面特写

场面特写是对新闻事件中经典场景的再现，自然景观、工作场面等都可作为场面特写的材料。如下所示为某干部去下级村镇慰问地震受灾村民的特写片段节选，通过对受灾村民过节景象的刻画，以及书记与村民一问一答场面的描述，塑造了一个牵挂群众的干部形象。

场面特写

上午10点过，某干部来到青川县凉水镇友谊村蓬溪口组，一排崭新的木架房展现在眼前，家家户户的门口都挂着红灯笼，门上贴着春联，节庆的气息扑面而来。房主人尚继东说："我家5口人，去年因地震形成了新的地质灾害，使我们住在山上的13户村民无法居住，是党和国家给我们补助让我们迁下山，镇、村干部也经常来指导和解决困难，我是上个星期三搬进新房的，现在的房子能抗八级地震呢！"

问及年货准备得怎样时，在场的人们异口同声地说："米面肉油都很充足，大灾之后我们仍然过上了欢乐年！"

4. 新闻特写的写作注意事项

新闻特写的写作结构并没有固定的格式，但需要遵循新闻的写作方法，要先用一个吸引人的开头，先声夺人，然后通过情节、细节的塑造交代事件的过程、背景。不同的是，新闻特写的内容和表述更加多彩生动，注重抓取场景，能再现现场。

范例

新闻特写："山竹"来临前，1700名工人的深圳一夜|聚焦台风"山竹"

新京报快讯（记者苏晓明）9月16日零时刚过，深圳街头下起了零星小雨，风忽大忽小，勉强能撑起雨伞。深圳三个火车站点只有两三个车次没有停运。罗湖站外，一些回广州的黑车司机急匆匆地拉客，"广州拼车，走吗?台风马上来了!"他们希望"山竹"到来之前能多载一名乘客。

售票大厅内，只有改签、退票窗口还亮着灯，排起了一条约十米的队伍，很多旅客来回踱步不肯离去，他们希望改签到最近的车次。

此时，19千米外的深圳湾体育中心灯火通明，上下两层、3000多平方米的羽毛球馆内密密麻麻躺满了人，这些人大都已进入梦乡。

他们是几百米外华润集团建筑工地上的工人，在"山竹"到来之前，聚集到该紧急避难所。

光滑而坚硬的地板上，呼噜声从四面八方传来。有人铺着凉席，有人裹着床单，还有人直接躺在地上，他们大部分趿着拖鞋、打着赤膊，露出黝黑的上身。

醒着的人则三五一组打扑克、低声聊天、谈笑自如，似乎今年的第22号台风与他们无关。

"他们都习惯了，平时中午也是随便一躺就能睡着。"机电工赵建飞没有睡，他被公司安排了值班任务，有突发状况须随时报告。他不时刷着手机，关注着"山竹"的相关信息：它将以强台风或超强台风的强度于9月16日下午到夜间，在广东到海南一带沿海登陆，台风中心经过海域风力达15～17级，称得上今年迄今为止的全球"风王"。他手机直播页面上不断转动的台风眼漩涡，正一步步从海洋向陆地逼近。

王鑫与赵建飞一起值班，两人都在1995年出生，在工地上是好兄弟，负责工程的电路部分。王鑫说，工人们来自天南海北——有东北的、河南的、江苏的，他是四川南充的；年纪最大的近60岁，最小的不满20岁。他们都在为华润集团工作，所参与建设的项目有——华润集团总部大厦"春笋"，392.5米的高度将成为深圳第三高楼；华润开发的高档小区"柏瑞花园"以及购物中心"万象城"。每个建筑队所负责的工种不一样，分得很细。

56岁的张万胜是专门给钢结构刷防火涂料的，他来自江苏沛县，算是年纪大的，"趁着能动多出来干点活，挣点养老钱"。他叫不出这次超强台风的名字，因为在他家乡很少有台风，"刮风有把树刮倒的时候，但几十年一次，从没见过这阵仗。"

9月15日中午，工地各项目组分头召开了动员大会，要求工人们把工地上可能被风掀翻的材料加固，平时住的彩钢板宿舍晚上不能留人，直到台风结束，才能返回。工地为工人们准备了矿泉水、面包、方便面等物资，堆放在场地的角落里。

工地还临时创建了"台风应急项目群"，昨晚8点前，所有项目组在群里签到。签到数字显示，到体育中心避难的工人们有1700多人。

当晚，体育中心内馆中，歌手徐佳莹正在开个人演唱会。站在羽毛球馆二层，隔着厚厚的玻璃可以俯瞰现场，虽然听不清声音，但工人们还是围了好几圈，踮着脚向里张望，王鑫和赵建飞一直坚持到最后，听完了一场无声的演唱会。

"徐佳莹不算特别有名，现场没坐满，可能与台风有关"，赵建飞记得前几天张杰的演唱会，周围水泄不通，他骑车从工地回宿舍堵了半小时。

凌晨三点多，窗外的雨越来越大，风声越来越响，一些睡在门口的工人，被冷风吹醒，赶紧起身往里面去。深圳所有火车、航班也均已取消。

王鑫和赵建飞起身到二层巡查，转了一圈，雨势又逐渐变小。这两个刚满23岁的年轻人抱怨，"到底还来不来？"他们希望台风能早点过境，然后早点开工，"就那么多钱，当然是越快干完越好，干完了好去下一个工地。"2017年台风"天鸽"来袭时，他们中有的躲到了地下室，有的也躲到了这里，不过，那次台风很快就过去了。

赵建飞是广东茂名人，来深圳干建筑6年了，做过四五个工程，有的工程几个月完工，有的一待就两年多。他希望能在深圳长期干下去。

王鑫也是高中出来做这一行，福州、南京、赣州、东莞、深圳，他去过很多城市，但最喜欢的还是深圳。

"我也说不出它哪里好。"他二十三年前出生在深圳，父母曾是深圳南岗一家手表厂流水线上的员工，他的童年跟着爷爷奶奶长大，到了小学才回到父母身边，初中时因为证件不齐，他不得不再次回到老家。不过他始终没想到，兜兜转转，他6年前再次回到深圳，并成为这座城市的建设者。

他惊叹这座城市的发展速度，小时候他跟父母回家坐大巴，没有高速，要花一个星期；后来坐绿皮火车，得坐30多个小时；现在有了高铁，只需半天时间。王鑫斜靠在体育馆栏杆上，对面几栋高楼上的航空警示灯，有节奏地闪烁，像是在跳舞。

凌晨6点，天已经微亮，台风仍未到。1700多名工人陆续起床了。"习惯了，睡不着，因为平日里7点会准时出现在工地上。"赵建飞说。

（新京报记者 苏晓明　编辑：刘喆）

点评： 这篇特写以台风来临前的车站情景开篇，引入了躲在深圳湾体育中心这个紧急避难所的1700多名工人，通过对体育中心内部细节的描写、场景的再现，如睡觉、打牌的姿态、听无声演唱会等刻画了他们面对台风的情景，现场代入感和画面感很强。其中着重描写了王鑫和赵建飞两个人物的行为和语言，这种典型人物的塑造是事件专题的常见成分，对事件的刻画有烘托作用，能够帮助情感渲染，丰富新闻内容，加深受众对整个事件的了解和感知。

3.2.3　深度报道

深度报道是一种系统反映重大新闻事件和社会问题、深入挖掘和阐明事件的因果关系以揭示其实质和意义、追踪和探索其发展趋向的报道方式。深度报道可以说是对新闻消息的深化探究，与国内特有的新闻体裁"通讯"概念相似，但双方侧重不同，深度报道更加深刻，常把具体事件放到历史背景中，在分析调查的基础上深层次地加以阐述，它着重探寻的是新闻六要素中"why"和"how"的部分，能分析横向，追究纵深，分析意义，预测未来。而通讯写作虽然也有全局观和时代精神，但着重于描写，教育意义和情感感染力更为突出，有审美教化的功能。

1. 深度报道的类型

深度报道根据篇幅组成数量的不同，可以分为独立篇幅类深度报道和组合篇幅类深度报道两大类别，下面分别进行介绍。

（1）独立篇幅类深度报道

独立篇幅类深度报道是指针对某一中心话题进行的信息挖掘，是由单篇完成的深度报道，只讲述一个事实、话题或现象。独立篇幅类深度报道主要包括解释性报道、预测性报道和调查性报道3种。

◆**解释性报道：** 解释性报道又称"新闻分析"和"分析性报道"，是用充分的背景材料侧重解释和说明新闻事件产生的原因和结果的报道，属于深度报道的一种，一般用于比较复杂的重大问题的报道。它不仅会报道新闻事实，还侧重于分析报道背后的新闻，如事实发生、演变的原因、社会影响和社会意义等。这类报道还能预测事件的后续走向，且提供材料时夹叙夹议，会或明或暗地显示出新闻编辑对此次事件的价值判断。

◆ **预测性报道：** 预测性报道是以理性、前瞻的眼光，向受众提示、分析"明日生活"，是对将会发生而未发生的事件所做的前瞻性报道，重在对新闻事实的发展趋势以及影响等做出预测。因为它针对的是将发生而未发生的事件，因此其写作很注重科学性和权威性，而且对社会舆论和受众心态能起到导向作用。

◆ **调查性报道：** 调查性报道多是独家新闻，采写难度高、社会影响大，是新闻编辑通过长期而完整的积累、观察与调查研究，对某一或某类社会事实或社会现象进行彻底调查采访而形成的深入的、系统的、详细的报道。

> 调查性报道的性质类似"焦点访谈"节目，即通过调查、追踪、隐形采访揭露社会生活中的多种违法行为及其始末，以展现媒体的监督功能。

（2）组合篇幅类深度报道

组合篇幅类深度报道是指由多篇报道组合而成的深度报道，这些报道中的内容元素比较相似，每一单篇不追求深刻，但由于是多篇的组合，所以整体上比单篇的报道更有层次，能使新闻报道有一定的力度和深度。此外，由于深度报道可以由消息、通讯、读者来信、评论等综合组成，因此其表现力也更加丰富。组合篇幅类深度报道可以分为连续报道、系列报道和组合报道3大类。

◆ **连续报道：** 连续报道是指一定时间内持续推进某一新闻动态的追踪报道，其对象一般是正在发生并持续发展的某一重要的、受众关注的、不可预知的新闻事件。连续报道是一种渐进的动态报道，它关注整个事件的过程，随着时间顺序逐步展开，能完整反映新闻事件的发生、发展过程、最终结局以及其影响，反映的是整个新闻事件的始末。

> 连续报道周期较长，因为事件开始之初常不知缘由、不知走向，因此常以消息这种能快速报道的文体作为主要体裁。

◆ **系列报道：** 系列报道是指在一个大主题的统领下，选择相互独立而性质意义又相互关联的热点问题进行分篇的连续报道，它主要通过不同角度、侧面的连续报道来展现全面的、系统的内容，其结构类似于大专题与其下能综合体现主题的一系列小专题的组合。系列报道中的各篇文章属于并列关系，且一般针对的是已发生的事件，是将其化整为零分篇解读，然后又合零为整，以此形成完整深刻的系列报道。

◆ **组合报道：** 组合报道是指对某一重大事件或热点问题进行全方位、多角度、立体化报道的新闻组合形式。组合报道是关于某主题的多种消息的组合，各消息之间存在联系，它可以对所有与此相关的消息进行有序的归纳整理。例如报道新闻事件时，会涉及对整个事件过程、事件起因、后续影响、各方不同看法等的报道，同时也可罗列其对立的观点。这样的"大杂烩"能让受众看到更全面的信息，领略事件的全貌，从消息的相互联系中看到其相关性，从而对整个事件有全面、清晰的认识，有助于受众进行深层次的思考。

2. 深度报道的写作注意事项

深度报道写作的重点就在于深度，既要剖析事实内部，又要展示事实宏观背景，把握真实性。深度报道是点与面的结合，是新闻中的"高端产品"，更被认为是在新媒体环境下传统媒体内容创新的突破口。在写作时，新闻编辑要注意以下3个方面的要求。

（1）选题得当

不管是什么样的时代背景，深度报道有一个好的选题十分重要，其选题最好满足以下3个方面的要求。

◆ 选题不仅要具有重大的社会新闻价值，还要建立在媒体严格坚守新闻真实性原则之上。例如当某研究人员发布了对社会、科技的发展有贡献的产品时，可以以此为选题发布新闻报道，其主题思想可以是该项研究对社会的影响，也可以是宣传科研精神、积极的人生理念等。

◆ 选题要具有独家性、典型性、时效性，能贴近大众生活。

◆ 选题的时机发布要恰当，并体现出媒体的新闻价值取向。

（2）着眼于受众的需求

现在有不少的消息都是干货少、创新少，要么是像原来的版面一样进行大量的文字堆砌，要么就是过于"博眼球"，这是很难满足现在求新求变的受众的胃口的，在新媒体时代，优质内容的输出非常重要，新闻也要着眼于受众的需求，才能立足于时代。但这并不代表"标题党"和内容注水的做法就是正确的，这种做法即便能吸引一次、两次的关注，但很难产生忠实读者，新闻写作同样要有口碑。因为，"博眼球"的做法很容易招来受众的非议，甚至让受众产生抵制心理，留下不好的评价。

现在的新闻报道写作和新媒体文案有很多相似之处，例如在选题、表现形式、语言创新上，同时在内容至上的基础上，针对受众感兴趣的话题进行客观的分析，表达深刻的思想，给人们以启迪。例如《健康报》发表的《一位外科医生和他的"语言处方"》，就是从受众关注的话题——医患关系着手，展示了基层医生如何通过PPT与患者沟通，传播了重视人文关怀的医疗行业正能量。

（3）善于挖掘立意

深度报道要学会重视和利用背景材料，找准并展示出整篇报道的思辨性和思想性，剖析事件本质，才能给受众深刻的思想启迪，而不要平铺材料，让文章厚重有余，深度不足。正确的做法是选取典型材料，科学利用写作手法，如对比、描写等，多层次、全方位地挖掘主题思想，给文章立意。例如《同是佳果命不同，菠萝要向荔枝学什么》的深度报道，以上下篇的形式将粤西菠萝和荔枝两种高产优质水果进行了对比，并从销售路径、种植成本等方面进行解读，是一篇关注供给侧结构性改革的深度报道。

范例

新春日子美　收获在身边（新亮点中看变迁）

编者按：

今起开设《新亮点中看变迁》栏目，说说百姓身边的新变化、新鲜事，看看供给侧结构性改革的新进展，感受经济社会发展的新变迁。

高铁线路铺到了农村，高铁站修到了镇上；贫困户住上了新房子，日子越过越好；春节期间不少人去北上广深等大城市，体验不一样的年味……

这个春节，流动的中国充满了繁荣发展的活力。百姓日益增长的美好生活需要正不断被满足，供给侧结构性改革正不断深化。

几天的春节假期眨眼就结束了，大家又回到工作岗位开始忙碌。回想起这个春节家人团聚的温馨与美好，很多人和事仍历历在目。回乡过年，家乡有许多新变化；留在城里，身边有不少新鲜事。

镜头一

高铁修到了镇上

基础设施建设成效喜人，仍需继续补短板

"从广州坐高铁到老家附近的杨桥站，时间不到3小时，太方便了！早上从广州出发，中午就能赶上父母精心准备的团圆午饭。"2月4日上午，王东平在飞驰的列车上，将这条微信发到了朋友圈。

王东平是在广州工作的白领，老家在湖南省邵东县（现为邵东市）杨桥镇七洲村。2018年12月，怀邵衡高铁线建成通车，在七洲村建设了一个高铁站——杨桥站，有多趟从广州、深圳开来的高铁列车在此停靠，极大地方便了南下广东务工经商的群众。

几年前县城还没通高铁，他从广州回老家需要先坐高铁到衡阳，再转乘大巴车到镇上，然后再坐中巴车，最后走一千米泥泞的"毛路"才能到老家，前后费时将近一个白天。

王东平回乡方式的改变，也是邵东县农村交通条件改善的写照。如今，邵东县有两个高铁站，境内还有多条高速公路穿过，几乎所有村子都实现了道路硬化，村民出门或回家基本不用再走泥泞的"毛路"。

我国已经形成了世界上最发达的高铁网，百姓坐高铁出行不再是新鲜事，但新的高铁线路铺到了农村，高铁站修到了镇上，对广大农民来说仍是喜事、新事。

中国铁路总公司发布的数据显示，2018年年底，全国铁路营业里程达到13.1万千米以上，其中高铁达2.9万千米以上。但总体来看，铁路网发展不平衡、不充分的问题仍然比较突出，中西部地区特别是老少边贫地区铁路网密度不高、覆盖面不广。聚焦铁路建设短板，2019年还将投产高铁新线3200千米，进一步优化铁路网布局结构，全面提升铁路网现代化水平。

做好2019年的经济工作，供给侧结构性改革仍是主线，加大基础设施等领域的补短板力度，是一项重要内容。王东平家乡的高铁站，就与供给侧结构性改革的这条"主线"紧密相连。

镜头二
贫困户住进新房
针对突出问题，打好脱贫攻坚战

补短板，不仅仅体现在基础设施建设上。

贫困户老申今年68岁，家住水东江镇同兴村，离王东平家的杨桥镇不远。老申是当地农民，种了一辈子地，老两口一辈子基本没有出过湖南省。平时除了务农，还去附近的镇子上贩卖些农具和树苗。

三年前，老申一家还挤在一层半的老土砖房里。老房子西南面的墙壁还开了一条大裂缝，摇摇欲坠。2018年，政府给老申一家发放了危房改造补贴款，再加上女儿凑的钱，老申在马路边建起了一栋两层半红砖房。2019年春节，房子的外墙还没粉刷，老申和老伴就搬进去住了，在新房子里跟儿女们过了一个团圆年。"等装修搞好了，在农村住得不比城里人差。"老申的话里透着乐观和满足。

近年来，同兴村的村民居住条件改善明显。几年前随处可见的黄墙黑瓦土坯房基本不见踪影，取而代之的是坚固的红砖房。站在田间一眼望去，山脚下一栋栋三四层的彩色"小洋楼"错落有致，不少人家的小楼前面还停着小汽车。

2018年我国三大攻坚战初战告捷，2019年还要针对突出问题，打好重点战役。随着脱贫攻坚的深入推进，会有更多像老申这样的贫困户生活得到改善，日子越过越好。

打好脱贫攻坚战，不仅要靠政府的力量推动，也要更多地调动市场的力量。财政部公布的数据显示，截至2018年年底，全国832个贫困县中，有458个县借助社会资本的力量，探索运用PPP模式开展脱贫攻坚。全国已纳入管理库的项目共计1414个，投资额达1.2万亿元。其中落地项目633个、投资额达5675亿元。

镜头三

"反向春运"客流增多
完善基本公共服务，让更多流动人口融入城镇

有关部门预测，2019年春运期间全国旅客发送量将达到29.9亿人次，比上年春运增长0.6%。由春节引发的春运，近30亿人次的"大迁徙"蔚为壮观。2019年的春运有一个新特点，那就是"反向客流"明显增加。

什么是反向客流？往年都是在大城市打工的人，集中返乡往三四线城市走，再换乘回农村老家；2019年虽然大部分人还是按照这个路线走，但有"小股部队"却逆流而上，春节期间去了北上广深等大城市。

春节前，一些旅游订票网站发布了春运出行报告，利用订票大数据对客流走向进行了分析。例如，携程大数据显示，上海、北京、广州、深圳、杭州、南京、天津、青岛、宁波、厦门，是"反向春运"十大热门目的地，除夕前一周前往这些城市的机票预订量，同比增长超40%。其中，儿童旅客占比同比增长39%，50岁以上旅客占比同比增长42%。

北京作为热门目的地，这个春节真是很热闹。北京市假日办公布的信息显示，大年初一故宫博物院共接待8万人次，同比增长42.9%！一天8万人次，这是故宫限流的上限，不仅一下子用到了"顶格"，而且初一至初五的票全卖光了！

故宫里面人多，外面人也不少。有女孩发朋友圈说，在角门咖啡馆排了一个多小时的队，就为了拍几张好照片"秀"一下。

这些人流中，就有不少是来北京"反向过年"的外地游客。浙江绍兴的张女士，带着孩子全家一起来北京。都说"不到长城非好汉"，结果到了长城之后，发现"好汉"实在太多了！只见万里长城人山人海，能坐上缆车跟中了彩票一样，在-10℃的气温中，彻底体验了一回"千里冰封"的滋味。这滋味不一定好受，但肯定难忘。

"反向春运"里，也有不少是老人来投奔孩子，在孩子工作的城市团聚过年的。把家乡的父母接出来，在自己工作的城市过年的现象增多，这释放了一个特别重要的信号：随着我国城镇化进程的加快，外来务工人员正在成为新市民，他们融入城市、扎根城市的基础更牢了。

国家统计局公布的数据显示，2018年年末，我国城镇常住人口达到8.31亿人，比2017年年末增加1790万人；乡村常住人口为5.64亿人，减少1260万人。我国常住人口城镇化率为59.58%，比2017年年末提高1.06个百分点。也就是说，随着区域协调发展战略的扎实推进，农业转移人口市民化步伐加快，进城落户人口增加。农民工进城落户，更多的农村人口转变为城镇居民，享受到城镇基本公共服务和社会保障，真正实现由"乡"到"城"的转变。

根据国家新型城镇化战略部署，到2020年要努力解决1亿左右已进城农业转移人口和

其他常住人口的落户问题。其他已进城但未落户的人口，则要通过建立居住证制度来解决其基本公共服务问题，包括子女义务教育、基本医疗、基本养老、就业服务等，让更多流动人口能够融入城镇。

镜头四

《流浪地球》科幻热

畅通国民经济循环，增强新产业、新业态活力

2019年春节的电影档相当火爆，其中科幻题材电影《流浪地球》受到观众热捧，票房战绩抢眼。截至2019年2月12日，票房已超25亿元。

这部电影如此广受关注，其意义已经超出电影本身，也让人们对中国科幻电影和科幻产业的崛起多了一份期待。

"中国电影'科幻元年'，不是一部电影就能开启的。中国科幻产业的崛起，未来还需要连续不断出现现象级影片，通过'爆款'引领整个行业前进。"《流浪地球》制片人龚格尔说。

目前，我国科幻电影在电影行业中，占比总体较低，影响力也不大。这主要是缺乏优质的电影产品，也缺少后续的产业开发链条。从国内科幻产业来说，当前还是以图书出版为主，科幻电影发展起来后，可以更好地驱动多元化发展。

"无论是科幻电影还是其他衍生品，优质的内容是产业的源头。科幻电影产业要发展，要对优质原创内容加强保护。"龚格尔介绍，当前，我国科幻电影版权交易比较热，《流浪地球》的成功相当于再添一把火，可能会出现短暂过热的现象。但不管怎样，这将会进一步激发创作潜力，让优秀的科幻作品脱颖而出。

随着供给侧结构性改革的不断深化，我国新产业、新业态、新商业模式蓬勃兴起，大大激发了经济发展的新活力。"畅通国民经济循环，还需要再加把劲，消除生产、流通、分配、消费等主要环节的梗阻。这样才能提升产业链水平，培育和发展新的产业集群。"张连起说。

点评：该篇文章分别讲解了四个镜头：镜头一是邵东县高铁站建设，镜头二是脱贫攻坚工作，镜头三是春运的"反向客流"现象，镜头四是春节档电影《流浪地球》造成的"中国科幻热"，以四个镜头的形式深度报道了2019年的春节现象，表现了中国正在持续发展繁荣的景象，供给侧结构性改革正不断深化，人们的生活需求正在不断满足之中。

3.3 民生新闻

民生新闻是指社会民生等与人们生活息息相关的新闻，例如社会新闻、体育新闻、科技新闻、法制新闻、娱乐新闻等。下面对比较常见的几类民生新闻的写作方法进行介绍。

3.3.1　社会新闻

社会新闻来源于社会生活，它是对涉及人们日常生活、利益的社会上新近发生的事件、问题的报道。社会新闻反映了社会生活、风尚、道德、风貌、秩序等，包括人们生活的方方面面，如各种奇异现象、风土人情、自然景观、社会事件等。社会新闻常常富有趣味性，在帮助受众了解社会百态的同时，还具备审美和情感激发的作用，其表现形式包括消息、通讯、专访、报道等。

1. 社会新闻的写作方法

社会新闻大都贴近社会生活，社会性、知识性、趣味性较强，主要包括生活类、道德类、风光类、伦理类、精神风尚类、时事类等多种不同的写作类型。这些类型的新闻都需要遵循以下4点写作要求。

◆ **要真实准确**：社会新闻覆盖面广且信息多，由于很多事件都是突然发生的，新闻编辑要保证报道的新闻性，即新闻的"快"和"新"，同时也要保证其真实性，社会新闻写作要保证新闻性和真实性的有机统一。

◆ **要有戏剧冲突**：社会新闻之所以能成为新闻，必然有其特别之处，可能是猎奇、有趣，或含有其他特别的元素，所以新闻编辑在写作社会新闻时要注意其故事性，突出事件中的戏剧性细节和其他吸引受众的因素，以情节动人，这样才能吸引受众对新闻的关注。

◆ **要有后续报道**：有些社会新闻事件变得明晰常常需要一定的过程，有时甚至还需要新闻编辑或有关人员进行调查研究。在新媒体时代，了解清楚事情的前因后果是受众基本的阅读需求，因此在报道突发事件时，还要对事件的后续发展和影响进行报道。这种要求类似于追踪报道。

◆ **要富有思想**：社会新闻不能全靠趣味吸引受众，获得关注，还应具备该有的新闻价值，应将思想蕴藏在故事情节中，引发受众的思考，激发受众情感共鸣，开拓受众的眼界，让受众学到知识或受到教育才是一篇好的报道该发挥的作用。

2. 社会新闻的写作注意事项

社会新闻是受众阅读频率非常高的新闻类型，其内容长短不一，但其故事性和话题性都较强，因此新闻编辑在写作时要着重注意铺排故事情节，将事件的起因、发展、结果讲述清楚，呈现受众最感兴趣的内容，同时要做到真实、有趣、新鲜。

范例

上海"博学"流浪汉沈先生：网上走红不能改变我的命运

在上海车水马龙的街头，一名衣衫褴褛的流浪汉席地而坐，蓬头垢面但语出惊人。面对陌生人的镜头，他用标准的普通话讲《左传》《尚书》，谈企业治理，谈各地掌故，也告诫人们"善始者众，善终者寡"。

他的多段视频在网络流传，他甚至被网友称为"国学大师"。他到底是谁，是奇才还是网络炒作？

红星新闻记者多方调查核实，他真名叫沈巍，系上海人，已流浪26年，曾是上海某区审计局公务员，家中有一个弟弟、两个妹妹。

红星新闻分别联系到沈巍的弟弟和一个妹妹，但对方拒绝接受采访。

近7年，沈巍多在上海杨高南路地铁站附近栖身。附近一家酒店负责人告诉红星新闻，沈巍腹有诗书，谈古论今，未伤害过任何一人；只是他将捡来的废品堆在酒店门口的绿化带里，既有碍市容，又令过往行人不适。这位负责人称，他曾看到过沈巍的工资卡和身份证。

一位与沈巍相识多年的环卫工人向红星新闻介绍，沈巍的家人曾找过他，但他拒绝回去。他称赞沈巍读书多、脾气好，有时候会向他买废报纸拿回去读。

负责沈巍所在片区的一名城管称，沈巍的确博古通今，但在捡废品方面走进了死胡同，"我们的工作也很难办。"

红星新闻记者近日深度对话沈巍，还原他流浪背后不为人知的故事。

以下为他本人自述。

原生家庭如何？

我的父亲是我反思人生的样本。他是20世纪60年代的本科生，学的是航海专业，从江苏到上海后，他的人生遇到了挫折。

我出生在上海，和外婆生活在一起。但父亲和外婆的关系不好，不知何故父亲常迁怒于我。即使这个样子，我也没恨他。

我喜欢画画，也喜欢读历史之类的书，但他深恶痛绝。有时候，我卖了废品买了书，回家时，只能悄悄藏在被子里不让他看到。直到晚上，等他睡觉了，我才敢在被窝里偷偷把书拿出来看。

那时的语文老师说，我有压抑感。是的，我在父亲面前无所适从。

……

为何走上这条路？

我沦落至此，归根到底是理念的冲突。

我在艰苦的环境里长大，为了读书，从小就捡废品，橘子皮、碎玻璃，能卖钱的都捡，然后就去买书。

小时候，因为捡废品经常被同学们笑话，我也很难为情。但那个时候我就很纳闷，怎么讨饭的人不做事情，大家反而都同情他。而我付出了劳动，反而被大家讥笑。最有趣的是，我捡的橘子皮有专门的人收，为什么还遭人笑话。直到现在我都没搞懂。

……

每天的生活怎么样？

我有钱，不需要人接济。我的卡里目前约有十万元，其中部分是父亲的遗产。

我适应能力很强，在马路边一躺下就能睡着。冬天时，我会蜷缩着睡，但经常被冻醒。吃饭是最简单的事。现在的社会，吃是最好捡的东西，也是被浪费最严重的东西，是很多人不以为珍贵的东西。我一般只吃素食。

捡回来后，吃剩下的分拣开，给猫、狗或者鱼吃。

……

为何坚持捡废品？

我从小就捡废品，但我并不以此为耻。

这些年，我发自内心地就想为垃圾减量做点贡献。垃圾分类是源头治理，应该针对产垃圾的人。但在一个提倡垃圾分类的社会，我从小捡废品，反被嘲笑。

这个苦我吃了26年了，就好像一碗饭，我觉得挺好，为什么你们觉得不好。

……

真的，我什么都想看，我原本以为像我这样的人可以为社会做一番贡献，但怎么也没想到会沦落至此。

（红星新闻记者　王春　发自上海　编辑　冯玲玲）

点评：这是一篇针对当时网上热议流浪汉的报道，导语部分概述流浪汉形象，并对当前网上针对这一事件的说法给出说明，接着对报道的采访背景做出介绍，通过实地采访，以被访对象口述内容为正文，为受众还原事实真相，最后自然结尾，既体现了新闻的真实准确，又有社会新闻的故事性和趣味性。

3.3.2 体育新闻

体育新闻是对最近的与体育相关的事实的报道，包括体育赛事、体育活动、体育人物等。体育竞技活动从古至今就是人们关注的话题，现如今随着人们物质生活水平的提高和媒体技术的发展，人们接受体育信息和观看各大赛事也更加方便，体育新闻也在人们查看的新闻类型中占据着不容忽视的地位。

1. 体育新闻的特点

体育新闻以体育运动为依托，向人们传递关于体育运动的最新消息，以满足人们的精神文化需求，传播体育文化。总的来说，体育新闻具有以下特点。

社会新闻原文

◆**全球性：**体育新闻相比其他新闻而言，是一种跨国家、跨领域的共享讯息，大众都对它有很高的关注度，且体育新闻基本是全球同步的，国与国之间因为体育活动也产生了不少的连接，如奥林匹克运动会、世界杯、戴维斯杯等体育活动的举办，就会产生很多国际报道。

◆**普及性：**体育新闻是面对大众的，其受众覆盖面很广，是跨性别、跨领域、跨文化的，受到各阶层广泛关注的新闻类型，因此其大众普及性强。

◆**专业性：**在各大体育赛事中，常常会提到一些专业性词汇和比赛规则，这是普通受众难以理解的，因此，体育新闻报道有时还要对体育规则进行解释，方便受众理解和观看。如果报道中出现了外行话，将会降低受众的阅读体验，影响报道该事件的媒体形象，因此新闻编辑也要多熟悉体育相关的专业知识，满足其准确报道的要求。

◆**动态性：**现在的体育新闻也不再局限于纸媒，随着新媒体技术的发展，体育新闻的形式越来越多样化，例如使用动态图片、视频、网络直播等，可以将赛场上的精彩瞬间立体地展现在受众面前，不仅传播及时、形象，也能让受众更直观地感受现场氛围，这对受众来说无疑是一种非常好的体验。

2．体育新闻的写作要求

体育新闻内容多样，如以各大体育比赛为中心的赛事新闻，以及关于群众体育、学校体育、体育社会新闻、体育司法问题和体育人物的非赛事新闻；其类型也比较多，例如体育快讯、体育通讯、体育新闻报道、体育述评等。一般说来，体育新闻短则一句话，长则以新闻六要素的方式呈现，写作时最好不超过1000字，600字左右较好。要想写好体育新闻，需满足以下要求。

◆**宣扬体育精神：**体育新闻区别于其他类型新闻的一个重要特点就在于此，这也是体育新闻工作者的工作重点。

◆**体现趣味性：**体育运动很多都是高水平竞技，其观赏性、表演性、竞技性等都较强，因此其写作不要一味地程序化，而是要将体育活动融入其中，呈现运动的趣味，并用有感情的文字表现出来，与观众共情，挖掘事实中蕴藏的道理，理趣并存，才更能打动受众。

◆**适当的预测：**在某些赛前或赛中报道中，因为场地、环境、参赛人员身体状况、教练部署等可能会被记者知悉，因此新闻编辑可以做一些大胆的、合理的预测，这也是写作允许的。

◆**注重时效：**体育新闻同样讲究迅速报道，如果新闻编辑能够快速、优先报道，就能更好地抢占先机，获得更大的传播量与话题关注度。

◆**形式多样化**：以前的体育新闻报道，描述性内容居多，除电视、广播外，报纸多是黑白插图，且受限于版面，图片很少。而现在的体育新闻表现形式很多，即便是一句话的体育快讯，也能插入多张图片供受众浏览，因此体育报道要善用图片、短视频、直播等形式。

范例

新武磊？上港16岁国脚1V3戏耍对手25米世界波看呆众人

（网易体育4月9日报道）昨天晚上19点35分，U16华山杯中国男足U16迎来第二个对手吉尔吉斯斯坦U16队。比赛中小将贾博琰表现抢眼，他先是一脚世界波率先破门，下半场又马赛回旋过掉对手送出助攻，最终中国男足6-0大胜对手，取得本届杯赛的2连胜。

本届"丝绸之路·华山杯"渭南国际青年足球锦标赛共有中国、吉尔吉斯斯坦、塔吉克斯坦和缅甸4支U16国家男子足球队参加。中国U16队首轮比赛中以5-0大胜缅甸U16队，取得开门红。今天中国U16队迎战吉尔吉斯斯坦U16队。

比赛第41分钟，贾博琰中场连续晃开对方三名球员，禁区前他突发冷箭轰出了一脚惊天世界波，对方门将扑救不及，中国男足1：0领先。

贾博琰凭借个人能力帮助球队打破僵局。贾博琰来自上港青训，是一名攻击力极强的年轻球员，在2018年举办的全国U15锦标赛上，他以17个进球的巨大优势，获得了此次赛事的最佳射手称号。

第55分钟，贾博琰边路一个精彩的马赛回旋过掉两人，接着脚内侧兜出了精美的弧线找到叶子民，叶子民门前抢点再入一球，中国男足5：0吉尔吉斯斯坦。这个进球充分地展现了贾博琰在进攻中的灵性和精准的脚法。

最终，中国男足6-0大胜吉尔吉斯斯坦。

点评：本篇体育新闻是对中国男足对战吉尔吉斯斯坦的比赛结果报道，第一段导语是对新闻消息的提炼，接下来补充背景，并对其中的精彩进球进行特写刻画，既表达了对此次男足比赛的看好，又表达了对该名优秀选手的欣赏，这在标题中也显露无遗。

3.3.3 科技新闻

科技新闻是对科学技术的研究发展进行报道，且向受众传递科学知识的一种新闻体裁，能让受众燃起对科学、对世界的探索和对未来的美好期许。科技新闻的知识性和科学性特征明显，科技新闻必须是真实的、有事实依据和理论基础的，传播出去能让受众获得知识上的提升。同时科技新闻的语言还要通俗易懂，要用受众能够接受，能看懂、读懂的表述去报道最近的科技信息。

1. 科技新闻的分类

科技新闻依据报道内容的不同，主要可以分为科技人物新闻、科技成果新闻和科技政策新闻3类。

◆ **科技人物新闻：** 指关于在科技领域有所成就或从事科技研究的工作人员的相关新闻，这类新闻一般用于报道这些人物的科研精神、科研事迹和研究成果，主要是站在时代的、民族的高度去诠释科研和人生的意义，从而提高人物形象，抒发情怀。

◆ **科技成果新闻：** 指关于科技研究活动中取得的研究成果的介绍与报道，这类新闻报道一定要体现该项成果的价值和其带来的影响。

◆ **科技政策新闻：** 指对科技任务的研究会带来影响的规则和政策的报道，一般科技政策的发布会对科技的发展和科技活动产生制约或影响，这类新闻主要起传播和科普作用，一方面可以让受众了解当前的科技研究环境，培养其认同感，另一方面能联合受众督促科技政策的落实情况。

小提示

科技新闻的报道能起到很好的宣传效果，如果受众认同当前的科技政策，不仅可以增强对国家科技实力、科技发展前景和空间的信心，提高民族认同感，还有可能会激发受众培养在科技研究方面的爱好，甚至引导其身边人或下一代对该领域的兴趣，使其投身到该领域的建设中，为祖国的科技发展、繁荣昌盛培养后续力量。

2. 科技新闻的写作注意事项

科技新闻的写作要注意以下4个方面。

◆ **写作要及时：** 稿件完成时间越快，进入受众视野和获得关注的时间就会越早，传播效果也会越好。当然，及时完成稿件的同时也要注意以精简写作、短小精悍为佳。

◆ **要择取有新闻价值的内容：** 科技新闻最好选取新兴的、有价值的材料来报道。例如新发明、新研究成果、新理论和发展突破等，或重要的科研活动，这样的新闻报道才有价值，才更能吸引受众的关注。

◆ **要注重科学性：** 科技新闻要以科学事实为依据，尤其是科研成果，最好经过专家的鉴定且经有关部门确认无须保密的内容才能报道。

◆ **语言要通俗：** 有些科技新闻专业性强，受众阅读比较困难，因此新闻编辑写作科技新闻时，最好用受众易于理解的方式进行表达，语言通俗，生动有趣，再对文章中的专业词汇适当地做一些注释，降低受众的阅读难度。

范例

多项成果将首次亮相第二十一届中国科协年会

人民网北京4月10日电（记者 魏艳 实习生 吉娜）由中国科协和黑龙江省人民政府共同主办的第二十一届中国科协年会拟定于6月29—30日在黑龙江省举办。记者了解到，本届年会将首次发布全国学会公共服务产品目录，以期充分挖掘调动全国学会的优质专家资源，洞悉行业发展，服务科技创新最前沿。

第二十一届中国科协年会的主题定为"改革开放 创新引领——科技助力新时代东北全面振兴"。据了解，除开幕式、闭幕式外，年会将划分为"科技引领""聚力振兴""引才惠民"3个主题板块共30项主要活动。

据中国科协学会服务中心主任申金升介绍，本届年会将在哈尔滨举办首届"国际绿点大赛"，该大赛以"老基地，新作为——哈尔滨老工业基地某厂区更新改造规划设计"为主题，通过空间规划设计竞赛，促进国际绿色合作，并将为黑龙江省乃至东北地区城市转型、振兴发展提供具有借鉴意义的创新思路和解决方案。目前已有清华大学、同济大学、哈佛大学、麻省理工学院等国内外16所知名高校的416名师生报名参赛。

此外，年会期间还将举办"能源科技创新成就"主题展览，申金升表示，"展览内容包括煤炭、电力、石油化工等领域在绿色低碳能源发展中的新技术、新设备、新成果，能源领域的关键核心技术和工艺，能源互联网、能源大数据的示范、推广和应用，以及新能源汽车等领域的科技成果及产品等。"

年会同期，中国科协还将与黑龙江省人民政府在哈尔滨签署合作协议，建立长效合作机制，以科技强化助力、服务国家引领创新发展为重要使命，助力东北振兴，为新中国成立70周年献礼。（责编：白宇）

点评： 这是一篇针对即将召开的科学会议的新闻报道，其内容主要是介绍这次会议的内容及主题，同时阐释此次科协年会体现的时代意义，是"助力东北振兴，为新中国成立70周年献礼"。

3.3.4 法制新闻

在《中国新闻实用大辞典》中，有对法制新闻的定义："法制新闻是有关法律制度建立（立法）、执行（执法）、监督等的新闻"。在全国法制记者协会编写的《法制新闻概述》中，也将法制新闻定义为"法制新闻是新近发生的重要的民主与法制生活的事实报道，它是新闻大家族中的一个重要分支"。由此可见，法制新闻主要是对近段时间发生的、关于民生与法制的、具有新闻价值的客观事实的报道，它具有较强的政治性，可能涉及反腐倡廉等方面的内容。

现在常见的法制新闻有短视频新闻、图片新闻和头条文章等几种形式，如果是法制小故事，需介绍事情的起因、发展、结果等；若是长篇报道，正文部分则按照导语、主体、结尾、背景等组织材料，展开叙述，如图3-6所示。

图3-6｜法制新闻范例

▌3.3.5　娱乐新闻

娱乐新闻是根据人们的某种需要而生产出来供人消费的信息产品，它主要关注的是文化艺术和各类娱乐活动。娱乐新闻不同于其他类型的新闻，娱乐性和趣味性是其突出特征。娱乐新闻的受众十分广泛，它为受众提供消遣娱乐的同时陶冶受众的情操，其内容则偏向于报道微小的新闻。娱乐新闻在写作上具有以下4种特点。

1. 趣味性与思想性并存

娱乐新闻是面向大众的、通俗的文化新闻，常涉及各类影视作品、演员事迹、趣味逸事等内容，因此其语言风格比较轻松活泼，事件比较通俗有趣，能让人产生愉悦感。有些娱乐新闻虽然通过报道一些名人、企业的负面新闻或低俗内容来吸人眼球，但不利于娱乐新闻的健康发展，娱乐新闻同样需要"高级趣味"。因此新闻编辑创作娱乐新闻时，要注意价值取向的问题，在满足受众娱乐需求的同时弘扬正确的价值观。

图3-7所示为一篇报道狗减肥事件的视频娱乐新闻，该报道从事件前因后果入手，讲述了一只因为过于肥胖而面临安乐死的狗在新主人和自己的不懈努力下成功减肥的故事，新闻最后借主人的话传达了人与动物之间的爱和人道主义关怀，只要自己不放弃自己，狗都能减肥成功，还有什么事做不了呢？

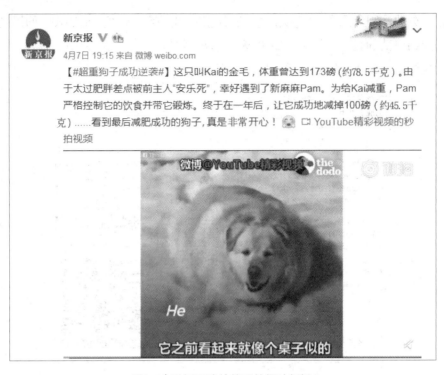

图3-7丨弘扬正确价值观的趣味新闻

2. 避免新闻信息重复

在网上，一件事引发讨论后，总有很多的媒体号跟风报道，这样难免会有重复信息，从而导致受众产生阅读疲倦，忽略这些内容。因此新闻编辑在写作娱乐新闻时，如果不能抢占先机，建议换个角度进行报道，可以考虑报道该事件的边缘信息，例如很多媒体报道某新剧开播，就可额外添加剧情简介、主创阵容、发布会上的故事、导演创作意图等内容，这些内容也很容易引起受众的关注。

3. 叙述客观真实

在进行娱乐新闻报道时，不要捕风捉影、过分贬低报道对象，也不应对其进行过度的吹捧，以免对受众造成片面的引导。所以娱乐新闻的写作也要真情实感，客观真实，这样才能更好地打动受众。

4. 互动性强

娱乐新闻与体育新闻一样，因为其受众广泛、关注度高，在网上传播力度强，且受益于新媒体技术，其娱乐互动性也更高，受众会就此进行讨论甚至形成话题，造成广泛影响。例如，故宫文创产品和《我在故宫修文物》纪录片的火热，引发了很多受众对故宫院长的关注和喜爱，因此其退休一事被报道出来后，立刻在微博形成了话题并引发了广大受众的讨论，其新闻热度实际上是对文艺工匠精神的肯定与宣扬，如图3-8所示。

图3-8 | 互动性

小提示

在娱乐新闻的创作中，其表现形式更为丰富，新闻的严肃性也更少，因此使用表情包的现象也比较常见，如图3-9所示，但写作时不能华而不实，追求感官刺激，因为新闻也承担着培养受众审美情趣的作用。

图3-9 | 表情包

范例

新版《新白娘子传奇》黑红翻拍

图3-10所示为新浪娱乐针对最近热播剧的翻拍剧《新白娘子传奇》的新闻报道，针对

网上娱乐、选题“翻拍”和新进热播电视剧展开叙述。

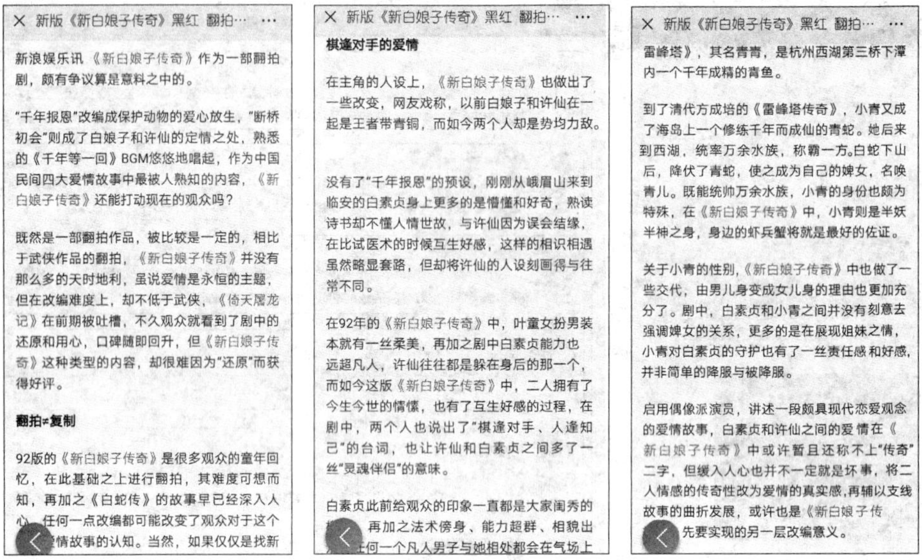
× 新版《新白娘子传奇》黑红 翻拍… …

新浪娱乐讯 《新白娘子传奇》作为一部翻拍剧，颇有争议算是意料之中的。

“千年报恩”改编成保护动物的爱心放生，“断桥初会”则成了白娘子和许仙的定情之处，熟悉的《千年等一回》BGM悠悠地唱起，作为中国民间四大爱情故事中最被人熟知的内容，《新白娘子传奇》还能打动现在的观众吗？

既然是一部翻拍作品，被比较是一定的，相比于武侠作品的翻拍，《新白娘子传奇》并没有那么多的天时地利，虽说爱情是永恒的主题，但在改编难度上，却不低于武侠，《倚天屠龙记》在前期被吐槽，不久观众就看到了剧中的还原和用心，口碑随即回升，但《新白娘子传奇》这种类型的内容，却很难因为“还原”而获得好评。

翻拍≠复制

92版的《新白娘子传奇》是很多观众的童年回忆，在此基础之上进行翻拍，其难度可想而知，再加之《白蛇传》的故事早已经深入人心，任何一点改编都可能改变了观众对于这个情故事的认知。当然，如果仅仅是找新

× 新版《新白娘子传奇》黑红 翻拍… …

棋逢对手的爱情

在主角的人设上，《新白娘子传奇》也做出了一些改变，网友戏称，以前白娘子和许仙在一起是王者带青铜，而如今两个人却是势均力敌。

没有了“千年报恩”的预设，刚刚从峨眉山来到临安的白素贞身上更多的是懵懂和好奇，熟读诗书却不懂人情世故，与许仙因为误会结缘，在比试医术的时候互生好感，这样的相识相遇虽然略显套路，但却将许仙的人设刻画得与往常不同。

在92年的《新白娘子传奇》中，叶童女扮男装本就有一丝柔美，再加之剧中白素贞能力也远超凡人，许仙往往都是躲在身后的那一个，而如今这版《新白娘子传奇》中，二人拥有了今生今世的情愫，也有了互生好感的过程，在剧中，两个人也说出了“棋逢对手、人逢知己”的台词，也让许仙和白素贞之间多了一丝“灵魂伴侣”的意味。

白素贞此前给观众的印象一直都是大家闺秀的 再加之法术傍身、能力超群、相貌出 何一个凡人男子与她相处都会在气场上

× 新版《新白娘子传奇》黑红 翻拍… …

雷峰塔》，其名青青，是杭州西湖第三桥下潭内一个千年成精的青鱼。

到了清代方成培的《雷峰塔传奇》，小青又成了海岛上一个修练千年而成仙的青蛇。她后来到西湖，统率万余水族，称霸一方。白蛇下山后，降伏了青蛇，使之成为自己的婢女，名唤青儿。既能统帅万余水族，小青的身份也颇为特殊，在《新白娘子传奇》中，小青则是半妖半神之身，身边的虾兵蟹将就是最好的佐证。

关于小青的性别，《新白娘子传奇》中也做了一些交代，由男儿身变成女儿身的理由也更加充分了。剧中，白素贞和小青之间并没有刻意去强调婢女的关系，更多的是在展现姐妹之情，小青对白素贞的守护也有了一丝责任感和好感，并非简单的降服与被降服。

启用偶像派演员，讲述一段颇具现代恋爱观念的爱情故事，白素贞和许仙之间的爱情在《新白娘子传奇》中或许暂且还称不上“传奇”二字，但缓入人心也并不一定就是坏事，将二人情感的传奇性改为爱情的真实感，再辅以支线故事的曲折发展，或许也是《新白娘子传 先要实现的另一层改编意义。

图3-10｜娱乐新闻范例

点评：文章前三段，可以视为导语段，以该热门IP剧《新白娘子传奇》和同期翻拍剧《倚天屠龙记》入手，引起话题。接着正文部分展开论述，以《新白娘子传奇》剧情内容为依据，将自己的观点分割为“翻拍≠复制”“棋逢对手的爱情”“困局难解，但能看见努力”3个小标题，语言活泼，有理有据，趣味性和话题性强，是一篇典型的娱乐新闻报道。

3.4　会议新闻与现场短新闻

在新闻的创作类型中，会议新闻和现场短新闻也是现在经常涉及的新闻领域，尤其是现场短新闻，在如今的资讯时代，其使用频率高、范围广泛，符合受众的阅读需求。本节将对这两种类型的新闻分别进行介绍。

3.4.1　会议新闻

会议新闻是指报道会议上发生的事实、做出的决定，或与会议有关的新闻，通常可理解为报道会议的新闻。会议是一种非常重要的工作形式，因此会议新闻在新闻中占据了重要的地位，也是应重点关注的写作类型之一。会议新闻可报道的内容包括党政工作方面的内容，各行各业、各级、各部门的会议内容，报告会、文艺晚会、交流会、团溪活动、悼念会等方面的内容以及新闻发布会的内容等。

1．会议新闻的写作方法

会议新闻主要围绕会议展开，新闻编辑在写作时要了解以下4种方法。

◆会议新闻取决于会议内容，而会议一般有很多文件资料和发言，因此新闻编辑需要对这些内容进行认真分析与研究，要学会精简内容、化整为零，将会议的重要内容概括出来。

◆会议新闻要注意对与会人员、时间、地点、主题和会议程序的介绍，有时这些内容也会成为报道的热点。

◆以会议文件为主要报道内容的新闻，如果文件长、内容庞杂，一般需分割成若干篇，一篇一个标题，一篇突出一个主题。

◆在介绍会议人员时，要注意主次之分，需要写清楚出席的领导职称、名字，同时还要注意领导名字的排序。

小提示　会议新闻的提前准备和到场采访环节很重要，新闻编辑要摸清会议主办单位、会议宗旨、与会人员等，才能做出针对性的采访，写出现场细节，以及更有价值的、生动的内容。

2．会议新闻写作的注意事项

在写作会议新闻时，要注意以下3个方面的注意事项。

◆忌"程序化"：某些会议新闻会按照会议的流程依次罗列内容，像"流水账"一样，不分轻重，是一种程序化的写作。但实际上，大多数受众对烦琐的流程并不感兴趣，因此新闻编辑写作时要选择会议的重要事实为主干，而将流程、会议等作为背景。

◆忌"概念化"：在描述新闻事实时，常会出现将会议讲话人说的话以及会议文件进行摘抄的情况，记录很多套话、空话。实际上，这种写法已经脱离了新闻写作的本质，会议新闻变成了会议纪要甚至宣传材料，因此会议新闻要更注重新闻价值，不要模式化、概念化。

◆忌"每会必报"：会议的规模、内容和形式多样，但这并不代表每场会议的内容都要报道，大会大报、小会小报，要根据会议的内容来决定是否报道，以及是否重点报道、报道篇幅多大等。但总体来说，会议新闻要遵守简发、少发的原则，内容应尽量精简、简短。

3．会议新闻的写作要点

在叙述会议导语部分时，需概述会议情况和主题思想，包括会议时间、会议地点、与会人员、主持人和会议目的等，正文主要是根据文章的主题概括会议主要讲话人（一般为职位最高的人）的观点或讲话内容，然后是次要讲话人的观点。此过程中可以以会议流程为背景，通过提炼重要人物的讲话内容，达到突显本次会议主题、深化本篇新闻主要思想的目的。结尾则可以概括举办这次会议的意义，也可以是领导讲话。

范例

全国政协召开网络议政远程协商会　汪洋主持
围绕"推进'四好农村路'建设"建言资政

2019年3月30日08:00　　来源：人民网—人民日报

人民网北京3月29日电　　（记者冯春梅）全国政协29日在京召开第三次网络议政远程协商会。中共中央政治局常委、全国政协主席汪洋主持会议并讲话。他强调，"四好农村路"是重要民生工程、德政工程，为党在基层凝聚了民心。要深入学习贯彻习近平总书记关于"四好农村路"的重要指示精神，从政治上认识建设"四好农村路"的重大意义，坚持党的领导，坚持新发展理念，坚持以人民为中心，发挥社会主义的制度优势，逐步消除农村公路发展的瓶颈制约，为农民群众脱贫致富奔小康提供更好保障。

13位委员在全国政协机关和福建、河南、四川、青海等5个会场以及通过手机连线方式发了言，300多位委员通过移动履职平台发表意见。委员们认为，改革开放以来特别是党的十八大以来，我国农村公路建设取得举世瞩目的成就，农民群众的幸福感、获得感显著增强，产生了良好的经济社会效益。同时，农村公路发展规划不完善、法治保障不健全、养护管理不到位等问题日益凸显，应予以高度重视。

委员们建议，我国农村公路步入新的发展阶段，应落实高质量发展的要求，克服重建设、轻管养等突出矛盾，加快从注重规模速度向注重质量效益转变。要加强顶层设计，搞好统筹规划，促进农村公路发展与脱贫攻坚、产业培育、新型城镇化、乡村振兴等有机衔接。要及时修订公路法，加快农村公路条例立法进程，为农村公路发展提供法治保障。要严格落实《农村公路建设质量管理办法》，加强施工质量监管，实施提档升级工程，坚决守住质量和安全底线。要深化养护管理体制改革，明确县、乡、村三级管理责任，推广"路长制"，探索政府、社会力量、农民群众多元化养护模式，实现全寿命周期养护。要拓宽农村公路发展资金筹集渠道，探索设立建设、管理、修补、养护基金，构建公开透明的新型补贴政策体系和考核奖励办法。要把好项目筛选关、建设验收关、资金拨付关，提高资金使用效益，防止"跑冒滴漏"。要落实绿色发展理念，强化自然保护区交通项目的生态影响专项评估，搞好生态环境保护和修复。要推进"村村通客车"工程，探索农村交通、邮政、快递、电商等多方设施同步配套、互相搭载的新模式，构建覆盖县、乡、村三级物流网络。

全国政协副主席张庆黎、夏宝龙、辜胜阻出席会议。全国政协副主席杨传堂在会上发了言。全国政协委员陈雷、雷雨、范社岭、马海军、许强、胡国珍、赖应辉、金花、李志军、王红玲、花亚伟、宋丰强、严可仕作了发言。发展改革委、司法部、财政部、自然资源部、交通运输部、农业农村部、扶贫办等负责同志现场作了互动交流。

点评： 这是一篇关于"推进'四好农村路'建设"的主题会议，第一段包含消息的导语，介绍了会议的召开方、时间、地点和召开方式等信息，并对会议主题做出说明。正文部分描述了当前的社会背景以及农村公路建设的成就与其不足之处，接着就此提出发展建议，最后一段按职位介绍出席人员和总述大致的会议流程。其中，最后一段中出席人员的介绍也可添加到主体前面。总的来说，该篇会议新闻要素齐全，格式正确，结构清晰有条理，值得大家借鉴参考。

更多会议新闻范例

▌3.4.2 现场短新闻

现场短新闻是新闻记者通过现场进行实时报道的新闻内容，其采访与新闻同步发生，是针对正在发生的事实的报道，具有很强的时效性。这种形式的新闻报道可以让记者随时捕捉新闻，受众也比较喜闻乐见。

1. 现场短新闻的基本要求

现场短新闻因为现场感和立体感很强，又被称为"现场速写""目击新闻"，因此其写作一般需满足3个方面的要求，即强现场感、文章精短和较高的新闻价值。

◆ **强现场感：** 现场短新闻要善于抓取现场细节，捕捉现场的动态场景，营造现场感强的画面，让受众有身临其境的感觉，这样能大大体现新闻的真实性和可信度，同时增强画面感和可读性。图3-11所示即为对新闻当事人投诉麦当劳歌曲的现场重现描述的报道，让受众有一种身在现场的感觉。

> "这是？"吴语以为自己走错了地方，打开微信摇一摇歌曲识别功能，麦当劳成都第一城店里，正播放着歌手广东雨神创作并演唱的歌曲《陪你到底》，"绝不是那酒肉的兄弟，称兄，道弟，江湖的规矩，都是年少轻狂的游戏"。
>
> 或许作为一位麦当劳的老顾客，突然的反差，让他更敏感，"这背景音乐与就餐环境、品牌定位太不搭调"，3月25日中午，吴语一边啃着汉堡，一边打开了微信上麦当劳顾客体验平台，在意见反馈一栏提交了一句"餐厅里一首接着一首的网络歌曲，麦当劳好歹是世界500强企业，能不能换点别的音乐"。

图3-11 | 强现场感文字图示

◆ **文章精短：** 精短一直是现场短新闻的重要特点，现场短新闻要能将传播性和价值高的信息压缩在精练的文字中，做到短而不空，生动而有力度，这样才更方便受众阅读。

◆ **较高的新闻价值：** 短新闻要是新的、受众关注的，要能表现出深刻的主题、思想或意义，要有好的传播价值、审美价值和宣传价值，这样，才能产生良好的社会效果。

2．现场短新闻的分类

根据现场短新闻表现形式的不同，可以将其划分为动态式现场短新闻、故事式现场短新闻和特写式现场短新闻3种。

◆ **动态式现场短新闻：** 指动态消息式的写作形式，即以消息的框架为主要结构，以现场再现情景为内容，以叙述的方式来描写现场目击的事实，这种写作方式现场感很强。

◆ **故事式现场短新闻：** 指倾向于展现一个现场小故事的新闻报道方式，这种写作方式同样强调现场感。

◆ **特写式现场短新闻：** 其区别于一般的特写的地方在于这种写作方式需要进行现场的目击采访，其内容必须来自现场，在用描写、记叙的手法写作主要新闻事实的同时要展示现场的动态场景，相当于现场性的新闻特写。

3．现场短新闻的写作要点

新闻编辑在写作现场短新闻时，要注意以下4个方面的写作要点，以写出真实、生动的现场短新闻。

◆ **以小见大：** 新闻编辑要学会透析现场，分析典型场景、人和物，并从中提炼出主题内容，挖掘主题意义。

◆ **多感官描述：** 新闻编辑要着重描述新闻现场人、物、环境、气氛、声音、色彩等内容，充分调动视觉、嗅觉、听觉等感官，这样有利于活灵活现地展示现场，增强代入感和目击感。

◆ **选取典型细节：** 现场短新闻的重点是再现现场新闻事实，进行场景重现，因此要选取能烘托现场气氛、展示新闻特征意义的场景进行叙述，再通过细致的观察展示现场细节，并融入记者真挚的感情，这对典型场景的塑造是很有帮助的。

◆ **抓住现场动态：** 动态场景描写若能十分传神，就能牵动受众的心，因此现场短新闻要抓住现场事件的动态发展，再现人与物的动态情景。

小提示　现场短新闻的三个必备要素是"现场""短""新闻"，所以既要有现场事实，还要有新闻内容和新闻价值，且要简明扼要，一般为600~800字，这几个要素缺一不可。此外，新闻的主题不一定大，但一定要有意义，同时还要综合考虑新闻的体裁、内容是否适合被写成现场短新闻。

范例

欢快的锅庄跳起来

（新华网青海频道西宁8月18日电）傍晚，夕阳洒满大地，风筝起舞。省城新宁广场上，一群小伙子、姑娘哼着歌儿，愉快地忙活着：拉电线、找电源、抬音响。

19点整，音乐声渐起。

早早在旁边等待的人心领神会，跳起了相同的舞步；刚刚在工地上干完活的农民工也走进舞场，在人流里尽情旋转。小小的舞台根本不够他们驰骋，锅庄的热情豪迈可见一斑。

张大妈和女儿在一旁观看，从人群中伸出一双手，向她们示意："来吧，一起跳。"张大妈和女儿走入舞场，她们羞涩的表情映照在余晖中。

这个锅庄舞点在新宁广场上已有6个年头，发起人姓王，大家都叫她王阿姨。交谈中，她的目光始终追随着刚刚那几名做准备工作的年轻人，此刻，他们成了领舞人。王阿姨说，因为锅庄，她和这些来自青海民院、青海大学、青海师范大学的藏族学生结下了友谊。24岁的央措趁着间歇，接过王阿姨的话："不仅是我们，每一个在这里跳舞的人，都是因为这藏族特有的舞蹈结了缘。你看，这围成一个圈跳舞的一两百人，男女老幼，大家跳得多高兴。"

此时，王阿姨从口袋里掏出一个小饰品，她说："这是北京的舞友送的，一个星期前，他们慕名到这里参观，送给我这有纪念意义的礼物。"王阿姨说，每天清晨，在北京日坛公园，也有不少人跳锅庄。发起人是青海人王建林。从今年3月底到现在，日坛公园锅庄点的参与人数由几人发展到了百余人。"北京人对锅庄特别感兴趣，这几个月我教了六十多套锅庄，现在，我们正在排练《吉祥的日子》，8月25日要在日坛公园演出。"电话那端，王建林侃侃而谈。7月15日至22日，因为锅庄而对青海文化产生浓厚兴趣的10名北京人，在王建林的带领下来到青海，他们在中心广场、新宁广场，以舞会友。

王建林说："因为锅庄，许多北京人对青海有了更多的了解。从这个意义上讲，锅庄在每一个舞者心里架起了一座桥梁，成了不同地区、不同民族群众交融的载体。"

点评： 这是一篇关于锅庄的现场短新闻，这篇新闻基本上是对现场场景的刻画和现场参与者的采访内容，表现了锅庄欢乐舞蹈的现场气氛，是一篇典型的现场短新闻范例。

情景模拟

小王在一家大型媒体企业做新闻编辑，在娱乐、体育、社会新闻等领域都做过编辑工作，有时还会跑现场，和同事一起出去做采访，下面关于小王的工作，你认为她处理不正确的选项有哪些？

（1）最近社会上发生了一件大事，但又不知前因后果，小王发表了短消息之后打算继续跟进，做连续报道。

（2）小王做娱乐新闻时，为了随时保持热度，常常选择在内容上跟风报道。

（3）小王在报道现场短新闻时，打算选取一个场景进行特写，增强画面感。

（4）做会议报道时，小王对重要人物的讲话内容做了精简，选取重要内容作为素材。

点评：只有第二项不正确，跟风报道是不可取的做法，即便是为了追随话题度，获得点击，在娱乐报道上也要增加新的内容，不然只能"泯然众人矣"。

 思考与练习

1．简述消息的特点。

2．消息可以划分为哪几类？

3．什么是倒金字塔结构？请在网上找一篇范文并对其做出分析。

4．简述华尔街日报体的写作思路，并谈谈这类结构的优缺点。

5．新闻专访有哪些写作要求？

6．简述深度报道的不同分类和其对应的定义。

7．简述体育新闻的特点和写作要求。

8．谈谈你认为在科技新闻写作过程中应该注意什么问题。

9．娱乐新闻有哪些写作方面的特点？

10．以你身边发生的新鲜事或风貌为例，分别写一篇现场短新闻和新闻特写。

（提示：可以以体育直播频道、纪录片频道或资讯频道的节目内容为蓝本自拟）

第4章
网络新闻编辑与传播

网络的出现使新闻编辑大受其益，不仅加快了其从成稿到出稿的速度，而且其新闻素材来源渠道和传播渠道也得到了拓宽。新闻编辑写作网络新闻的效率大大提高，网络新闻成为现在受众普遍接受的一种新闻形式。但目前网络新闻质量良莠不齐，要想利用好网络新闻资源，新闻编辑还需对网络新闻的写作方法有所了解。本章将对网络新闻标题制作、网络新闻内容制作、网络新闻专题和网络新闻评论等几个在网络新闻中占比较重的板块进行介绍，以探索网络新闻的写作规律和特点，使新闻编辑对网络新闻有更好的了解。

4.1 网络新闻标题制作

网络新闻标题承担着新闻"窗口"的作用，具备浓缩内容与协助导读的双向功能。新闻标题与新闻是连成一体的，若标题不出彩，不能吸引受众点击，新闻稿件就几乎没有价值。尤其在网络环境中，若受众不能点击标题超链接，新闻的传播功能就会失效。因此新闻编辑要抓住新闻事实中的一个或多个要素，通过恰当组合抓取"新闻眼"，完成生动又要素齐全的新闻标题制作。

4.1.1 网络新闻标题的特点

网络新闻标题既要精简内容，又要尽可能地承载更多信息，以吸引受众，并满足其通过网络获取新闻信息的需求。在特定的网络环境下，网络新闻标题有以下5种独特的特色。

1. 单行为主

新闻标题在网络中常呈列表式分布，简明扼要地将信息展示于主页面或二级页面上，相比多行标题的新闻结构，在网络中，新闻标题为节约空间、方便点击，基本只有一行。

2. 题长有限

网页版面的整体布局是相对固定的，因此新闻标题的字数受到行长的限制，既不宜折行，也不宜空半行，一般是单行一句或两句的格式，如《人民日报钟声：谁在"为赋新词强说愁"》。标题应将字数控制在一定范围内，避免出现转行的情况。网络新闻标题字数根据需要和网站要求有所差异，大部分要求控制在30字以内，16～26字为宜。

3. 完整性低

很多报纸或电子报的标题会使用多行标题来展示更多的信息，而网络新闻标题受限于表述空间，基本上只着眼于对最重要的、最新的或最本质的信息的提炼，更加突出某一点而不侧重于全面概括，相比之下，其内容的完整性更低、要素性更强。

4. 实题为主

在写作新闻标题时，出于揭示内容的需要，报刊新闻的标题虽然也多用实题，但还是会结合议论、抒情、设问等虚题一起提升新闻的表现力。实题主要叙述新闻事实，虚题可以是评价、要求或警句。使用虚题可以起到画龙点睛或锦上添花的作用，且其新闻的内容就在标题之下，受众照样对新闻内容一目了然。

而网络新闻的内容则在其标题外的另一个页面，受限于标题长短或为了更好地揭示新闻的实质，网站编辑会更多地使用实题直接揭露重要事项，以免受众看了虚题之后不得要领，影响新闻的点击率。

5．语言通俗化

网络新闻标题为了适应年轻人想要快速浏览及获取信息的需求，会更注重表意要求而语言不够规范，有些网络标题会在不影响意思传达的情况下省略部分词语，如量词、介词，甚至主、谓、宾语。标题语言的表达也更加通俗化、口语化，如下所示。

两根金条到手，小偷开酒庆功……再一睁眼，腿都软了

派出所开证明走红！网友点赞：这个证明开得"巴适"

4.1.2　网络新闻标题的功能

新闻稿件某一部分作用能否得到发挥，在于其功能是否实现，网络新闻标题的功能直接影响其点击率。一般来讲，网络新闻标题主要有以下4个方面的功能。

1．评价新闻内容

新闻标题可以代表媒体评论新闻事实，不管是含蓄委婉，还是单刀直入，都具有一定的思想性，可以帮助或引导受众理解新闻内容的实质和意义。

2．揭示新闻内容

新闻标题最显著的作用就是揭示新闻内容，标题将新闻中最重要、最有价值的信息揭示给受众看，让受众能快速获取关键信息，并且判断是否继续阅读。

3．吸引受众点击

如果标题中突出了有趣的、受众感兴趣的信息，或采取了优美的形式、生动的语言，就能有效吸引受众阅读新闻内容，提高新闻的点击率。

4．链入正文

相比传统的新闻标题，网络新闻标题实际上是一种超文本链接，直接与新闻的正文相连接，点击标题之后可直接跳转到新闻正文页面，这是其独特的功能。

小提示｜超文本链接可以提升新闻的索引和交互功能。

4.1.3　网络新闻标题的写作方法与范例

在写作网络新闻标题时，要讲究一定的方法和技巧，下面结合范例对网络新闻标题的写作方法进行介绍。

1．句式要简单

网络新闻标题的句式应简洁精练，在有限的字数内尽可能清楚、准确地传达丰富的、有吸引力的信息。其中，单行一句标题和单行两句标题是常用的表现手段。

◆**单行一句标题：**指抓住新闻的时间、地点、人物、事件、原因、结果等来组合新闻

标题的手段，也称一句话标题。这句标题必须是实题，且能切中要害，既能吸引受众，又能让受众一目了然。示例如下。

亲子游成家庭消费"刚需"

澳大利亚温室气体排放量连续四年上升

◆**单行两句标题：**指在传达较多的内容信息时，将标题分为两句的表现手段。标题分为两句之后，表达空间更为广阔，所以单行两句标题在网络新闻标题创造中使用频繁。这两句话可以都是实题，也可以是虚实结合，类似于主题与副题或主题与眉题的组合方式。示例如下。

北京两座新水厂加入今夏供水保障 确保高峰时市民用水无忧

助力脱贫攻坚 四川大学把作业"布置"在田野

史上最市场化新政出炉 风电光伏步入竞价时代

2. 巧用修辞

在网络新闻标题中使用修辞手法，可以使标题更加生动传神，常见的修辞手法有比喻、拟人、排比、设问、夸张、双关、对偶等。另外，在修辞的基础上准确表达新闻主题，可以让标题更加简洁鲜明、出神入化，达到言虽尽而意无穷的效果。示例如下。

姚到病除（双关）

"今日之中国"系列述评：直挂云帆济沧海（引用）

迪士尼童话的改编困境：颠覆还是复刻？（提问）

狼狗咬伤我左腿 主人打断我右脚（对偶）

豆芽为什么这么"肥"？激素催的（设问）

听说 童话昨日回来过（拟人）

此外，还可以结合情感的表达来增加网络新闻标题的多样性，让其更加生动。示例如下。

存单纠纷案增多应重视（祈使式）

垃圾处理，岂能靠"甩锅"（议论式）

她们，获得中国史上首个世界篮球冠军！（感叹式）

小提示　在写作网络新闻标题时，要避免采用"标题党"的手段，即使用过度夸张、歪曲、恐吓、猎奇等手法来制作博人眼球的标题，以诱惑受众点击标题。

3. 生动活泼

网络新闻标题可以采用更加生动活泼的表达方式，如果形式优美、富有变化，还能为标题增色，甚至让人拍案叫绝。例如，从"费力不讨好"俗语改编而来的新闻标题《恋爱是件费力讨好的事》，结合"九牛二虎之力"成语和工作人员想方设法搬走不愿意搬迁到新动物园的大象这一事件组合而成的标题《九牛二虎之力搬大象》，以及来源于网络热词"安排"的《必须安排！13岁脑瘫男孩想当消防员，消防哥哥助其圆梦……》，会让熟悉网络的广大受众有亲切感和熟悉感。这些都为标题增添了趣味性和灵动感，类似的其他标题示例如下。

西昌昨夜一箭送双星

千里赴蓉 只为活出个熊样

但是，这样的标题也要注意分寸，如果题材不合适，就要避免因过于生动而使受众反感，例如杭州女工因事故罹难使用的标题《女工二十七 惨死纺织机》，该标题故意追求韵律，反而让人觉得轻浮、令人反感。

4. 融情入题

情感价值是新闻价值的有机组成部分，许多好的新闻稿件的标题总能以情动人，这样可以使标题动人心怀、令人难忘。注意：在融情入题时，还应突出人文关怀，站在普通受众的角度，尊重他们的情感需求。

> 在写作标题中，要注意区分"动情"与"煽情"，两相比较，动情是以真情感人，煽情则是以矫情诱人。而真正让受众产生情感共鸣的，一般都是真实的情感，而不是故意的煽情。

4.1.4　网络新闻标题存在的问题和对应措施

新闻编辑在写作网络新闻标题时，由于时间关系可能会仓促发稿，无法细致琢磨遣词造句，难免会出现一些语法问题。而为了吸引受众目光，某些新闻媒体甚至会选择一些"投机取巧"的方法。下面介绍5种网络新闻标题存在的问题，新闻编辑在写作过程中应当对其引起重视并给出具体的应对措施。

1. 语意不清

标题语意不清就会造成歧义，使整个句意模糊，如果受众不知道标题要表达的意思或有了错误理解，就会感到困惑，这会直接影响新闻的点击率。例如一篇名为《迷信"气功"害了老书记》的报道，看标题名容易联想成有人因为迷信气功害了老书记，实际上其正文的内容是老书记迷信气功害了自己。这种写作手法是对新闻内容的过度压缩，以至于语意"变形"。为了使新闻原意清晰，新闻编辑应将主语、宾语，以及标题中提到的人事物之间的关系表述清楚，不让受众产生歧义。

2. 词句不准确

现代社会，信息不是稀缺的，而是过剩的，稀缺的是人们的注意力。不管是哗众取宠吸引关注，还是词意表达上的失误，标题词句失当都不符合新闻对准确性的要求，引起争议之后，更会损害网络新闻媒体的信誉。词句不准确的行为主要表现在以下4个方面。

◆ **句子成分搭配不当**：句子成分搭配不当是指句子中的句法或成分之间的搭配存在问题，如定语与中心语、主语和谓语搭配不当或违反语言习惯。

范例

搭配不当的标题

蒙面"劫匪"考验邮局防抢

武汉高校关于进一步搞活校产办集体企业有关政策的试行办法

点评： 第一句中，宾语是"邮局防抢"，但"考验"和"防抢"都是动词，明显不符语法规范，无法组成动宾短语，因此在"防抢"后加"能力"会更加合适。第二句"搞活"的宾语应是"企业"而非"政策"，这是由于动宾搭配不当造成的词句混乱。

◆ **词语误用**：词语误用是指用错词句的现象，如词语与语境不符、用错成语、使用错别字，以及用了词义相近、甚至相反的词等。词语误用在网络新闻中经常出现，这一方面是由于新闻编辑自己的理解偏差，另一方面则是因为输入语言时，输入了同义词或相近词，从而出现误用。

范例

词语误用的标题

韩辉病情平稳 关爱一如继往

灯火阑珊处——夜色中看大庆美丽的变化！

火车站站前大改造大快人心

权利下放：十类食品"准生证"不出区县就能办

点评： 这些标题中的"一如继往""灯火阑珊""大快人心"和"权利下放"等词语存在误用的情况，"一如继往"应为"一如既往"，"既"是"还是"的意思。"灯火阑珊"的意思是灯火暗淡、人烟稀少，新闻编辑显然是误把其当作"灯火辉煌"。"大快人心"的意思是坏人受到惩罚或打击，使大家非常痛快，而火车站站前改造是于广大市民有益、让市民高兴的事情，不符合此语境。"权利"与"义务"相对，一般体现为私人利益，"权力"则是一个政治概念，是一种职责范围内的支配力量，应改为"权力下放"。

◆**句子成分残缺：** 在不影响句子的结构完整和意思明确的前提下，某些句子成分是可以省略的，反之则会出现句子成分残缺。常见的有中补短语、定中短语、动宾短语等由于某一成分残缺，造成句意不完整。如以下示例，如果缺乏括号内的成分，则标题是有问题的。

南宁（一）小车冲入邕江 涉事汽车连撞两道护栏冲入江中

学校组织我们（观看）爱国主义影片

在这种情况下，就需新闻编辑多注意句法和理解语法，在发稿之前进行仔细审核。首先标题语言要符合新闻原意，其次阅读起来要通顺，否则就需补足成分。当然，在不影响原意表达和整体句意结构的情况下，合理的词语省略也是可以的。如以下示例，括号内即为省略的成分，省略之后并不影响句意的表达。

奖杯（被）没收，（被）全网怒批！韩国球员夺冠后脚踩"熊猫杯"后续来了

男子背81（袋）麻袋现金买车，三年前背50多袋钱买过一辆了……

◆**句式杂糅：** 这指将两种不同的句法结构或几个意思混杂在一个表达式中，结果造成语句结构混乱、语义纠缠。如《我国一年错用抗生素造成极大的浪费和损失上亿元》的标题即为句式杂糅的例子，其中包括"我国一年错用抗生素造成极大的浪费和损失"和"我国一年错用抗生素损失上亿元"两种句意。在前一句中"损失"是名词，是"造成"的宾语，而在后一句中，"损失"是"上亿元"的动语，这样造成了杂糅，因此可以改为"我国错用抗生素，一年损失上亿元"或"我国一年错用抗生素造成上亿元损失"等简洁明了、又能准确地表达意思的句子。

3. 题文不符

有些新闻编辑过于追求点击率，因此出于诱惑受众点击的需要，会违背新闻题文相符的原则，对网络新闻标题断章取义，故意采用具有争议性或故弄玄虚的写法，绞尽脑汁地想要充满诱惑性，即便标题与主页面新闻内容不符或与正文内容冲突，甚至没有关联，这种"挂羊头卖狗肉"的新闻标题在网络新闻中十分常见。实际上，这种故意制造噱头的做法并不会得到受众的长期关注，反而会让受众产生一种上当心理，对网络新闻的发展并无好处。

范例

大学生家门口掏鸟 16只卖千余元获刑10年半

大学生小闫发现自家大门外有个鸟窝，和朋友架了个梯子将鸟窝里的12只鸟掏了出来，养了一段时间后售卖，后又掏4只。昨天，记者获悉，小闫和他的朋友小王分别犯非法收购和猎捕珍贵、濒危野生动物罪等，被判刑10年半和10年，并处罚款。（郑州晚报记者 鲁燕）

在家没事掏鸟窝，卖鸟挣了钱

90后小闫，原本是郑州一所职业学院的在校大学生。2014年7月，小闫在家乡辉县市高庄乡土楼村的小山村过暑假。7月14日，小闫和朋友小王发现自家大门外有一个鸟窝。于是二人拿梯子攀爬上去掏了一窝小鸟共12只。饲养过程中鸟逃跑一只，死亡一只。

后来，小闫将鸟的照片上传到朋友圈和QQ群，很快就有网友与他取得联系，说愿意购买小鸟。小闫以800元7只的价格卖给郑州一个买鸟人，280元2只的价格卖给洛阳一个买鸟人，还有一只卖给了辉县的一个小伙子。

再次掏鸟引来森林警察

7月27日二人又发现一个鸟窝，又掏了4只鸟。不过这4只鸟刚到小闫家就引来了辉县市森林公安局的注意。第二天二人被刑事拘留，同年9月3日二人被逮捕。2014年11月28日，新乡市辉县市检察院向辉县市法院提起公诉。新乡市辉县市法院三次公开开庭审理了此案。他们掏的鸟是燕隼，是国家二级保护动物。

2015年5月28日，新乡市辉县市法院一审判决，以非法收购、猎捕珍贵、濒危野生动物罪判处小闫有期徒刑10年半，以非法猎捕珍贵、濒危野生动物罪判处小王有期徒刑10年，并分别处罚金1万元和5000元。

新乡市中院二审维持原判。

2015年11月30日，小闫的家人透露，他们已替孩子请了律师，希望能启动再审程序。

点评： 这是一则在网络上引起了网友争议的新闻报道。有人认为其标题存在避重就轻问题，有误导信息。据判决书可知，首先他们并非只是在"家门口"掏鸟窝，而是去了树林里；其次燕隼每窝仅产卵2~4枚，说明他们不止一次掏鸟窝，而是把掏燕隼当成挣钱的手段；再次，从他们在网上高价出售燕隼的行为可以看出，他们明知掏的不是麻雀等普通小鸟。依据我国现行法规定，燕隼属于国家二级保护动物，非法捕猎、杀害、运输、出售10只以上即构成"情节特别严重"情形，应判处10年以上有期徒刑。最后有人指出，小闫是"河南鹰猎兴趣交流群"的一员，曾非法收购国家二级保护动物凤头鹰以牟利。因此此次判决是对这种明知故犯行为、数次犯罪的惩处。而这则新闻的标题挑选了"大学生""鸟""家门口"等平常化的词语，避开"燕隼""惯犯"等重要词汇，将这种行为渲染成了一种略显无知的淘气行为，违背了客观事实，也误导了受众，这样的标题用词不符合事情的本质。

网络新闻标题同样需符合题文一致的原则，要做到这点，要满足以下两个方面的条件。

◆标题的论断在新闻中有充足的实际例证。

◆标题揭示的事实与正文内容一致。

4. 照搬纸媒标题

有些新闻编辑在将报纸上的新闻发布到网上时，并不会对其标题进行加工，要么是悉数搬运引题、主题、副题，要么就是直接省略引题及副题，只保留主题，若主题是虚题时，就选择属于实题的引题及副题。这种做法在很多时候并不适用，不符合网络新闻传播的特点。因此新闻编辑应对原来的标题进行适当的处理。

在编辑网络新闻标题时，新闻编辑可以采用以下方法对标题进行处理。

◆若是实题，需补足标题实题中缺乏的要素。

◆若是虚题，需重新对虚题进行编辑。

◆重新阅读归纳，重新对新闻标题进行制作，以满足网络新闻标题的要求。

在网络新闻中，还有一种新闻类型是电子报，电子报是纸媒的电子版形态，因此在电子报中，其标题和内容与纸媒可以是一致的。

5. 语言感情色彩导向失误

网络新闻标题难免会被新闻编辑增添一些感情色彩，给受众带来不一样的语言感染力，这种语言导向与"标题党"的作用类似。当使用的词汇发生变化、转向低俗或消极时，这种信息就是负面的，换个说法之后，又可能体现正能量，传达积极正面的感情色彩。

因此在处理网络新闻标题时，要注意使用的语言感情色彩方面的差别，例如"昔日举重冠军沦为搓澡女工"标题明显就带有对搓澡工这种职业的歧视，将其视为"另类"，这不是新闻媒体该传达的价值观。

4.2 网络新闻内容制作

随着人们对网络新闻了解和认识的加深，网络新闻从最初的传统新闻的衍生形式，转变出了崭新的面貌。网络新闻的编辑和传播已经具备一定的规模，网络新闻受到了受众的广泛重视，因此在进行网络新闻内容的创作时，新闻编辑应当做好内容信息的编辑与处理工作。这可以从网络新闻的受众定位、创作形式、选稿标准、信息甄别和稿件梳理5个角度去下功夫。

4.2.1 网络新闻的受众定位

新闻媒体的受众定位是指在分析媒介市场的基础上，对媒介产品的市场占位做出的决策。受众因性别、爱好、年龄、地域等的区别，对新闻的需求是不一样的，而这会直接或间接地影响到网络新闻媒体对内容策划和传播方式的选择。尤其是现在的媒介很多，新闻难以全部覆盖所有媒介渠道，一个媒介渠道也难以包含全体受众，而如果网络新闻媒体能选择更适合自己的目标受众，将会取得更好的传播效果。

小提示 对每个网络新闻媒体来说，明确受众定位是很重要的，这将有助于网络新闻的发展，使其吸纳更多的目标受众，并间接促进整个行业的发展。

受众在网络上浏览信息时主要有以下8种情形。

◆为了寻找信息而进行网络搜索。

◆阅读时处于不耐烦的状态。

◆目的是以最快的速度找到想找的东西。

◆更倾向于浏览而非仔细阅读。

◆不喜欢过于花哨的页面，因为这会增加阅读的难度。

◆进入网站并没有特定的目的，只是被标题吸引而随意点击进来。

◆出于语言学习的需要，浏览信息来提升自己的阅读能力，如图4-1所示，人民网可以显示不同的语种，还可通过网页翻译，不少受众借此进行语言学习。

◆有阅读新闻的习惯。

多语种报道

英文网 | 越南文网 | 老挝文网 | 柬文网 | 马来文网 | 印尼文网 | 缅甸语文网 | 菲律宾文网 | 泰文网

图4-1｜多语言报道

大部分受众的阅读心态会经常发生变化，且网络新闻的受众面十分广阔，要想更好地了解新闻所面对的受众，网络新闻可以做一些受众调查。目前有些新闻媒体已经有了这样的意识，受众在登录新闻网站后，可以填写调查问卷。另外，网站也会搜集登录用户的数据信息，分析其有关行为，如浏览偏好、停留时间等，以分析、判断受众阅读新闻的目的等。这对网络新闻的编辑和发展有较大的促进作用。

新闻媒体的定位也会影响其目标受众群体，而受众的偏好也会影响新闻媒体。当然，权威新闻媒体由于其深远的影响力，受众覆盖面和黏性很高；同时受众偏好对网络新闻的影响也较为深远，如梨视频投受众所好，以短视频的形式播报一些趣闻，以欢脱的音乐和丰富的字体配色等带给受众新鲜感，有着不错的受众基础。又如《人民日报》受众群体广泛，堪称"国家级"新闻平台，其用户层次可分国界、民族，所以其官方网站设有日语、英语、俄语等板块，可见受众群体对网络新闻网站的建设具有很大的影响。

4.2.2 网络新闻的创作形式

网络新闻的创作就是对新闻信息的处理，这种创作生产形式包括原创、转载、编辑加工和聚合4种。

1．原创

原创新闻就是新闻媒体的首发新闻，由新闻编辑以及评论员等撰写，是网络新闻占比最大的一种创作形式。原创新闻也是衡量一个新闻媒体实力的重要标准，一般独家新闻都是原创新闻。

2．转载

转载有两种表现形式，一种是由于某新闻媒体的网站建设不充分，没有专门的网络新闻编辑，因此粘贴自己的印刷版新闻稿件作为网络新闻的创作方式；另一种则是直接转载其他媒体发布的网络新闻。

转载有利有弊，其利在于它能使人们通过网络查阅某个内容时，获得关于该内容更加全面丰富的资料，保障其重要信息的获取。另外，当转载的新闻媒体在转载内容中标注了原创媒体后，对于原创媒体来说也能带来一些经济效益和流量。

其不利的一面包括两点，一点是加重了网络新闻的同质化现象，这种现象会引起受众对新闻质量和新闻发展的担忧；而另一点是，这种转载行为也会造成知识产权方面的问题。虽然这种创作形式仍有争议，但这也是客观存在的一种新闻创作形式，这也是网络媒体时代的一大特色。

在互相粘贴转载之后，新闻媒体之间也会形成竞争关系，即新闻数量和发稿速度之间的竞争，这也间接造成了网络新闻发展繁荣的局面。与此同时，如果大家都争优、争质、争独特，这对网络新闻的长远发展也有裨益。

3．编辑加工

编辑加工也是新闻内容组织的一种常见手段，这是对网络新闻趋同性做出的一种转变，这种创作形式不再单纯地转载网络新闻，而是对转载的内容进行编辑与修改。它包括修改被转载新闻中的错字、语法错误等语言上的错误，纠正新闻稿件在政策、法规、真实性方面的错误等，以提升新闻的准确性、可读性，保证新闻的质量。

另外，编辑加工时还要重新编辑新闻标题，并处理新闻发布到网络之后的技术问题，使其符合网络阅读的需要。

4．聚合

聚合是指对一个新闻事件、主题或话题的网络新闻进行整理，将其组合为更加完整的新闻内容。网络新闻的内容很多都比较分散，可能一条新闻报道事件发生，另一条新闻报道最新进展，还有一条新闻讲前因后果，这样呈现的新闻事实是不全面的，因此新闻编辑在写作时也会经常使用聚合处理的方式。

聚合可以分为以下3种形式。

◆**以新闻专题的形式呈现：** 新闻专题是多种主题的新闻集合，也是同一类型不同新闻的集合。其聚合力指向性很强，能更容易引起受众的关注并帮助其获取更多、更全面的信息，如图4-2所示。

图4-2 | 新闻专题的形式

◆ **以延伸阅读的形式呈现：** 在新闻页面中添加"新闻链接""延伸阅读""相关新闻"等可以使受众获取到其他有关内容，且用超链接进行新闻页面的跳转十分方便，如图4-3所示。受众在自主选择的同时，还可以查看新闻网站中的其他不同类型的新闻，这也为受众的阅读提供了更多可能性。

◆ **在一篇文章中呈现：** 这指将大量的相关信息聚合在一篇报道里，在新闻内容中对前期有关报道或其他新闻媒体的相关报道进行说明、解释或引用，将其来龙去脉、前因后果以小标题的形式集合在一篇文章中，其写作方式与深度报道类似，当然，这也意味着这样的聚合新闻多在后期出现。

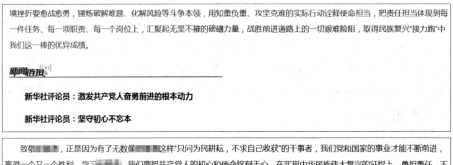

图4-3 | 延伸阅读的形式

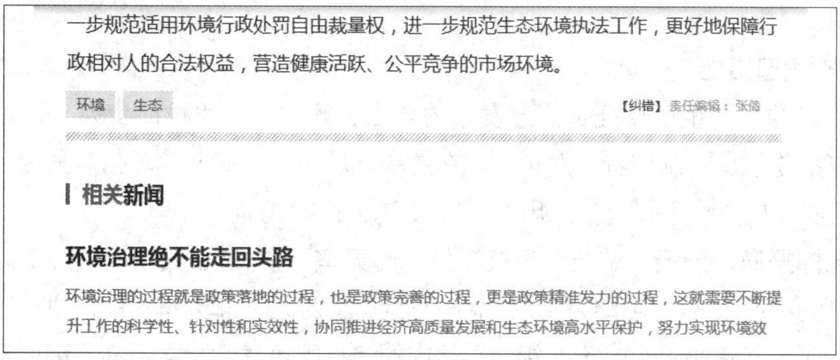

一步规范适用环境行政处罚自由裁量权，进一步规范生态环境执法工作，更好地保障行政相对人的合法权益，营造健康活跃、公平竞争的市场环境。

环境　生态　　　　　　　　　　　　　　　　　　　　　【纠错】　责任编辑：张皓

┃相关新闻

环境治理绝不能走回头路

环境治理的过程就是政策落地的过程，也是政策完善的过程，更是政策精准发力的过程，这就需要不断提升工作的科学性、针对性和实效性，协同推进经济高质量发展和生态环境高水平保护，努力实现环境效

图4-3｜延伸阅读的形式（续）

┃4.2.3　网络新闻的选稿标准

网络新闻稿件有不同的稿源，如职业新闻编辑编写的新闻稿、网络媒体向各大通讯社提供的新闻稿、社会自由来稿等，其信息来源非常广泛，新闻编辑也有较大的选择空间。但任何网络新闻的选稿，都应遵循以下标准。

1. 依照国家法律、法规选择

很多新闻可能会产生好或坏两个不同侧面的社会效果，对国家政治、经济、文化道德等方面产生影响，因此新闻编辑选稿时要对新闻可能产生的效果进行预期评价，其中政治方面至关重要，新闻必须符合相关政策要求，不违背国家的新闻宗旨、方针。

2. 依据网络新闻来源特点选择

网络新闻选稿必须满足新闻真实性、权威性的要求，这也是对网络新闻最基本也是最重要的要求。

3. 依据新闻价值规律选择

新闻价值是凝聚在新闻中的社会需求，新闻对受众需求的满足就是新闻价值的立足点，一般来说，新闻价值越大的新闻其含金量越高，受众的获取需求越强烈，引起的受众反响也越大。而这样的新闻也越值得被选取并优先发布。

4. 依据网站自身需求选择

网络新闻的发布渠道有官方新闻网站和商业网站，两者的选稿风格有较大差异。官方新闻网站的新闻稿件严肃性、专业性、周知性和权威性特征很明显，而商业网站有很多关于奇闻轶事的新闻。

┃4.2.4　网络新闻的信息甄别

信息甄别是指对信息源提供的新闻事实的真伪进行判断，这是写作网络新闻的一个必备步骤，这方面的内容在新闻材料的写作中也有所体现，下面对网络新闻信息甄别的方法

做简单介绍。

1．检验信息出处

网络信息的一个重要特征是信息发布的自由、开放，自媒体时代人人都是信息的受众，同时也都是信息的制作者、发布者。在这种环境下，明确并检验信息的出处，就成为鉴别信息真实度的重要手段。信息出处可以来自以下5个方面。

◆ **新媒体渠道：**论坛、贴吧、手机短信、聊天室、QQ群、其他网站等都能成为网络信息的渠道来源，但重要的是信息的真伪，像论坛、聊天室中的信息就不容易被识别，而大型商业网站或正规新闻网站中的消息则可靠性相对要高，因此根据信息来源的渠道来评判信息的真实性是一种有效的手段。

◆ **传统媒介渠道：**来自电视、报纸等传统媒体的信息一般可以放心地使用，因为它们在被使用之前已经经过了系统的采集和编辑，很多网络媒体也常直接使用这些传统媒体的稿件。但凡事都不是绝对的，传统媒体的信息源可能也有疏漏之处，因此还是要秉持审慎的态度，细心确认信息是否有误。

◆ **当事人证词：**当事人主要是指事件的参与者、目击者，他们的证词是除物料之外，可信度非常高的信息来源，但当事人提供的信息由于其主观因素和个人利益也可能有失偏颇，因此最好通过当事人中较为权威的发言对象获取信息。总的来说，当事人证词也是切实可靠的信息的主要来源之一。

◆ **政府方面的信息：**来自政府的声音一直都是新闻日常传播过程中的重要主角，相比其他群体，政府发言人提供的信息更具权威性和可靠性，这样的信息无疑是网络媒体搜集信息的重要来源。

◆ **多方求证后的信息：**多方是指在获取信息源之后，还能通过其他渠道去印证该信息，其求证方法与通过传统媒介甄别信息的方法类似。也就是得到信息之后，最好通过更可靠的信息来源进行证实，如经过目击者的证实后再报道该事件，这样的报道比捕风捉影、含糊其辞、未能提供准确依据的报道更加可靠。

2．根据同类媒体和受众反应判断

通常影响较大、关注度较广的新闻一经发布之后，会有多家媒体同一时间进行报道，发布快的媒体在发出报道的第一时间就很容易获得受众的反馈，而有些媒体则追求稳而快，在兼顾速度的同时也更看重受众的反馈，有些新闻来自网络，内容失实之后会引起受众的争议，因此即便某条新闻有多家媒体转载，新闻编辑也要注重其真实性，如果有网友提出了不一样的看法，或其他同行媒体、竞争媒体采取了不同的反应，那么该事件的真实性可能存疑。

3．进行逻辑推理判断

新闻编辑在阅读整理新闻稿件的过程中，可以就信息中的细节、叙述内容等进行审阅，判断信息的真实性和准确性，例如语言的夸大、情节衔接的破绽、明显的知识悖论等，这些错误之处或有待质疑的地方都需要编辑保持冷静的态度去谨慎处理，提出质疑，修改或摒弃相关内容，从而确保最后成型的内容是准确可靠的。

4.2.5 网络新闻的稿件梳理

新闻编辑在整理新闻稿件内容的过程中，也有必要对文章结构、信息、版式和页面等进行设计和梳理，下面对这些方面的注意事项进行说明。

◆同领域同天或同时期、时段发布的新闻，可在其排序上做文章，同一领域或主题的文章放于同一列表，或在该正文下方设置有关新闻的链接。在列表中将最新发布的、被认为更重要、更需要受众关注的放在最前端，特殊标出或设置样式，如图4-4所示。

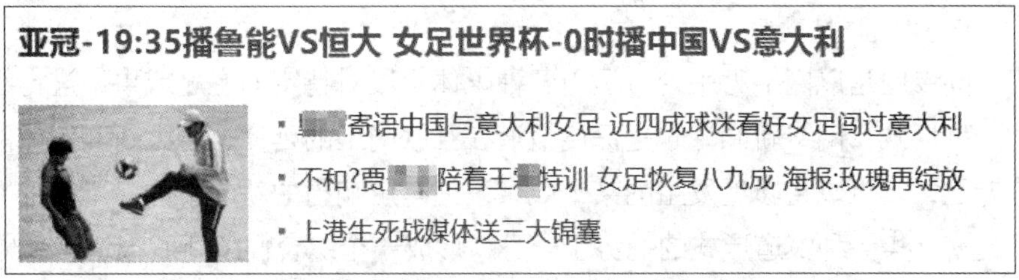

亚冠-19:35播鲁能VS恒大 女足世界杯-0时播中国VS意大利

- ▇▇寄语中国与意大利女足 近四成球迷看好女足闯过意大利
- 不和?贾▇▇陪着王▇特训 女足恢复八九成 海报:玫瑰再绽放
- 上港生死战媒体送三大锦囊

图4-4｜置顶新闻做特殊处理

◆需要在文章开头或文末注明新闻来源。
◆文章精简，段落分明，一段叙述一个重要内容。
◆根据提供的信息的重要程度选择新闻的组织方式，如简讯、特写或深度报道，这对信息详略程度的筛选和组织有很大影响，但不管采取什么方式，重点是要让受众快速获取信息。
◆最重要的内容先放在开头，以吸引受众目光。
◆以小标题的形式划分长篇报道，且小标题要突出显示，如图4-5所示。

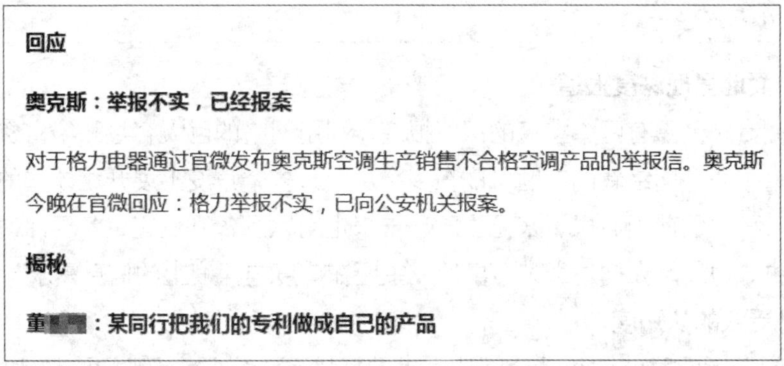

回应

奥克斯：举报不实，已经报案

对于格力电器通过官微发布奥克斯空调生产销售不合格空调产品的举报信。奥克斯今晚在官微回应：格力举报不实，已向公安机关报案。

揭秘

董▇▇：某同行把我们的专利做成自己的产品

图4-5｜突出小标题

◆ 网络新闻的关键字、词很重要，要想方设法突出关键字、词，可以通过改变字体字号和文字字体等来实现。如图4-6所示。

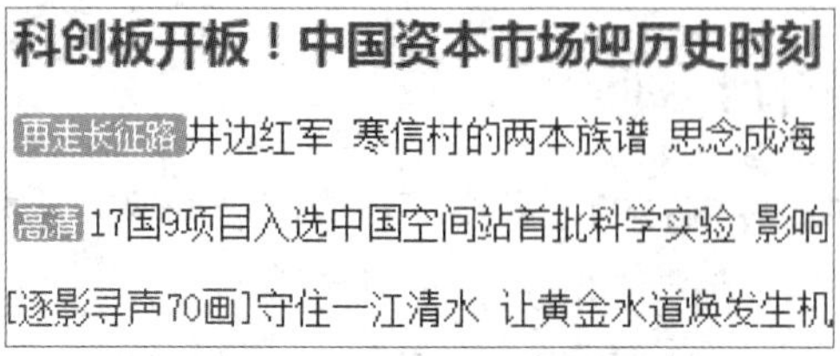

科创板开板！中国资本市场迎历史时刻

再走长征路 井边红军 寒信村的两本族谱 思念成海

高清 17国9项目入选中国空间站首批科学实验 影响

[逐影寻声70画] 守住一江清水 让黄金水道焕发生机

图4-6 | 在标题中突出关键字、词

4.3 网络新闻专题

网络新闻专题是以网络为平台，运用各种媒体手段对特定的主题或事件进行组合或连续报道的一种形式。网络新闻专题是深度报道在互联网上的延伸，各大新闻媒体网站中几乎都设有专题，它可以将新近发生的某个或某系列有影响力的新闻事件以不同的网络报道形式集合起来，集各种报道形式的优势于一身，形成一个综合性的新闻报道集合体。

4.3.1 网络新闻专题的作用

网络新闻专题是网络新闻整合的一种重要方式，好的选题与角度、出色的专题制作，都是新闻媒体原创能力的重要体现。在网络新闻业务不断发展的情况下，网络新闻专题也成了网络新闻竞争的重要战场，它可以起到报道最新动态、揭示新闻本质和整合各类新闻资源等作用，能扩充受众的认知，提高媒体的竞争力，下面对网站新闻专题的作用进行介绍。

小提示　目前，网站的新闻采访权尚未完全开放，网站在未经国家主管部门批准时不得自主采编，因此以新闻编辑为主的网络新闻专题制作在网络新闻的竞争中具有重要地位。

1. 更全面地呈现深度报道

网络新闻专题是具有网络特色的深度报道，利用网络的巨大容量和丰富资源，以及多种媒体的报道手段，网络新闻专题可以在多个层面、多个角度上展开立体化的报道，将新闻事件或某一事实的前因后果、来龙去脉、未来走向以及各方反应、各界评说等一一呈现。它可以更好地满足人们对于某个事件或主题在广度与深度上的信息需求。

2. 提升受众的认知度

网络新闻在新闻时效性和受众阅读需求的环境下，常常会随时更新，以方便受众阅读，但长此以往，新闻信息则相对零散，容易使受众产生信息过载感和时空迷失感。而网络新闻专题可以克服网络新闻"瞬时化"和"碎片化"的问题，尤其是好的新闻专题，可以通过若干稿件的有机结合，使稿件之间紧密联系，加强它们之间的相互配合，使受众对新闻事件或新闻主题有一个更全面、整体的认知。

3. 可视作一种新闻整合方式

网络新闻专题是在独立采访权和首发权受限的情况下，不同于传统新闻报道的一种创新。拥有这方面资源的新闻媒体，就拥有更多的优势形成特色专题。且同样的主题，通过不同的策划方式也可形成新闻整合的不同特色。

4. 方便受众阅读

网络新闻有报道、评论和网民议论，有文字、图片、音频、视频，丰富的表现形式能为网民提供更好的服务，能有效地避免因为网络信息量大而造成的受众搜索阅读的不方便。

5. 扩大媒体影响力

网络新闻专题中包含网络新闻媒体发出的各类报道、评论等，能有效地代表该媒体的声音和观点，传播自己的影响力。

6. 体现媒体实力

大型综合专题会运用多种网络报道手段、互动手段及表现形式，需要采编、美编、技术及市场推广等环节的共同努力，只有实力强劲的新闻媒体才能非常好地做到这一点，因此新闻专题可以体现该网络新闻媒体的整体实力。

4.3.2　网络新闻专题的类型

网络新闻专题的分类方式有多种。按内容属性划分，可分为财经专题、教育专题、科技专题、文化专题等；按编辑态度分，可分为采访型专题和编辑型专题；按报道态度划分，可分为客观型专题和主观型专题；按更新程度分，可分为动态型专题和静态型专题。而本节主要介绍采用专题内容和来源进行分类的方法，将网络新闻专题分为事件类专题、主题类专题、资讯服务类专题、栏目类专题和挖掘类专题5种。

1. 事件类专题

事件类专题主要是报道新近发生的重大新闻事件，这类专题着重于对报道主题的延伸与挖掘，需要及时添加、更新大量的新闻事实，追踪整个事件的发展态势，同时提供大量的背景材料佐证事件的意义，满足受众获取信息的需求。事件类专题可分为自然性重大突发事件主题和社会性重大突发事件主题两种。如"汶川地震抗震救灾"专题、"凤凰县大桥垮塌"专题等都属于此类。

2. 主题类专题

主题类专题一般源于可预见的主题，如某个人物或事件，其宣传性和周期性较强，一般会在前期进行周密的策划，持续周期由策划或主题进程共同决定，主题类专题可以形成自己的特色。一般主题类专题的内容范围涵盖时政、国际、军事、教育、娱乐等众多领域，如"两会"专题、"足球世界杯"专题和"辉煌60年 壮美新广西"专题等都是主题类专题，如图4-7所示。

图4-7 | 主题类专题

3. 资讯服务类专题

资讯服务类专题一般围绕特定主题向受众提供具有指导性的实用信息，具有较强的传播知识与提供服务的功能。既然是提供资讯服务，那么此类专题的选题要更多地考虑受众的实际需求，要尽量贴近受众的日常生活所需。这类专题课包括投资理财、旅游、导购等。例如腾讯网中的"腾讯房产"专题就是对楼盘、房价以及相关政策等信息的整合，如图4-8所示。

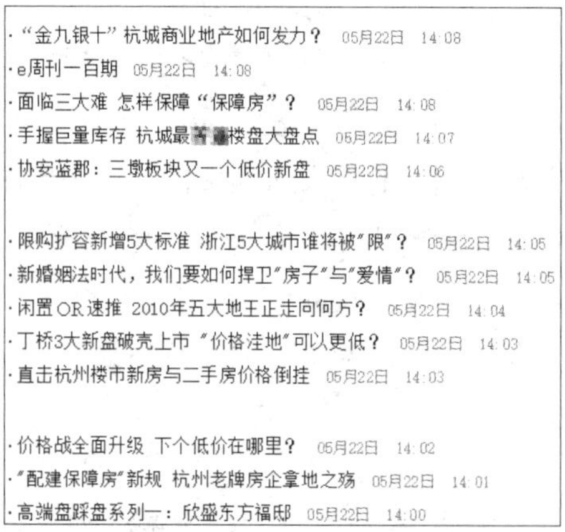

· "金九银十"杭城商业地产如何发力？ 05月22日 14:08
· e周刊一百期 05月22日 14:09
· 面临三大难 怎样保障"保障房"？ 05月22日 14:08
· 手握巨量库存 杭城最著 楼盘大盘点 05月22日 14:07
· 协安蓝郡：三墩板块又一个低价新盘 05月22日 14:06

· 限购扩容新增5大标准 浙江5大城市谁将被"限"？ 05月22日 14:05
· 新婚姻法时代，我们要如何捍卫"房子"与"爱情"？ 05月22日 14:05
· 闲置OR速推 2010年五大地王正走向何方？ 05月22日 14:04
· 丁桥3大新盘破壳上市 "价格洼地"可以更低？ 05月22日 14:03
· 直击杭州楼市新房与二手房价格倒挂 05月22日 14:03

· 价格战全面升级 下个低价在哪里？ 05月22日 14:02
· "配建保障房"新规 杭州老牌房企拿地之殇 05月22日 14:01
· 高端盘踩盘系列一：欣盛东方福邸 05月22日 14:00

图4-8 | 资讯服务类专题

4. 栏目类专题

栏目类专题是指源于同一个主题的不特定的事件、人物的新闻报道，其持续周期较长，基本等同于网站的固定栏目，如很多网站开设的在线访谈栏目。此外，针对某一事件进行长时间的报道或适合于长期播出的某些特定报道等也比较容易演变为栏目类专题。例如网易网的《楼市导购》栏目就是这样一个固定的栏目类专题，如图4-9所示。

图4-9｜栏目类专题

5. 挖掘类专题

挖掘类专题是指通过对相关报道的整合，为受众呈现新闻事件的真相和背后的故事的新闻。这类专题新闻的选题精准度十分重要，新闻编辑选择的新闻内容如果有较大的社会价值，那么就有挖掘的必要。同时，挖掘类专题还需要新闻编辑对新闻报道进行深度过滤，矫正其中的不实内容，这样才能达到专题的有效深度整合。

4.3.3 网络新闻专题的编辑思路

网络新闻专题是利用网络媒体，在一定时间内通过文字、视频、图片等手段，使用消息、通讯、评论等多种体裁，对某一新闻主题形成连续、立体的报道。新闻网站中的专题主要是以超链接的方式整合网站中与主题有关的信息，以方便受众浏览查看。要想做好网络新闻专题，在组织专题内容时还需满足以下要求。

1. 确保思路清晰

网络新闻专题制作同样要遵循新闻写作的一般原则，对主题及专题的方向要有明确的目标，有独特的或清晰的思路，这会保证整个新闻专题的质量。新闻编辑保持通畅清晰的思路，才能更好地洞察新闻背后的实质，编辑整合出贴合主题的优质新闻，呈现给受众想要的内容。

2. 展示新闻网站的特色和优势

新闻专题是新闻媒体竞争的重要方面，因此，专题特色的挖掘至关重要。新闻专题的栏目策划不仅要为其主题服务，还要充分利用与开发媒体网站的资源。特别是对于传统媒体来说，原创能力是其新闻专题的一个重要财富，要善于在专题中将这种原创能力转化为竞争力。

3. 克服新闻碎片化的缺点

对于一个发展中的事件的报道来说，网络新闻专题集实时性与延时性于一体，信息在不断更新，旧的信息很快被新的信息淹没，尤其是在连续报道时，受众即便是在网络上搜索了相关内容，也很难搞清楚事情从爆发之初到发展过程中的所有走向和细节，受众不可能一点不漏地全程阅读所有内容。因此利用专题整合消息，可以更好地让某系列新闻克服网络新闻"碎片化"的缺点，让受众尽快且全面地了解到想知道的内容。

在专题中设置能反映基本发展线索的内容，如对事件起源的介绍，并将它们放在专题首页的显著位置，或将反映主题的报道放在专题的醒目位置。在整体栏目的设置上，也应该用更好的方式体现这种线索的完整性；也可以运用"时间线"这一手段，以时间为线索，将事情发展的完整脉络梳理出来，这种整合方式能更好地使新闻不显得零散。图4-10所示为国际在线新闻网"行进中国 精彩故事"的新闻专题，专题栏与图片链接都能体现该专题的主题内容，同时在其下还通过不同的类型分区对该专题的相关新闻报道进行了分门别类的梳理。

图4-10 | "行进中国 精彩故事"新闻专题

4. 深度拓展新闻内容

网络新闻专题虽然是以主题为中心的资源集合，但它并不是信息的简单堆积。网络新闻专题在为受众提供丰富而全面的信息需求的同时，也体现了自身的深度和广度，显示出应有的近于深度报道的新闻特质。在大部分网络新闻网站和商业网站都普遍存在罗列和堆积信息的现象之下，简单的"大而全"已经难以满足受众的需求，有深度的新闻专题将更容易带给受众好的阅读体验，为受众揭示新闻背后的真相。

网络新闻专题的深度一方面要靠内容的选择来体现，另一方面要通过栏目的设置来体现，例如通过新闻的层级结构让受众看到各栏目新闻之间层层递进、相互联系的关系。

小提示　深度报道主要对主题新闻的时空维度进行扩展。新闻编辑可以通过对主题新闻的生成背景、波及影响和发展趋势进行全面展示与剖析，从而深刻地反映客观环境的最新变化与状态。

5. 体现信息间的关系与层次

网络新闻专题兼具集成性与延展性，一方面它不受储存空间的限制，可将与特定主题或事件相关的信息高度集成，形成一个整体性的集合；另一方面又因为网络的超文本特性，它使主题不孤立或封闭，而是可以向外辐射出更多的信息。因此，网络新闻专题在内容安排上要紧密相连，在延展的信息中体现层级式的信息构成，使核心信息、周边信息和辐射信息都得到相应的体现，让受众可以根据自己的阅读需求自主选择所需内容。

网络新闻专题的信息构成

4.3.4　网络新闻专题的内容设计

网络新闻专题的内容设计包含的范围较广，主要包括选题策划、角度策划、栏目策划、表现方式策划和页面策划5个方面，下面分别进行介绍。

1. 选题策划

在网络新闻专题中，选题策划是非常关键的，它对专题的整体效果起到十分重要的作用，也十分考验新闻编辑的专业技能。网络新闻专题适合于表现各种重大新闻题材，不同的题材在选题的策划思路上也有不同的考虑，主要有以下4种题材。

◆ **重大突发事件：** 网络新闻专题启动迅速，在应对重大突发事件上，它可以凭借大容量、多媒体、多角度等优势，为受众提供更为全面、丰富的信息，满足受众各个层面的需求。但因为突发事件是现成的选题，其他网站也可能报道，这就造成同质化现象。因此在涉及此类专题选题时，新闻编辑可以从事件进程的报道更新中，探寻事件的前因、背景，关注其社会影响、解释答疑等，以研究报道思路，进行内容策划，如缅甸热带风暴专题。

◆ **重要的话题或事件：** 新闻编辑在策划选题时，还可以开设一些针对"热点"或"冰点"社会现象或问题的新闻专题，这类专题通常能反映一些社会现象或问题，或具有重要的现实意义，即便是非事件性的报道，也是媒体的重点关注对象。能针对社会问题策划出人们感兴趣的专题也是对新闻编辑选题策划能力的重要考验。一般在面对这类专题时，新闻编辑可以考虑从事件或类似事件的变化规律纵向延伸，或是从相似话题或背景材料中寻找横向拓展的角度，还可以对主题进行分解，从子主题中寻找角度，或从零散的事件中提炼出一个更新的角度的选题来透析事件的整体关系及背后的原因。这些方法都能更好地帮助新闻编辑做好关于某现象和话题方面的选题策划，如针对股市、楼市、改革的专题。

◆ **可预知的重大事件：** 新闻编辑对某事件已经有所预估，因此在进行选题策划时，更多的是考虑报道的时机、规模、角度以及手段等，以让新闻稿件更加出彩。是同步报道，还是提前发布专题，达到先声夺人的效果；是展现事件的全貌，还是选取某个局部集中挖掘等，都要考虑清楚，如荣获第16届"网络新闻专题"二等奖、由四川在线在红军长征70周年发布的"网上重走长征路"专题选题。

 同步报道是大多数新闻媒体都会采取的手段，因此可能会造成多家媒体网站内容上的"撞车"，难以显示出本网站在这件事上的影响力和优势，这时可从专题的内容组织、设计等方面进行挖掘。

◆ **媒体自主策划的活动：** 在网络媒体的行业竞争中，出现了一种现象，那就是媒体为了做出独家新闻，产生社会影响，会结合当前形势，有意识地策划某些活动。媒体作为活动的主体，也作为报道者，来组织整个活动。

 为了让受众了解更多的知识、规定、政策、走向等，网络新闻媒体也会提供信息服务，制作相关的新闻专题，图4-11所示即为金融服务专题示例。

图4-11｜金融信息服务专题

2. 角度策划

新闻角度是指新闻报道中发现事实、挖掘事实、表现事实的着眼点或入手处。对于网络新闻专题来说，角度是使选题增值的一种方式。好的角度可以使大的选题落到实处，使静态主题呈现动态效果、抽象主题呈现具象效果，使新闻专题的相关报道变得立体化。

专题的立足点需要有一定的社会价值，它既能扩散得开，也能聚合新闻周边的"点"。网络新闻专题的角度策划可以参考以下思路。

（1）利用自身优势挖掘特色

传统媒体和地方媒体都有自己独特的优势，例如原创能力、媒体背景、地缘优势等。网络新闻媒体要注意利用这种优势打造自己的特色新闻专题。例如中国江苏网作为一个地方新闻媒体网站，在"南京大屠杀死难者国家公祭日"中利用自己的地缘优势，紧扣"国家公祭"主题，推出新闻专题《祭·忆——南京大屠杀死难者公祭日》，通过全媒体互动进一步唤醒了人们的民族记忆。

（2）通过典型时刻反映全貌

很多新闻事件都有一个较大的时间跨度，专题可以通过某个时刻事件的一个侧面和多个角度的栏目集成，较为全面地反映其全貌或某个突出的局部。

（3）通过典型人物反映群体或事件

如果能找到具有代表性的人物，那么就可以形成反映同类人物的专题，这种从人的角度出发策划选题的方式，做成专题报道也能引起很多受众的关注。

（4）通过透视背景来剖析事实

将眼光放到新闻事件发生之前，通过对事件发生的背景做出深入、透彻的分析，能帮助受众更好地理解当前发生的新闻事实，这也是非常常见的一种专题形式。

（5）以典型空间或环境为场景表现对象

任何报道对象，总会有它所依托的空间或环境，因此有些专题也会从空间或环境出发进行专题报道，这样不仅有利于发现报道的特定角度，也能方便专题对多媒体形式的运用。

（6）通过典型意见来反映事件的影响

将围绕新闻主题或事件形成的意见与争论作为报道的重点，也是网络新闻专题常见的一种切入方式。它适合那些社会反响强烈且认识多元的题材。用这种角度进行专题报道，需要尽力做到客观、中立，尽可能呈现不同的观点，即使有些观点的声音很弱，但如果它们具有代表性，也应该给它们一席之地。在这类报道中，可以直接将网友的评论与新闻编辑组织的内容结合起来。

（7）通过典型数据勾勒全貌

在某些情况下，一个主题或事件的全貌，可以通过与之相关的典型数据加以反映，这也可以形成新闻主题的不同角度。

（8）以专业眼光审视大众话题

有些大众性的话题采用大众化的角度来报道，往往会流于平淡，难以形成突破。如果新闻编辑从专业的角度来加以审视，使报道超越普通人的认识高度，也能形成一个不错的专题。

3. 栏目策划

网络新闻专题的内容策划，最终体现在栏目的设计上。有些专题栏目策划比较简单，仅分为3~4个栏目，是对当前信息的资源分类，这种栏目分类主要针对小型的专题，例如搜狐网"2019年法国网球公开赛"的专题就分为"男子动态""女子动态"和"精彩瞬间"3个栏目。事实上，网络新闻专题的策划多是依据主题和角度来合理规划栏目的，例如同样是搜狐网的专题，因为华为遭美国打压一事引起多方热议和报道，因此其在华为的相关专题中，将有关报道分为"华为有态度""'备胎'转正""谷歌断供系统""砥砺而行""遭遇'围攻'""华为格局""华为快递"等多个专题，将近期发生的有关事情按内容和事件做出了分类。

网络新闻专题栏目
的结构策划

专题核心信息的内容策划是在报道角度的引领下进行的，角度给出方向，栏目则给出框架。专题栏目的设置因专题内容的不同而不相同，要为专题设计栏目，则可以从以下维度展开，如表4-1所示。

表4-1　网络新闻专题栏目策划维度

可设计的栏目类型	栏目内容
要闻栏	一般位于专题的顶部，可包括专题名称和图片、编者按（导语）、主题图片（以视频缩略图的形式设置超链接）和专题要闻等内容。专题名称和编者按一般以横排位于顶部，主题图片和专题要闻则并排平行排版
消息栏	一般位于专题的上部，可划分为多个小栏目，主要针对的是专题主题的核心信息，可设置头条、图片专题、视频专题等多媒体类栏目，以及其他核心内容。栏目内可用鼠标滚动浏览，也可以设置"更多"链接，方便受众查阅更多信息。栏目既可以两栏并排，也可一栏排列
背景栏	一般位于专题的中下部，可设置要点回顾，专家、媒体评论，背景资料等多个栏目，为受众提供更丰富全面的信息
互动栏	一般位于专题的底部，包括受众调查、受众服务、受众评论等内容，现在不少新闻网站可以使用QQ、微博账号进行登录，可以形成多个平台之间的联动，图4-12所示即为这类互动栏目设置的例子

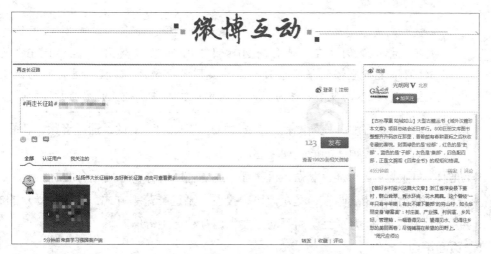

图4-12 | 专题互动栏

栏目的材料需要精心挑选，新闻编辑在进行专题策划时，要知道怎样使受众满意，怎样使专题内容丰满，进而更全面地反映事件、现象、专题主题。新闻编辑在进行细致的策划、设计专题栏目时，还需要注意以下5个方面的内容。

◆栏目是页面结构的具体体现，设计栏目时要分清栏目主次，合理安排栏目位置并组织栏目内容。

◆要讲究平衡与和谐栏目结构，栏目的设计不该是随意的，而应该是遵循某种线索与逻辑组合而成的有机整体。

◆在栏目素材的陈列中，可以先给出关键的、整体性的信息，而与其相关的细节，可以通过超链接给出。

◆专题栏目要尽可能设置全面，栏目之间的分类也要界定清楚。

◆专题栏目设置要体现新闻网站的特色和独创性。

4．表现方式策划

网络新闻有多种表现方式，它们各有特色，发挥不同的作用，新闻编辑要根据需要选择最合适的表现方式来选择新闻专题，丰富新闻内容。下面分别对常见的表现方式进行介绍。

◆**文字：**文字可以用于评论、黏合各种素材资料，对其他媒体材料进行解释或提供背景知识等，能及时、全面地传递信息，进行深度分析，还能做好段与段之间的衔接，起到承上启下的作用。

◆**图片：**图片清晰准确，能提供旁证与比较，调整视觉对象，能烘托气氛，为受众营造现场感，但要注意图片的质量，不能出现模糊的、没有表现力的图片，同时图片布局要协调，数量要适中。

◆**视频：**视频具有视听结合的优点，能生动再现具体情节，画面逼真，说服力强，但视频对网速也有一定的要求。

网络技术的发展对新闻的表现形式有很大的影响，现在已有使用 5G 网络进行视频直播的案例。在当地时间 2019 年 5 月 30 日，英国广播公司 BBC 使用 5G 网络进行直播的早间节目，成为英国首个使用 5G 技术进行的电视直播节目。5G 技术的发展，也为视频专题的发展提供了更多的方便和可能性。

◆ **音频：** 音频能更好地补充新闻信息，同时加强新闻的真实性，通过音频，新闻会更加通俗直白，且音频还能增强现场感。

◆ **动画：** 动画能活跃气氛、增强人机交互，还能辅助解释，方便受众理解。

◆ **互动：** 互动包括受众调查、受众评论、投票、赠送鲜花等方式，能提高受众的参与度，但要注意不能为了互动而互动，要利用互动产生价值。

5. 页面策划

网络新闻专题利用栏目将最新的事件进展、各方反应、事件影响等文字、图片、音频、视频信息集成在一起，这体现的是其内容的要求；而另一个值得新闻编辑重视的方面，是整个专题版面的设计，包括页面设计和色彩搭配两个方面。

（1）页面设计

在网络新闻专题中，页面设计会给受众带来直观的、整体的印象，因此应该要体现出其美感。在整个专题页面中，专题栏应遵循醒目亮眼、语言准确的原则，页面的排版设计可以使用"日"型、"T"型、"门"型、"平行线"型和"三"型，布局大方合理，其中需要注意重点栏目的设置，要保证重点栏目在页面的上半部分且较为突出。另外还要在版面中适当留白，例如在横排布局中分阶梯状使用空白，将上下版面或栏目隔开；在竖排布局中使用一两个空白作为版面的间隔。图4-13所示为某新闻网站的专题截图，其通过留白和栏目名称的设计使整个专题页面栏目分明、舒适美观。

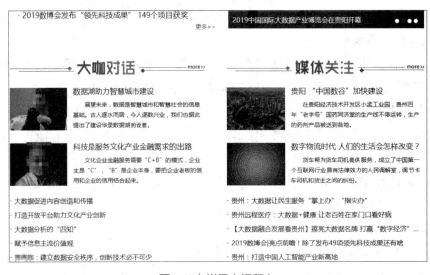

图4-13｜栏目之间留白

小提示

在某一栏目中，还可使用选项卡的方式进行新闻栏目的划分，这同样可以使新闻专题页面变得简洁利落，如图4-14所示。

图4-14｜使用选项卡

（2）色彩搭配

在编辑网页版面专题时，要给受众以视觉上的平衡感，这种平衡除栏目版面面积的平衡和报道表现形式的平衡以外，还包括版面色彩的平衡。不同的色彩能带给受众不同的观感，新闻编辑可以根据专题内容和风格的不同运用多种色彩搭配，从而突出专题的整体风格。可以从以下5个方面进行考虑。

◆专题的色彩搭配一般以简单为宜，过于花哨容易让人产生视觉疲劳。

◆色彩服务于文字内容，在使用鲜明、突出的色彩时，最好也能体现网站的特色，以区别于同类专题。

◆专题色彩在与网站整体定位和风格相协调的情况下，还需要与专题的内容风格相一致。

◆对于一些特殊题材的专题，可以通过色彩的搭配形成强烈的视觉冲击，给受众留下深刻印象。例如新浪网的"孟买连环恐怖袭击"专题，其通栏的大标题和下面的新闻图片主要是暖色调，而周围的文字版面则是灰黑色、蓝色基调。这样就构成了一个冷暖和谐的整体版面。

◆硬新闻（指关系到国际民生和人们的切身利益，具有较强的思想性、指导性的新闻）的网络专题一般用白、灰做底色。

4.4 网络新闻评论

网络新闻评论是网络这一媒介与新闻评论相结合的产物，是一种新的评论形式。新闻评论是指就当前发生的具有普遍意义的客观事实、迫切需要解决的问题和某件事的发展势态来发表评论性意见的文体形式，是新闻媒体的重要发声渠道，很多传统媒体都非常重视评论，以传播自己和受众的声音。而当互联网由信息传播工具快速转变为媒体形态，可以迅速汇集、交换、传播大量意见以后，新闻评论的威力也得到了放大，网络新闻评论也越来越受到受众关注。

4.4.1　网络新闻评论的特点与作用

充分了解网络新闻评论的特点和作用，可以帮助新闻编辑更好地了解其功能，进而更好地利用网络新闻评论，使其在新闻内容表达与传播中发挥积极作用。

1. 网络新闻评论的特点

新媒体时代的网络新闻评论既保留了传统新闻评论的特点，又因为承载媒介的变化而具备新的时代特色，其特点主要有以下7点。

◆**交互性：**网络的双向互动性使网络新闻评论也具备双向互动的特点，媒体与受众、受众与受众，以及不同的媒体之间都能进行平等的交流和互动。

◆**时效性：**网络新闻评论也是新闻的一种，其传播自然也要求时效性，新闻评论主要是针对性地表达观点和意见，如果不能对观点意见进行快速报道，其在引起受众共鸣与关注的效用上便会大打折扣。

◆**开放性：**网络新闻评论一方面能广泛吸纳不同受众的观点，为他们提供发表意见的渠道，另一方面，在行文上也更加自由，不再受文章篇幅和语言表达上的诸多限制，受众可以接受口语化的表达和很长/短的篇幅。

◆**深入性：**受益于网络庞大的储存空间和强大的搜索功能，受众可以查看网络中的各种评论，对新闻内容进行深度挖掘，进一步发表自己的言论。尤其是讨论度高的网络新闻评论，其受众参与度高，甚至受众还会对不同侧面进行深入探讨，新闻媒体也会再进行评论，整个新闻事件评论的深度和广度就能得到有效的拉长。

◆**理论性：**网络新闻评论属于议论文的范畴，行文习惯于议论说理，受众之间也常就一些观点或话题进行讨论、辩驳或论战，因此语言的理论性很强。

◆**群众性：**不管是电视、广播、报纸、新媒体新闻还是网络新闻评论，都是面向广大群众的，在传达民意的程度上，新媒体新闻往往优于传统的新闻评论文章，并且受众通过在多个网络媒体上的互动、留言与评论，能更好地表达大众的心声，传达民意。

◆**不确定性：**网络环境下受众可以匿名，隐藏自己的真实信息，这也造成部分受众缺乏责任心，不对自己的言论负责，随意发表观点，无所顾忌。

2. 新闻评论的作用

网络新闻评论也承载着不小的社会功能，对网络舆论环境有着较大的影响，其作用主要表现在以下3个方面。

（1）为民意提供了更好的表达渠道

传统媒体搜集民意需要通过政府机构或专门的机构进行调查，耗时长、操作难；而通过互联网技术，网络媒体发布的新闻覆盖面更广、时效性更强、受众参与度也更高。新媒体提供的便捷服务传播平台，使受众能更平等地与媒体对话，受众话语权增强，媒体也重视受众的意见。

此外，只要不发布违法的内容，网络用户之间不仅可以平等地对话，也更能敞开心扉，就能对自己感兴趣的话题或事件表达观点，让言论进入他人视野。这种开放、畅通的渠道能帮助媒体听到受众的不同的声音。

（2）能让受众从多个方面看清事情的本质

在新闻评论中，受众不仅可以看到同一件事不同人、不同侧面的观点，还能获得有一定深度的材料，这有利于受众吸收多方想法和意见，增加受众对事物认知的广度和深度，方便他们看清事物的本质。

（3）为上级机关决策提供建议和参考

网络为受众提供了较为宽松的发言平台，受众可以在网络上表达自己真实的看法，发出最真实的声音。政府和媒体机关也可以据此倾听并搜集多数人的意见，根据民意去考虑某些管理条例和政策内容。

并且现在的国民素质有所提高，网络用户的声音也更趋理性，上级机关在做某些政策的前期宣传时，新闻媒体不仅可以为其开辟道路，通过评论文章深入分析当前情况，为受众普及相关法规、政策，引导受众形成正确认知，还可以通过网络评论获得更多受众的反馈。

4.4.2 网络新闻评论的类型

根据不同的划分标准，可以将网络新闻评论划分成不同的类型，下面分别以其载体和主体为标准，介绍网络新闻评论的不同类型。

1. 以网络新闻评论的载体为划分依据

网络新闻评论的载体就是其文章的呈现形态，主要可以分为即时新闻评论和网络评论专栏两种类型。

◆ **即时新闻评论：**网络为受众提供了一个自由发言、公共交流的空间，受众在阅读完自己感兴趣的新闻后，可以立即发表评论，进行回应，文章发表者也可以再回应受众，回应内容的长短不限。

◆ **网络评论专栏：**在不少新闻媒体网站中，其主页都设置了诸如"观点""评论""思想""问吧"等专题栏目，供受众阅览，而受众在网上发表了能独立成篇的评论文章后，也可以在自媒体账号或其他网络平台发表，这类评论文章围绕党和政府的工作重点、民众关注的焦点、重要的新闻事件、社会热点问题等就事说理，提出看法和评价。

2. 以网络新闻评论的主体为划分依据

这是最为常见的分类方式，按网络新闻评论的主体进行划分，可以将其分为网民评论、专家评论、编辑评论和专栏评论4种类型。

◆**网民评论：**网民评论是指由网民发表的各种形式、各种方式的评论和意见，这种新闻评论在网络上数量很多。与编辑评论和专家评论相比，网民评论的权威性相对较低，带有一定的随意性和自由性。从篇幅上看，网民评论既可以是一两句话的简短评论，也可以是上千字的长篇大论。

◆**专家评论：**专家评论是指由网站特邀的各领域专家、学者在网络上就某个新闻事件发表的评论。专家评论由于内容的专业性、前瞻性，价值较大，其形式包括专家撰写的文稿、记者采访并撰写的文稿，以及专家与网民进行直接交流等，如在线访谈、聊天室嘉宾座谈或论坛互动等。

> 专家评论可分为独立式评论和互动式评论，前者为专家自主选题，完稿后提交到新闻网站，后者则是通过专家与网民、其他专家和网站记者等互动来生成评论。

◆**编辑评论：**编辑评论是指新闻网站编辑部的编辑、记者或新闻网站的特约评论员所撰写的评论，也可以称为网站评论。它代表整个新闻网站或网站编辑部的立场和观点，社论、评论员文章和专题评论等均属于此类。

◆**专栏评论：**专栏评论是指由个人投稿，不代表编辑部的主张，在各种专栏里发表的评论。这类评论形式灵活，一般是个人署名、定期刊发，写法介于评论和杂文之间。

4.4.3 网络新闻评论的写作要求

网络新闻评论评述的对象是当前具有一定迫切意义或引导作用的选题，新闻编辑既要充分考虑选题依据，做好选题与立论，又要在语言风格上体现网络特色，让这篇新闻评论更加出彩。网络新闻评论的写作要求主要有以下4点。

1. 找好评论由头

目前，广泛而深刻的社会话题以及中央的决策精神、宣传部署等内容都是网络新闻评论的选题来源。这些选题背后都有可以发挥的空间，而新闻评论的价值也在于关注重大的社会现象或其背后的重大命题，尤其是这些命题贴近受众生活和社会热点时，其论述更能获得受众青睐，这也是网络新闻评论的立意所在。评论的由头好，才能有的放矢、言之有物。

2．观点鲜明

新闻评论有引导舆论的作用，且整篇文章都以论点作为支撑，文中内容也以论点为中心展开论证和说明，因此网络新闻评论必须观点鲜明，这样才能使新闻论点贯穿文章始终，增强文章的说服力。

3．把握分寸

新闻评论要用事实与逻辑说话，而网络新闻评论的言论相对自由，这意味着评论容易得到受众的关注，也更容易对受众造成误导，因此新闻编辑在写作网络新闻评论时要有理性精神，把握说话的尺度，尤其是在评论诸如国际争端、学术争论、事态不明的突发事件时尤其要注意分寸。

4．论述节奏快

网络新闻评论具有导向作用和深化作用，虽然说理力度大，但这并不意味着其语言拖沓。实际上，在进行网络新闻评论的写作时，最好开门见山地将意见传达给受众，直截了当地摆明观点，力求简洁明快、陈述有力。

4.4.4 网络新闻评论范例

范例

新华网评：运动是最好的游戏

马上要到"六一"儿童节了。这几天，最快乐的人要属小朋友们了，而他们的父母也肯定很忙，忙着给孩子送礼物，忙着陪孩子做游戏。但是再忙，父母们也要抽出时间陪孩子运动，因为运动是最好的游戏。

运动让人身强体健。生命在于运动。对久坐的人来说，每天哪怕只活动一小会儿，也会降低与久坐不动有关的疾病的发病概率。身体是革命的本钱。有了健康的体魄，将来跋山涉水时才会更有后劲儿，梦想的翅膀才会更强劲有力。

运动让人快乐。快乐是运动的真谛。做健身操的快乐，在于舒筋活络，唤醒因久坐而快要睡着的身体；慢跑的快乐，在于呼吸新鲜空气，静下心来的同时还能欣赏沿途风景；打一场球的快乐，在于紧张刺激，体验大汗淋漓的痛快……同时，快乐可以传染，一个热爱运动的人也很容易将积极的情绪传染给其他人，大家共同分享快乐，传递健康理念，共同营造崇尚运动的氛围。

运动让生活充满阳光。热爱运动的人热爱生活。运动不仅给一个人带来身体上的改变，还有精神状态的改变，人们因此会变得更加自信、更加强大，从而遇到一个更好的自己，过上更有质量的生活。在我们身边，这样的例子比比皆是。在运动中获得的好心情、积蓄的正能量，也会在生活中继续保持，人们会用微笑对待身边的人和事，用健康向上的心态走好成长成才之路。

作为父母，"六一"儿童节不妨陪孩子运动，督促孩子运动，培养孩子热爱运动的良好习惯，让他们懂得积极运动、坚持运动，把自己身体练得棒棒的，以实现自己的梦想，为国家建设出力。

运动是最好的游戏。今天，你运动了吗？

点评：这篇新闻评论针对"六一"儿童节展开，主要通过3个分论点衬托中心论点，阐明运动的好处，并鼓励父母多陪孩子运动，是典型的新闻评论结构。

范例

5G商用将驱动创新驶上快车道

国内市场期盼已久的5G商用终于迈出了实质性的一步。

据新华社报道，工业和信息化部已明确表示，在各方共同努力下，我国5G已经具备商用基础。近期，工业和信息化部将发放5G商用牌照，这也标志着我国将正式进入5G商用元年。

5G网络是第五代移动通信网络的简称，是新一轮科技革命最具代表性的技术之一。与过去的四代网络技术相比，5G的优势体现在它有三大应用场景：增强型移动宽带、超可靠低时延和海量机器类通信。

也就是说，5G可以给用户带来更高的带宽速率、更低更可靠的时延和更大容量的网络连接。未来5G网络的传输速率可达10Gbit/s，这意味着手机用户在不到一秒的时间内即可完成一部高清电影的下载。

更令人向往的是，5G技术带来的不仅是网速的提升，还会将无线通信应用到更多的地方，如智慧城市、智能家居、无人机、增强现实、虚拟现实、物联网等。5G将给人们的生活带来更多的便利和乐趣。

也正因为如此，5G技术自产生之日起，就迅速成为全球科技竞争的重要领域。令人欣喜的是，在本轮科技竞争中，中国企业不仅没有落后，还后来居上，在许多方面已成为5G技术的领先者。据工业和信息化部的统计，在目前全部5G国际标准中，我国声明的标准必要专利占比已经超过了30%。

早在"十三五"规划中，我国政府将5G描述为一个"战略性新兴产业"和"增长的新领域"。2018年年底，中央经济工作会议又重新定义了基础设施建设，把5G、人工智能、工业互联网、物联网定义为"新型基础设施建设"，并将基础设施列为2019年重点工作任务之一。如今5G正式进入商用阶段，意味着相关基础设施及设备的大规模投资正式启动。

根据电信部门的估计，5G的投资约是4G的1.5倍，投资周期将达8年，总规模将超过1.2万亿元。2019年是5G主建设期，相关产业链涵盖基站系统、网络架构、终端设备、应用场景，无论是电信运营商，还是设备商，都将对5G网络部署进行大规模投资。同时，商用牌照发放后，第一批5G手机等终端也将获得权限进入市场，而这对内容服务商来说也是一个极大的利好。

大投入必将带来大产出。据工信部门预测，在产出方面，按照2019年实现5G商用开始计算，预计到2025年将带动直接产出3.3万亿，而到2030年直接产出更会增加到6.3万亿元。

此外，5G商用还将给经济社会带来数以万亿计的间接产出。这不仅将给经济持续发展带来强劲动力，还将成为拉动数以百万计的新就业、提高民众生活质量的巨大引擎。

目前，中国正处在经济发展方式由传统的要素驱动向创新驱动转变的关键时期。科学技术在稳增长、促民生方面的作用越来越突出，其对经济发展的贡献率已经超过了50%。

毫无疑问，5G的商用将使创新驱动的作用更加凸显出来，而且在5G商用的过程中，其本身还会引发新一轮的技术创新和应用发展，这将为我国经济结构转型升级和更高质量的发展奠定更加坚实的科技基础。

点评：这是一篇新京报社论，这篇文章就工业和信息化部将发放5G商用牌照一事展开论述，对5G技术、5G产业发展以及其将对中国经济产生的影响发表了看法。

4.4.5　网络新闻评论的管理

互联网的发展使增加了人们对新鲜资讯的需求，加之网络新闻编辑方便，评论门槛较低，信息开放性强、传播度广，使各种不同的言论都得到展现。而在利用网络新闻评论引导舆论的过程中，也存在着内容杂乱、管理困难等问题，如果不加规范地任由其紊乱无序地发展下去，会严重影响到社会的舆论环境，因此，要加强网络管理，对网络新闻评论进行严格有效的监管。下面介绍3种网络新闻评论的管理方法。

1. 专门管理机构的组织管理

网络新闻评论的监管并不轻松，随着互联网的发展壮大，国家也给予了重视。例如中共中央宣传部、国务院新闻办公室、工业和信息化部、文化和旅游部等多个国家部委的相互协作和配合，加强网络监管等，以协调、解决互联网的重大问题，制定具体的管理办法等。但也有某些评论表示：某个问题介入的职能部门越多，管理起来就越复杂，还可能会在一定程度上造成管理的漏洞和混乱，出现职能执行上的重叠或空白。因此组织并建立一个专门机构对网络进行统一管理是一项可行措施。

2. 建立规范的互联网法规和制度

网络环境的开放性，使人们可以自由发表言论，但这种过于开放的环境自然而然会形成一些弊端，例如部分新闻媒体偏离事实、虚假报道；部分受众信口开河、大放厥词或进行言语侮辱、网络暴力等。虽然很多新闻网站、平台针对言论设置了举报功能，但这类弊端并不能得到非常有效的管理，甚至部分受众还忽视了这样的权利。在国家相继出台了如

《互联网信息服务管理办法》《互联网电子公告服务管理规定》等多部互联网管理法规之后，虽然它们对提供网络信息服务进行了一系列的限制和规范，但是，行政性的规定难免显得单薄，网络言论的管理还涉及技术、内容等多个方面，因此针对这样的新闻评论环境可以考虑由一个权威部门牵头，针对当前网络新闻评论和言论现象形成相关立法。

3. 受众的自我管理

受众的自我管理是指受众进行自我约束，在网上进行讨论或发表意见时，能注重方法、方式和尺度。在网络新闻平台尤其是网络论坛中，受众才是真正的主角，可以说，网络评论的整个氛围，是由受众的整体素质决定的。没有受众的积极参与，网络评论将不再完整，论坛也将不再称为论坛。因此在网络评论的环境中，除了来自官方的网络监管之外，论坛管理者可以邀请论坛中人气旺、有水平、有管理能力的受众参与论坛的管理，或多展示一些文雅的、有道理的言论，这样也可以造就受众心里的"意见领袖"。这样既可以提高受众的参与积极性，还能营造良好的讨论氛围，有助于对新闻评论的管理。

随着互联网技术和网络媒体的迅猛发展，我国网络新闻评论的发展取得了有目共睹的成绩，但总体上看，仍处于起步阶段。进一步提高网络新闻评论的水平，是摆在我们面前的一项十分重要的任务。

 思考与练习

1. 阅读下面的材料，回答问题。

材料一：

我省代表委员、社会各界热议××先进事迹和公民道德建设

时代呼吁向善的力量

大葱10元两根

农产品价格何时不暴涨暴跌

材料二：

西班牙人欧联附加赛对手出炉　距离正赛只剩最后2场

两回合6∶0大胜卢塞恩，西班牙人成功晋级欧联杯附加赛，距离欧联杯正赛只剩下2场比赛，但是他们在附加赛的对手不容小视，那就是乌克兰球队索尔亚。

欧联杯资格赛第三轮，索尔亚两回合总比分2∶1淘汰保加利亚球队索菲亚中央陆军，成功晋级附加赛。在本赛季乌超联赛中，索尔亚2胜1平，位居联赛第2名，仅次传统豪门顿涅兹克矿工。

索尔亚自1923年创立以来，曾夺得苏联顶级联赛冠军一次、乌克兰顶级联赛冠军三次。本赛季是他们第五次参加欧战。

两场附加赛分别将在北京时间8月23日、30日凌晨进行。

（1）你认为"材料一"中的两个标题中，哪部分是实题？哪部分是虚题？

（2）如果将"材料二"中的新闻发送至网上，其是否满足发布的要求？

2．"医生收红包改做洗衣工"和"医生收'红包'罚做洗衣工"有何不同？

3．简述网络新闻标题的写作方法。

4．简述网络新闻的选稿标准。

5．简述网络新闻专题的分类。

6．简述可从哪些方面进行网络新闻专题的策划。

7．网络评论有哪些写作要求？说说你看到的网络新闻评论现状及对其改进的一些看法。

第5章
新媒体平台新闻编辑与传播

　　新媒体平台是现在受众接触最多的新闻传播渠道，新闻在不同的新媒体平台中表现出不同的写作特色。本章主要从手机新闻客户端、手机报和社交媒体平台3个方面入手，对新闻在新媒体平台不同方向的应用进行介绍，以帮助新闻编辑更好地利用新媒体平台进行新闻的编辑与传播。

5.1　手机新闻客户端

　　手机新闻客户端是近年来十分流行的一种新闻传播载体。它分流了传统媒体的受众和广告市场，配合多媒体技术和终端媒介，其内容丰富，可以定期推送、个性定制、传播分享，能实现新闻的个性化和专业化传播。下面对新闻客户端的发展基础、手机新闻传播情况、手机新闻客户端的内容运营和常见手机新闻客户端等知识进行介绍，帮助受众更深入地了解手机新闻客户端的相关知识。

5.1.1　手机新闻客户端的发展基础

　　随着新媒体新闻行业的发展，不少报刊、门户网站都开始着力抢占新闻市场，甚至有很多企业为寻找更多的盈利机会纷纷开发了手机新闻客户端，这导致手机新闻客户端市场迅速扩大，新闻资讯App大规模兴起并泛滥成为一种时代现象。图5-1所示为某品牌手机应用商店的手机新闻资讯App，而这一繁荣景象都是建立在以下3个方面的发展基础之上的。

图5-1｜手机新闻资讯App示例

1. 移动通信网络的建设

　　移动网络与无线局域网的建设为人们使用手机、下载手机App、实时接收和搜索信息提供了技术支撑。尤其是近几年移动通信技术的迅速发展，使移动通信模式不断发展。2013年底4G移动网络的诞生，实现了对无线宽带局域网模块、宽带接入模块、分布网络系统模块、移动宽带模块等的协调性应用。通过对4G技术模式的应用，移动通信摆脱了网络平台、无线服务时间的传统性束缚。同时，4G网络也是我国公路联网体系的重要组成部分，具备语音数据、文字数据、音像数据等的有效性传输性能，通过对多点通信技术的应用，实现网络应用模块、计算机应用模块、手机应用模块等的灵活性控制，提升了移动通信的整体效率。其良好的通信性能，能够满足受众多样化的生活需求。

另外，无线局域网（WLAN）的实现协议中，最为突出、应用最为广泛的无线保真技术——Wi-Fi提供了一种能够让各种终端都使用无线进行互联的技术，通过它，人们可以将手机、平板电脑和笔记本电脑连接到网络中，自主获取信息，十分方便。在我国，越来越多的家庭在使用这项技术，这也导致我国的网民数量越来越多，促进了新闻客户端的发展。

2. 智能手机的普及

智能手机中的应用市场可以说是各类App的聚集地，新闻客户端也可看作手机App，其发展壮大受智能手机市场的影响很大。可以说智能手机的发展情况直接决定了新闻客户端的市场发展。据智研咨询统计，移动互联网自2011年起快速崛起，截至2017年我国移动网络经济营收规模已达10487.8亿元，较2011年扩大88.43倍。对应地，我国智能手机出货量从2011年的0.91亿台增加至2017年的4.44亿台。我国智能手机用户数量位居全球第一，这也为新闻客户端的发展奠定了用户基础。

3. 受众的阅读需求

受众需求永远是一项产业发展的根基，新闻客户端有受众，才能真正在市场立足。新闻篇幅短小，能随时随地提供受众感兴趣的新鲜信息，且新闻客户端能定向推送、个性定制、社交互动，并集合众多类型的新闻，这无疑大大刺激并满足了受众的阅读需求。

5.1.2 手机新闻传播情况

手机新闻传播是新闻媒体发展过程中的重要表现形式，人们通过手机新闻平台，发表自己对于社会发展和社会问题的意见、看法。手机新闻传播呈现以下3种情况，下面分别进行介绍。

1. 与受众联系更紧密

利用手机，受众可以在阅读完信息之后，及时通过手机页面提供的评论、留言功能与媒体平台进行互动，这使新闻在传播过程中的互动性得到增强。

2. 传播快捷方便

利用新闻页面的分享按钮，受众可以将该新闻一键分享到微博、QQ、微信等社交平台上，还可通过二维码、网页链接等直接粘贴给好友，完成受众之间的二次或多次传播，形成快速裂变式传播，如图5-2所示。手机新闻的传播营销也已成为新闻媒体在新媒体网络时代的重要手段。

3. 内容软处理

通过观察可发现，现在的手机新闻在标题和内容上都存在软处理的情况，即改变了以往统一化的写作模式，在新闻标题上，开始采取更加亲和、接地气的写作方法，选用更吸睛的标题；在内容创作上，开始注重新闻价值中的趣味性，将硬新闻软处理或进行"软硬"搭配，使新闻内容更具可读性，更符合受众的阅读口味。例如某篇新闻稿件的编辑在描述一个企业发展壮大的过程时，他认为直接介绍企业经验的做法缺乏吸引力，于是在发现该企业带动其他企业为其加工零配件后，便拟写了名为《有个龙头厂带出百位百万富翁》的风趣标题，凭借独特的处理获得了当年的优秀作品奖。

图5-2 | 一键分享

5.1.3 手机新闻客户端的内容运营

内容运营是手机新闻客户端运行的一种重要方式，如果手机新闻客户端能获得传统媒体的优势资源，实现新旧媒体的资源共享、优势互补，打造出内容定位精准、应用技术超前、功能齐全的聚合性新闻客户端，就能在当前激烈的竞争中占据优势。手机新闻客户端的内容运营主要有以下3种方式。

1. 运用自身内容资源

大多数手机新闻客户端都有自己的门户网站，有传统媒体基础，因此其新闻客户端依靠自身的媒体优势就可以获取很多新鲜热门的新闻报道。例如纸媒开发的手机新闻客户端或商业互联网门户网站等，它们有的可以直接凭借其平台中的海量资讯为手机用户推送新闻，有的手机新闻客户端则可以直接使用纸版内容或整合同一集团下的报纸资源，例如人民网的《人民日报》，其自身媒体资源就足够支撑其客户端运行。

2. 新闻"订阅"模式

完全依靠自身媒体实力打造内容的手机新闻客户端并不多见，很多手机新闻客户端会邀请其他媒体入驻，以实现资源整合和优势互补。而在手机新闻客户端内，通过"订阅"功能，手机用户可以自主订阅该终端内的任何媒体，及时获得自己中意的新闻。对于该手机新闻客户端来说，其他新闻媒体、自媒体的加入会使自身内容更加丰富全面，更容易吸引并留下手机用户。对于其他合作媒体来说，这就是能帮助其传播新闻的新媒体渠道，是一种互赢的合作方式。例如，搜狐新闻客户端作为业内第一家开展订阅平台模式的移动新媒体产品，在当年总订阅量超过1.4亿，日浏览量突破1.2亿，并成为国内同行中首个用户数过亿的新闻客户端；网易新闻客户端等则通过"全媒体+订阅+产品"模式，将阅读与购物、游戏融为一体，包罗万象。单一的新闻信息的获取不再是新闻客户端的唯一功能，打造多元信息、整合资源是现在新闻客户端的重要发展方向。

3. 设置内容来源

不同的手机新闻客户端会通过不同的方法来规划其内容，以此进行内容生产。根据内容来源的不同可选择不同的方法来生产新闻内容，主要有以下3种。

- ◆**AAC：**指通过搜索引擎来获得受众喜爱的新闻内容，将全网的新闻抓取之后用算法为受众做个性推荐，例如百度新闻、今日头条。个性化推荐是新闻客户端发展的大趋势，因此虽然数据算法还不够完善，但AAC依然是现在手机新闻客户端内容运营的重要手段。

- ◆**PGC：**指靠专业人士产生内容，这是非常常见也非常普遍的一种内容生产方式，它由专业人员进行信息的把关，其所属新闻客户端可以自己不生产内容，只做移动端的内容聚合，例如ZAKER；也可以自己生产内容，不做聚合，凭借门户网站资源在移动客户端提供优质的内容过滤服务，如网易、搜狐、腾讯新闻客户端。

- ◆**UCG：**指用户生产内容，由手机新闻客户端平台提供阅读集成工具，用户自己去收集、整合信息。但由于受众习惯于被动接收信息，新闻方面的UCG还未做大、做强。

5.1.4 常见手机新闻客户端

现在市场上有很多的手机新闻客户端，如搜狐、新浪、网易等门户网站开发的手机新闻客户端，专业新闻网站如凤凰网、中新网等推出的手机新闻客户端，传统媒体如《南方都市报》《光明日报》打造的新闻客户端，还有其他垂直媒体或聚合媒体类的手机新闻客户端也占据了移动新闻市场的一席之地。这些手机新闻客户端的发展状况和内容模式都不尽相同，下面简单介绍3个常见的手机新闻客户端。

1. 网易手机新闻客户端

手机新闻客户端的竞争一直很激烈，网络新闻的移动化是必然态势，网易手机新闻客户端是2011年门户网站网易针对自身内容特色开发的手机新闻资讯客户端，具有题材丰富、结构清晰、内容快速精致、交互自然流畅等特点，覆盖iOS、Android、Symbian、WP等主流平台。在2014年第一季度，网易手机新闻客户端、腾讯手机新闻客户端和搜狐手机新闻客户端的用户使用时长居于前三，其中网易手机新闻客户端在日均覆盖人数占比金额、日均使用总次数等多项指标中领先。

> 小提示
>
> 网易新闻、搜狐新闻和腾讯新闻同属互联网门户手机新闻客户端，三者都基于PC端累积的品牌影响力，通过"新闻＋订阅"模式构筑移动媒体平台，吸引传统媒体、出版商进驻，后又逐渐引入了视频、电商等网站内容，三者的新闻内容以常见的图文和音视频形式为主。

网易手机新闻客户端自上线以来，始终以其专业、全面的新闻报道为受众提供24小时资讯服务，它是第一个精品阅读App，也是第一个推出置顶跟帖、改字体、夜间阅读和离线下载功能的移动应用，同时也是第一个完美适配Apple Watch、设置活动广场并实现原生广告商业化的中文手机新闻客户端。

网易新闻的一大特色就是网易跟帖，"无跟帖 不新闻"是网易手机新闻客户端的推广语，其跟帖的互动方式，以及涵盖科技、财经、娱乐等领域的丰富的新闻内容使其广受欢迎。而其态度截屏功能（受众截图新闻内容并添加自己的看法分享到第三方平台）是网易新闻将产品定位为"有态度的新闻门户"的体现。网易新闻更加注重新闻本身，致力于打造专属阅读节奏，同时扩大产品影响力、曝光度。同时其原创内容丰富，包括"每日轻松一刻""易百科""数独""今日环球侃客""历史七日谈""娱乐Big Bang""今日之声"等40余档原创栏目，其中王牌栏目"每日轻松一刻"每篇跟帖量都达到万条以上。这些栏目推出之后深受受众喜爱，也一直是其他手机新闻客户端的模仿对象。网易新闻在专题策划、内容生产上的创新等也获得了广大受众及业内人士的肯定。据百度百科统计，网易新闻仅2016年便得到媒体以及行业伙伴颁发的18项大奖。

> 小提示
>
> 网易手机新闻客户端突出的网络跟帖功能可以有效引导受众使用和互动，增加更多UGC内容。

2. 今日头条

今日头条由北京字节跳动科技有限公司于2012年创建，可以说是聚合类手机新闻客户端的典型代表。截至2016年10月底，今日头条激活用户已超过6亿，月活跃用户数超过1.4亿，日活跃用户超过6600万，单用户日均使用时长超过76分钟，日均启动次数约9次。另外，截至2016年11月底，已有超过39万个个人、组织开设头条号。其用户体量非常庞大，用户增长也进入了缓冲区。

今日头条作为一款以大数据算法为基础的引擎产品，在用户体验与"个性"上得到了极致的体现，它根据每个用户的兴趣、位置等多维度信息进行信息的个性化推荐，例如用户在使用第三方账户登录时，今日头条可根据第三方账户的社交信息，在5秒钟内计算出用户兴趣，同时根据用户使用过程中的行为再次优化，10秒内更新用户模型。若直接注册登录今日头条，则其通过位置定位，为用户提供本地新闻资讯，或根据用户年龄、性别、职业、兴趣等特征，自动计算并推荐用户感兴趣的资讯。今日头条利用大数据的独特优势，在短时间内为自己赢得了大量的用户，并且利用个性化推荐留住了用户，在资讯类App市场中占有一席之地。

3. 百度手机新闻客户端

因为百度是国内数一数二的搜索引擎，百度新闻也获得了受众的关注，百度手机新闻客户端也属于聚合类新闻，它依托于中文新闻搜索平台，从上千个新闻源中收集并筛选新闻报道，聚合传统媒体、门户网站、微信公众号、报纸电子版、PC页面资讯等，搭载覆盖全网推出的语音播报资讯功能，可以为受众提供丰富全面的信息与个性化服务，并最大限度地解放人们的双眼和双手。其语音功能在国内尚属首例，百度手机新闻客户端的语音播报可实现当日最新新闻资讯的自动按照顺序播报功能，且不花费太多的手机流量。这也展示出了百度新闻领先的技术实力、广泛的场景适用性和资讯播报的即时性。

百度手机新闻客户端与今日头条一样，都以网络中已经存在的新闻内容为主要新闻源，通过整合相关新闻内容，为用户推荐有价值的新闻信息，其内容涵盖了国内、国际、军事、社会、财经、体育、娱乐等。它还提供全国所有地级市的本地新闻，不仅有新鲜资讯，还包含众多的互联网新闻站点，其独特的卡片式设计还能为受众精选推荐新闻。

 # 5.2 手机报

手机报又称为"拇指媒体""第五媒体"，指依托于手机媒介，由报纸、移动运营商和网络运营商联手搭建的信息传播平台，是一种受众可以通过手机浏览当天发生的新闻的信息传播业务。手机报主要有3种形态，一是Wap网站浏览，即受众通过手机终端浏览Wap网站来获取报纸内容资讯；二是彩信手机报；三是短信手机报。本节主要介绍后两种手机报的写作。

小提示　在以手机报的运营类型为划分方式的说法中，也将手机新闻客户端划到手机报的范畴，但本书将两者分开叙述。

5.2.1　手机报的发展现状

传统媒体在数字化、新媒体化之初，手机报作为传统媒体改革的新产物，很快就占领了用户市场。然而随着智能手机和4G网络的大范围普及、手机通信功能的弱化、媒体属性的增强以及5G网络的到来，手机报的处境越来越尴尬，各类手机新闻客户端、自媒体账号进入了人们的视野并获得了受众喜爱。

早在2000年，中国移动就推出了将GSM网络与Internet网络沟通融合的Wap业务，在移动通信与互联网之间架起了一座应用平台。彩信、IVR、Wap等技术实现了图文并茂和声像共现的信息需求。同时，手机的逐渐普及和用户量的激增也为手机报增添了更多的潜在消费者，再加上人们对信息产品多元化、个性化的需求，刺激了手机报的产生。

2004年，《中国妇女报》彩信版打开了手机报的先河。之后，重庆移动和重庆商报合作推出了手机报《重庆商报随身看》。随后，浙江和广东两地的移动公司与报业集团合作，将手机报推向了高潮。彩信版和短信版手机报实现了受众对新闻随身携带和随时随地阅读的需求，一定程度上弥补了传统报纸在传播特性上的劣势。从2004年开始，手机报迅速发展，截至2007年5月，手机报订阅用户就达到了1000万。但由于受手机屏幕尺寸和存储容量的限制，加上手机报本身只是对纸媒内容的平移，没有创新和互动，手机报的发展逐渐进入了瓶颈期。

手机报在发展上面临一定的困境，相比于更有发展前景、阅读自由度高、成本更低的微博、微信，手机报需要支付一定的资费，对于某些受众来说则无法接受，且不同报纸的手机报之间也存在着栏目设置雷同和内容同质化的问题。内容上缺乏优势使手机报很难吸引用户定期浏览或下载。例如《河北日报》在2009年开通手机报之后，五年后其手机报付费订阅用户基本仅维持在130万左右。在微信、微博平台更具发展前景的大环境下，手机报要发展，则需挖掘老用户的需求，维护老用户的订阅。此外，也要寻求机会吸引更多的新用户群体，让受众心甘情愿地订阅手机报。

另一方面，手机报并不能充分地利用和发挥出互联网在时效性、信息量、多媒体技术和互动方面的优势。手机报的信息虽然能在一天中完成多次更新，但与门户网站的信息量和传播速度等相比还是有差距。且其内容基本来自于传统报纸和某些网络新闻，总的来说其多媒体传播优势没有得到充分发挥，其互动性在比较之下也更低。这也影响了手机报的长期发展。

手机报虽然式微，但其在当前的新闻市场中仍占有一席之地，手机报基于移动通信技术和移动互联网技术可一键发布，不仅成本较低，并且快速、精准，接收便捷，覆盖广泛，新闻资讯可以直达用户终端，且直达率非常高。同时，其订阅费用较低，虽然智能终端和移动互联网的普及使手机报的受众更加分散，但使用微博、今日头条等应用每月耗费的流量资费较多，对价格敏感的受众会选择手机报浏览新闻，且这些受众的用户黏性较高。

▌5.2.2　手机报的现实意义

手机报作为传统媒体利润链条的延伸，呈现了传统新闻传播进入新技术领域的新业态，新闻在这一领域的发展具有重要的社会意义。

1．适应互联网发展的需要

手机报与手机新闻客户端和其他新媒体网络平台一样，都是移动互联网的手机新闻资讯端口，是在互联网发展基础之上的新闻传播形式。手机报节约了印刷、发行等方面的消耗，其信息处理和发布方式更契合网络发展的需要。

2．对舆论、宣传有积极作用

对重大事件如地震、山洪、台风等消息，手机报可以在交通瘫痪、电力受阻的情况下打破空间地理的限制，将最新消息、新鲜时事以短信、彩信的方式快速送达受众，而无须受众花费更多的时间精力。而且手机报能充分互动，它在及时传达信息的过程中，不仅能提高受众对重大事件的关注度，还能获得受众的反馈，加强双方的沟通。

另外，当有危害公共安全的事件发生后，有受众可能存在过激行为，这时手机报直接触达受众最终端口的特性能更好地宣传正确的爱国主义和社会主义核心价值观。

3．具有"信息管家"的职能

不少手机报都是由党报集团创办的，相比网络真假难辨的信息，手机报的信息把控更加严格，个性化、针对性强，它可以针对不同地域的受众推送信息，这在管理上来说更到位，手机报承担着"信息管家"的作用。

4．能在国家建设中发挥重要作用

手机报中有不少涉及社会情况、人民生活、服务资讯的内容，包括党报、政府发布的民生宣传报等，这让手机报能服务于大局。尤其是与网络运营商的合作，使手机报的覆盖范围更广、消息接收更方便，其对国家某些政策、方针的宣传也更有力。例如，中国联通有限公司甘肃分公司积极响应建设社会主义新农村的号召，开发惠及"三农"的特色信息化业务，推出新农村手机报业务，将通信服务与农村生产经营融为一体，满足在社会主义新农村建设中广大农民对各种信息的需求。

▌5.2.3　手机报的编辑策略

手机报相对于传统媒体，具有成本低廉、传播快速、时效强、随时随地接收等特点，如何更好地呈现手机报的内容，满足受众手机阅读的需求是手机报编辑应着重关注的话题。在手机报的编辑中，新闻编辑可以采取以下策略。

1. 文本内容饱满精练

手机屏幕有限、手机字号较小，且手机受众习惯于碎片化阅读和快速浏览，阅读稍长的文章就会失去耐心，感到疲劳，因此手机报要尽量少用长句，内容要简短简练，在"一屏"内显示。手机报新闻编辑最好以精简、亮点、角度、整合为立足点去组织文字，整理好之后形成一篇完整的手机报。

> 手机报要求篇幅短小，一般要求呈现在用户面前的单篇短信或彩信手机报总长不超过一屏的长度，但手机显示页面受手机机身长度的影响，一般一屏以不超过 1000 个字符为宜。因此手机报内容选取十分重要，编辑不能直接剪裁报纸的内容，而是需要仔细推敲。一份完整的手机报，如早报或晚报等，总长应在 13 屏左右。

2. 善用链接

智能手机普及后，手机报得到了有效发展，但由于手机报能呈现的内容有限、方式不同，因此很多手机报会在提炼出的内容之后附上全文链接，受众遇到自己感兴趣的内容，可直接点击链接，跳转到原文界面，阅读文章的全部内容。四川手机报就是采取这样的方式，如图5-3所示。

图5-3｜善用链接

> 这类手机报属于短信手机报的形式，其手机报订阅用户可通过访问手机报的网页来在线浏览信息。这也是手机报的商业模式之一。手机报可以通过 Wap 技术访问互联网，也可以通过短信、预先植入、语音、视频等方式提供广告业务。

3. 标题要有感染力

手机报的标题在吸引受众阅读的功能上具有与传统媒体同样的功效，不少新闻媒体在编辑手机报时都会保留标题，以充当导读的作用，吸引受众的眼球。很多受众也通过标题来筛选手机报中是否有自己感兴趣的内容。例如新华手机报就保留了标题，且在正文中用"-------"将其与标题隔开。

范例

早堵晚堵已是"浮云" 成都又兴起"周末堵"

—————————

早晚高峰堵车都已成"浮云"，现在成都又开始流行起"周末堵"。记者调查发现，成都中心商圈和城郊休闲区域进城方向每逢周末车满为患。万达广场2 000个车位不够用，三圣花乡10分钟挪动一百米……交警称，盐市口东大街、青石桥一带违法占道停车非常严重，城中心不良出行习惯造堵。此外，成都每天1 500辆新车上牌已成常态，市民周六日举家出行，购物休闲也已成习惯，但道路特别是中心城区的道路增长却极其有限。交警建议中心城区少开车出游，私家车错时回城。

点评：标题中使用网络语言"浮云"，增加了新闻的亲切感，让一条交通堵塞的新闻富有可读性，同时标题通过另一个名词"周末堵"来吸引受众产生进一步阅读正文内容的欲望。

部分手机报标题有时也会直接借鉴源新闻的原标题，或直接加工标题来充当手机报的内容，以此为"眼"，吸引受众阅读，这也是手机报的一种编辑形式。当然这样的手机报要具有足够的吸引力，且这样的标题主题必须更加明确、具有特色。

图5-4所示的手机报就是直接用标题附链接作为手机报的内容，虽然简单，但其话题正是全民关注的高考，因此其内容既贴合新闻信息，又有足够的吸引力。

四川手机报：2019四川高考试题和答案公布（完整版）！点这儿看答案估分

周日11:50

图5-4｜标题加工的手机报

4. 导读的制作

手机报以手机为承载对象，其排版要注意小屏阅读体验，尽量在一屏中呈现信息的同时突出重点，因此手机报新闻编辑要对信息进行简短化处理。例如以排序的方式或菜单的方式呈现主要新闻事实，以发挥出手机报的导读功能，让受众快速了解主要新闻事实，其内容编辑方式类似于简短新闻，如图5-5所示。要注意的是，在文末可以添加原文链接、该媒体的门户网站链接或微信媒体账号等，这也是一种很好的引流方法。

5. 加强互动策划

手机报与传统媒体相比，拥有更为快捷的反馈模式，各大手机报均开设了互动栏目接收受众的反馈。以新华手机报为例，它专门为受众开设了互动短信平台，以方便新闻编辑与受众进行直接的交流。手机报每天选取重大或趣味性的话题，简要介绍新闻事件，用部分已有观点引出受众的观点，并紧跟其后选登前一日的受众观点。手机报新闻编辑在编排的过程中一定要重视互动话题的选择，要选取受众感兴趣的话题、有话可说的话题、正反可能对立的话题；在选登的观点中也要注意地区的平衡，如四川新华手机报的订阅用户包括四川各个市县的受众，因此手机报的选择必须各方兼顾，照顾所有受众。

6. 提供多元化媒体内容

随着手机生产技术的不断进步，其兼容信息的能力日益增强，文字、音频、视频等形式的新闻均可在手机上兼容呈现。因此手机报新闻编辑在编辑过程中也要关注这方面的内容，尽量实现多种形态的新闻，增加新闻的多样性和新鲜感。手机报可以提供彩信、链接等来弥补文字信息的单一性。以新华手机报为例，它虽然未实现音频和视频的传播，但其手机报会选取图片，包括头条和两幅插图，在技术允许的范围之内尽可能多地满足受众的视觉感官需求。而随着技术的不断进步，多媒体传播也将成为手机报发展的必然趋势。

图5-5 | 导读式手机报

7. 加强服务信息的发送

在当地新闻手机报的编辑中，可以设天气、优惠政策、交通动向、行业态势、旅游相关等服务类信息，为受众提供切实的、实实在在的服务，这一方面凸显了手机媒体的责任所在，另一方面，则更能满足受众生活的需要，这对当地居民来说十分有用，对其生活也能起到一定的帮助作用。

 ## 5.3 社交媒体平台的新闻编辑

社交媒体平台因其包容度高、受众多、互动强成了新媒体新闻内容创作的重要阵地，这也是新闻编辑孕育新媒体内容的重要领域。下面对新闻媒体和政务新媒体在微信、微博等新媒体平台上的新闻编辑方法进行介绍。

5.3.1 新闻媒体的微信推文

新闻媒体在微信平台一般不止推送一篇报道，多数情况下是多图文联合推送。其内容也不单是社会事件、新鲜时事的报道，有时会夹杂一些科普性和趣味性较强的文章，甚至是情感文章或广告，当然，这些文章都要达到新闻"新"的要求。下面对新闻媒体的微信推文进行介绍。

1. 微信推文的形式

微信推文一般通过微信公众号实现，微信公众号分为服务号与订阅号。服务号面向企业或组织机构，如媒体、企业、政府和其他组织，它偏向于服务交互，每月可群发4条消息；订阅号则面向任何组织机构和个人，偏向于向用户传达资讯，每天可群发1条消息。目前，使用订阅号的公众号数量更多，且更为活跃。微信公众号的推文分为多图文与单图文，如图5-6和图5-7所示。一般情况下，单图文显示区域的大小约为多图文大小的4倍，其内容主要有封面图片、标题和摘要，点击任何一部分即可查看全文，具有一目了然的效果。多图文由于文章数量更多，基本仅显示文章标题与封面缩略图。

图5-6 | 多图文推文

图5-7 | 单图文文案

微信推文的摘要就是其封面图片下面的一段引导性文字。在手机屏幕范围内，它可以快速帮助用户了解文章的主要内容，或提出具有吸引性的问题，吸引用户点击，增加文章点击量和阅读量。

单图文推文与多图文推文的区别在于单图文推文一次只能发布一篇推文，但可以添加并显示摘要；而多图文可以一次性发布最多8篇推文，不显示摘要。但若某篇多图文推文设置了摘要，那么在被单独分享给其他受众之后，也会显示出摘要。在一般情况下，某些单图文推文也可根据需要不设置摘要，这样新闻的标题可以更长，排成两行，可使新闻图文展示更清晰、美观，如图5-8所示。

图5-8｜无摘要单图文推文

　　微信推文的写作方法与普通的新闻类似，第一段为导语，直接叙述主要事实，且多图文形式的推文更多，因此很多新闻编辑并未设置摘要。当然，恰当设置摘要，可增强推文的吸引力。推文摘要的字数约为50字，字数不宜太多。摘要的内容要根据标题和文章主题拟定。若是知识性、情感性推文，则可将正文中的名言、能体现主题思想的句子或评价感悟等设为摘要，紧扣推文主题。图5-9所示的人民网微信公众号发表的推文则为此类范例。

图5-9｜设置摘要

2. 微信推文的内容

　　微信推文的内容包括微信新闻标题和微信新闻正文等，下面分别进行介绍。

（1）微信新闻标题

　　微信新闻标题在写作风格上和微信软文有相似之处，既可严肃简练，又可活泼俏皮，其标题写作皆可以采用前面章节已介绍过的写作方法，同时也有一定的发挥空间。如下所示为微信新闻标题写作的一些技巧。

◆**使用数字：**数字给人一种理性思考的感觉，在标题中使用数字可以增加事情的可信度，符合新闻事件对细节和真实的要求，示例如下。

突发！河源一大桥今日凌晨突然坍塌，2车落水，救起1人

11岁女孩挑战8分钟编程，获支付宝青睐！会写代码的孩子，真的太"可怕"！

【荐读】10个坏习惯，榨干年轻人：脱发那都不是事儿……

◆**使用话题热词：**话题热词是指受众讨论得多、也容易引起受众关注与传播的词语。在标题中使用话题热词也容易让受众产生亲近感。话题词汇和网络流行热词有很多，不少新闻在进行多图文推文写作时也常以此为主题或将其融入标题中，例如《南方都市报》的"天啦噜！众网友晒女生的床，太真实了"。

◆**营造悬疑感：**营造悬疑感是指用一些似是而非（不带低俗、惊恐、色情色彩）的话，给受众留下想象的空间。例如《南方都市报》的"是你吗"，只看标题很难准确揣测推文主题，点击查看后发现，该推文是对当代年轻人睡眠现象的生动有趣的介绍，并借此引导受众领取淘宝"6·18"活动的南都专场红包。

（2）微信新闻正文

微信新闻正文的写法与网络新闻、新媒体新闻的写法基本一致，也与传统媒体新闻的写法大致相当。一般来说，在报道常规新闻事件时，多采用倒金字塔式写法，先写重要的，再写次要的，这里不多做讲解。微信新闻由于需要受众事先订阅才能得到有效推送，因此微信账号的引流是较为重要的。

受众查看未订阅的信息主要有两种方式，一是通过朋友的分享链接，二是通过其他网站渠道跳转。而要想吸引受众订阅，增加订阅用户数量，新闻媒体需得做到内容为上，以优质内容打造自己的口碑，从而获得更多黏性用户。通过对某些主流新闻媒体的观察，可以看出其微信推文大致分为以下4种类型。

◆**新鲜时事：**这是微信推文的主打内容，新闻本身以向受众传递新鲜时政资讯为主，作为其主打职能，这部分内容在微信推文中最为常见。

◆**合作推文：**新闻媒体也是有业务需求的，因此新闻媒体也常与和其他企业合作进行文章推送。如图5-10所示，该推文图文搭配，以条漫的形式呈现，并不生硬，能吸引受众深入阅读。

◆**知识性推文：**新闻媒体在推送新鲜时事的过程中，也会写作科普性、知识性推文，为受众"扫盲"，凸显作为一个公众媒体的教化和引导作用，如图5-11所示。

◆**专栏推文：**专栏推文的类型多种多样，可为用户提供更多的新闻内容，这体现在微信公众号的菜单栏中，例如《人民日报》微信公众号的"荐读""夜读"栏目，《中国日报》微信公众号中的"双语新闻""核心解读""外媒说"栏目等，如图5-12所示。

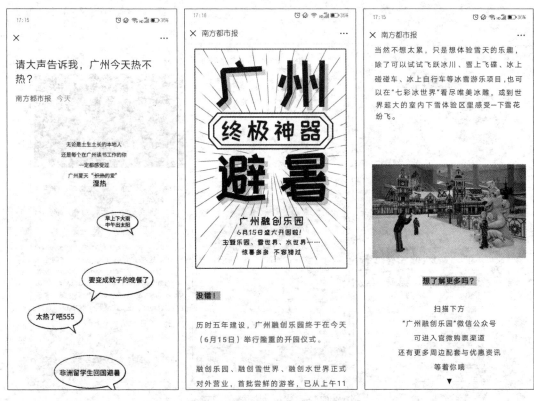

图5-10 | 合作推文

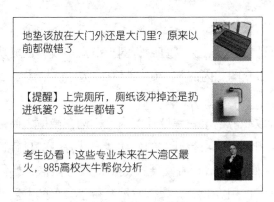

图5-11 | 知识性推文

图5-12 | 专栏推文

　　有些微信中的新闻媒体为了吸引受众并增加互动，在新闻正文中会附带"福利"，帮助其在众多新闻媒体账号中脱颖而出，成为被"关注"对象。如图5-13所示的《南方都市报》，其本身就是颇具影响力的新闻媒体，在进入到微信平台之后，其有意在新闻正文中增加赠书福利，以"诱惑"受众留言互动，这既不显得低俗，又能吸引受众互动，增进对受众的了解，有效增加用户黏性。

图5-13 | 带福利的微信推文

▌5.3.2 政务新媒体的消息报送

现在，不少政务部门在新媒体快速发展的前提下，为认真践行网上群众路线，已成功入驻到新媒体平台，打入年轻人和广大人民群众的"内部"，构架起双向沟通的桥梁。

1. 政务新媒体概述

政务新媒体是指各级行政机关、承担行政职能的事业单位及其内设机构在微博、微信等第三方平台上开设的政务账号或开发的应用，以及自行开发的移动客户端等。2011年，政府和公共机构开始大量使用微博，政务新媒体开始有所发展；次年，政务微信开始出现。到了2014年，政务移动客户端被大量开发使用，政务新媒体发展获得了显著的发展效果。截至2017年12月，全国政务微博突破17万，腾讯认证的政务微信也超过51.4万，政务新媒体账号推送的消息也成了受众信息接收不可或缺的一部分。

当前，政务新媒体已然成为关乎我国互联网舆论格局与走向的重要环节，政务新媒体众多，例如四川省成都市的政务媒体就包含"先锋成都""天府发布""成都共青团""成都地铁""成都旅游官微""品质崇州""给力都江堰""法治成都""清廉蓉城"等，许多政务新媒体十分注重其在互联网平台上的内容发布，致力于扩大宣传和塑造形象。

2. 政务新媒体的典型案例

在政务新媒体中，"共青团中央"是比较典型的受用户喜爱的政务新媒体。党中央十八大提出的"青年在哪里，团组织就建在哪里；青年有什么样的需求，团组织就要开展有针对性的工作，努力使团组织成为联系和服务青年的坚强堡垒"工作要求，就持续贯彻以拓展新平台、占领互联网舆论环境为主的新媒体思想，利用互联网平台与年轻人形成良好交流。

"共青团中央"除了入驻微博、微信，还在众多年轻人喜爱的各类新媒体平台上建立自己的账号，例如B站（哔哩哔哩弹幕网）、抖音、知乎等。

"共青团中央"微博于2013年12月27日开设，截至2019年6月18日，共有粉丝921万，发送微博29691条，日均发送微博数量达10条以上。即便其发布微博数量多且频繁，但每条微博都有成百上千的转、赞、评，对一个信息更新快、分流特征明显的媒体平台来说，这也是不可小觑的成绩。"共青团中央"的微博关注账号共有1439个，根据人民网研究院提供的相关资料可知，其关注对象主要是政务类微博、媒体微博、个人"大V"，工作室、兴趣主页和行业官微。根据CNNIC第39次数据统计报告可知，"共青团中央"微博账号的受众主要集中在10~39岁年龄段，其中20~28岁年龄段的人群在该微博上最活跃，"共青团中央"发布的内容多为科普知识、时事热点、转发内容、正能量类、中国力量、轻松时刻、历史回顾等。

在B站，"共青团中央"开设了"青年学党史""青年公开课""团团直播间""青春25小时"和"出彩90后"等多个栏目，发布关于国际政治、时代精神等方面的内容。在知乎，"共青团中央"通过其独特的问题形式，截至2019年6月18日16:00，发表了231篇文章，回答了347条问题，在这样一个聚集了不少渴望吸收知识、了解知识的全民知识内容平台中，它在社会话题、政治文化、大众文化、思想引领、青少年教育等方面都发表了自己的见解。在这些不同的平台，"共青团中央"都获得了大量受众的关注、好评和互动。

"共青团中央"昵称为"团团"，这样亲切的称呼在网友的留言评论经常能见到，这个昵称赋予了该政务媒体账号人格化的特征，让人觉得更亲切，容易产生亲近感。它在各种话题舆论中"正"向的发言和表现更是为这个账号增加了有血有肉的色彩，获得了很多年轻用户的喜爱，使其在政务新媒体中成为一个不容忽视的存在。

3. 政务新媒体的消息推送要求

政务新媒体代表该政务机关在受众面前的形象，在传播党和政府声音、进行政策解读、回应公众关切等方面发挥了积极作用。对于政务机关而言，其在消息推送方面，需满足以下要求。

（1）传播"政"能量

政务新媒体本就与"政"挂钩，带有行政性质，因此在微信推文中理当对政策、战略、方针等进行宣传与追踪，且政务机关身兼"发声"和"服务"责任，更应聚焦时政热点要闻，随时向受众传递地区发展新动向。

> 政务新媒体与受众的沟通十分重要，国务院办公厅印发的《2017年政务公开工作要点》就在信息公开、政策解读、回应关切、制度机制建设、公众参与等方面提出了新思路、新要求。因此政务机构的政民互动一定要畅通，政务新媒体要为受众提供留言评论、征集调查、咨询投诉和即时通信等功能，并及时给出回复与反馈，不断提升答问效率和互动质量，引导受众依法参与工作管理。做好政务新媒体，才能有效扩大信息张力，提高政府"网络问政"的工作效率，促进政务新媒体健康运行。

（2）创新内容

政务新媒体作为官方媒体，要和广大受众打成一片，要接地气、聚人气。因此对涉及面广、社会关注度高、实施难度大、专业性强的政策文件，要制作成便于受众知晓理解、便于移动端传播的解读产品，积极运用多媒体技术，如视频、直播、图解、问答等受众喜闻乐见的方式，通过政务新媒体进行发布，增强政策解读效果。

同时，在栏目和内容创作上也要有所创新，政务新媒体账号的内容编辑可以根据地区特色去构思内容，进行创意策划、美编设计等，形成能代表当地人文特色的原创栏目。例如安徽"巢湖发布"微信公众号凭借其原创、首发的内容编辑原则，推出了不少诸如"舌尖上的巢湖""巢湖'最美教师'""成语中的巢湖""巢湖优秀人才专访"等原创栏目，成为安徽省2016年"县区优秀政务微信公众号"，连续两年被评为"合肥年度影响力政务微信"。

（3）紧扣地方

政务新媒体的针对性、现实性和地域性特征明显，一般是对当地实际情况的采访，因此在政务新媒体的推文中，一定要落实对当地情况的介绍，将本地、本账号情况作为最大、最基础的报道对象，例如"成都服务"这个政务新媒体账号以成都作为报道对象，"天府政务"则以成都天府新区相关消息作为报道内容，如图5-14所示。

（4）做好警情通报

在政务新媒体的推文中，关于（本）地域、（本）社会的社情、警情通报是具有一定阅读量的，尤其是政务机关的微信公众号，其受众的针对性更强，基本上一个政务机关的微信公众号针对的就是一个领域内的受众，因此受众会格外关注本地区发生的重大事件，如灾害预防、抗灾防灾等。浙江舆情网在2016年11月14日发布了一篇针对浙江公安政务微信推文

的分析，调查发现，在多个政务微信推文中，阅读、点赞等综合排名第一的是警情通报类推文。这类推文均能获得较高关注，同时还能在宣传抗灾防灾方面做出贡献。

图5-14 | "成都服务"和"天府服务"微信推文

 小提示　作为政务新媒体，在推送文章的同时也要注重新媒体新闻账号的内部功能设置，尽可能地为受众提供便捷服务，提升受众体验。利用新媒体平台相关功能，尤其是微信、微博界面底部菜单中的菜单栏，可以为受众分门别类地设置不同的栏目菜单，提供更便捷、更细化、更深度的服务。

5.3.3　微博媒体账号编辑运营

微博（Weibo）是微型博客（MicroBlog）的简称，是一个基于社交关系进行简短信息的获取、分享与传播的广播式社交网络平台，属于博客的一种。目前的主流微博平台主要是新浪微博，它作为当今较受欢迎的社交平台，在线注册用户的类别广泛，这也说明其市场机会大、发展空间大，受到了许多新闻媒体的重视。

1. 微博新闻写作的要求

微博是一个新兴的新媒体传播媒介，继承了博客一对多互动、动态更新的特点，具备便捷性、极速性等适合新闻生产、传播的优势，因此媒体在进行新闻报道时，越来越注重微博新闻的写作。微博新闻通常需满足以下要求。

（1）短小完整

微博新闻基本都是导语式写作，即交代最重要的新闻事实，虽然微博已经取消了只能发布140个字的限制，但微博在信息交流的过程中通常只显示140个字，在手机显示屏上为7行左右的文字，剩余的文字则会被隐藏起来，但会在显示的句子末加上"显示全文"的提示，点击后可查看微博全文。因为受众第一眼只能看到前140个字，因此微博新闻同样要求新闻编辑在尽量少的字数条件下尽可能完整地叙述，因此，在新闻的叙述过程中，交代清楚新闻必备的"5W"显得格外重要。

（2）真实新鲜

真实是新闻的第一要素，而微博受众群庞大、传播快速，更要求新闻编辑必须践行这一要求，否则不实新闻的传播会引来受众恐慌或产生其他不良后果。另外，微博平台和新闻写作的特性都要求新闻必须"新鲜"，一方面是内容要新鲜，要是新近发生的事件，另一方面形式要新鲜，要让受众乐于接受，并能吸引其眼球，这样的新闻才更容易得到传播。

（3）标题精练

微博新闻本来就十分简短，因此其标题内容更加受限，一般为一句话，将核心内容浓缩到其中，字数不宜太多。在涉及某些名词时，该用缩写的地方可以用缩写，但不能引起歧义，也不能违反相关规定。

（4）善用多媒体快速发布

点击微博首页右上方的加号"＋"，可以看到微博支持图5-15所示的多种表达方式，新闻编辑要合理运用它们来丰富新闻内容，例如视频、图片和直播的运用，就可以更加多元化地展示新闻事件，使新闻的表达更加立体化。

微博新闻可以使用音视频、图片来增强新闻表现的效果，但使用这些形式时要注意合理组合搭配，例如一般不会出现"新闻正文+图片+视频"的形式。在编辑视频时，可以点击视频上的"修改封面"字样对视频封面进行设置，此时可看到图5-16所示的界面，新闻编辑可通过"视频截取"和"本地上传"两种途径选择更能表达新闻内容、吸引受众关注的画面作为封面图片。

2. 微博新闻写作的重要元素

微博新闻可以通过微博用户的转发、评论和点赞等互动行为来进行传播，帮助提升其热度。微博新闻工作并不是简单的文字编排，微博新闻与其他新媒体平台的新闻一样，也可以利用多媒体技术进行编辑，甚至可以适当地添加一些微博特有的元素。恰当使用以下4个元素，能使微博新闻的内容更加丰富，更具微博特色，扩大其传播范围。

图5-15 | 微博可供选择的表达形式　　　　图5-16 | 编辑视频封面

◆ **标题符号"【 】"：** 微博中的新闻多以段落为主，因此在编辑过程中，常用以"【 】"符号内的内容作为标题。标题通常位于段落开头的第一句，这个位置的内容既能充分表意，又能吸引受众的注意力。

◆ **话题符号"# #"：** "# #"代表参与某个话题。在新闻中添加话题后，若新闻获得了受众的广泛关注，就更容易上升为热门话题新闻。另外，新闻内容将自动与话题链接，可以让新闻被更多查看话题的受众搜索到。一般微博新闻的话题为新闻内容的简单概括，或作为一个tag（标签）使用，如下所示的"#华裔建筑大师贝聿铭去世#"属于新闻内容的概括，而"#头条快讯#"和"#新疆最美薰衣草花田#"则更多的是作为tag（标签）而存在。

　　#头条快讯#【#华裔建筑大师贝聿铭去世# 享年102岁】美国当地媒体报道，享誉世界的华裔建筑大师贝聿铭5月16日去世，享年102岁。贝聿铭最著名作品包括法国卢浮宫的

玻璃金字塔等。（央视新闻）

【#新疆最美薰衣草花田#约吗？带你去看花】6月19日，新疆伊犁州，素有"中国薰衣草之乡"的霍城县，6万亩的薰衣草形成一望无际的紫色海洋，美到窒息。再不用出国看，咱新疆就有最美薰衣草花田，这个夏天，一起去新疆吧。（附视频链接）

◆**@：**@相当于一个传送带，任何人都可以在微博中使用@功能@任何微博用户。被@的用户将会收到通知，点击就能看到所@的那条原微博内容。在微博新闻中也经常应用"@"，其后可以跟任何想要@的微博账号，例如专家、企业、新闻当事人和其他媒体账号等。

> 微博新闻中提到机构、个人和企业时，用@功能加以标识可以让受众以此为线索进行跳转，了解更多新闻背景，扩大新闻的信息量。另外，新闻的图片中常常会出现"@××（原博主）"的水印，表示标明新闻出处，因此新闻编辑在转载其他新媒体新闻时，为了避免出现版权问题，最好不要随意去除原图水印。

◆**链接：**将链接放置在微博新闻中，能丰富新闻的内容和表现形式。新闻一般要求有理有据、图文并茂，而文章全文链接、视频链接、音频链接以及链接到其他微博新闻的链接形式等，能有效提升新闻的表现能力，促进受众尽可能多地了解新闻内容，因此链接也是微博新闻的有效武器。

图5-17所示的微博新闻就运用了标题符号"【】"、话题"# #"、"@"和文章链接，是现在非常常见的新闻呈现方式。

3. 微博新闻内容的编辑

微博新闻内容可从媒体定位和写作类型两个方面来进行编辑，下面分别进行讲解。

◆**媒体定位：**作为一个新闻媒体，首先要确定自己的内容定位，是要满足受众的阅读需求，宣传、传播信息，还是介绍本地相关资讯，这会影响不同新闻类型在发布中的权重。一般受众使用此类大众媒介，多是为了获取各种资讯，因此对一些传

图5-17｜微博新闻写作要素

统媒体或部分地方报媒体而言，其主要任务是为了满足受众了解时事的需求，因此新闻内容的要闻比重大。而有的地方性、政务性媒体，更趋向于介绍本地、本领域相关事件、相关规定和事情的发展动向等内容。

◆ **写作类型：** 微博新闻内容的写作类型多样，包括时事资讯、生活百科、评论文章、节日活动、专题展览、心灵鸡汤、舆论引导、历史纪念、日常话题等，由于新闻媒体在微博中一天要发很多信息，因此其内容的写作类型并不单一。

4. 微博新闻媒体账号的运营策略

适当的运营策略，可以帮助微博新闻媒体账号更好地维系粉丝，扩大自己的影响力。下面介绍5种常用的运营策略。

（1）提升可视化效果

虽然微博可以直播，但新闻事件的发生难以预料，且直播时长不定，因此在报道手法上，很多新闻媒体选择用短视频来弥补直播的不足。短视频直观、简单，受众接受起来十分方便，而且通过短视频剪辑，也能呈现出精彩的内容。在《媒体微博运营策略创新及效果分析》一文中，文章通过对《人民日报》2017—2018年的微博数据分析，发现《人民日报》2017年微博关于全国"两会"的直播报道占微博报道总量的25%，在次年直播内容数量下降的趋势下，针对直播剪辑的短视频数量提升了近两倍，原创短视频获得了数万转发和数千万的观看量。2018年的图片报道互动量甚至超过了短视频。以小窥大，可以看出近年来可视化新闻报道受到众多受众的喜爱，这代表着新闻媒体的内容生产和制作可视化趋势已逐渐明显。

（2）抢拼第一

微博平台的资讯更新快、传播广，短时间内我们就可以在微博上看到一堆几乎一模一样的新闻内容。微博新闻重在"新"，为了使新闻尽快进入受众视野，获得受众的支持，新闻编辑一定要尽快完稿发布，时效快一分，传播效果就可能放大很多倍，要打造速度优势。

（3）提高受众参与度

微博是一个互动性、社交属性很高的平台，新闻媒体在进行内容策划时，如能增强与受众之间的互动，对自身的发展是有利无害的。例如在进行专题策划时，让活动更加开放，积极提高受众的参与度，这能强化与受众之间的联系，加大传播力度。

例如，2018年春节期间，为了营造过年气氛，呼吁人们过年回家，牵妈妈的手，《人民日报》制作了一系列视频、图片和H5等微博内容，号召受众进行互动，这些活动实则是在引导广大受众表达对母亲的爱，文案内容也很容易引起受众的情感共鸣，活动获得了受众的广泛参与，掀起了传播热潮，如图5-18所示。

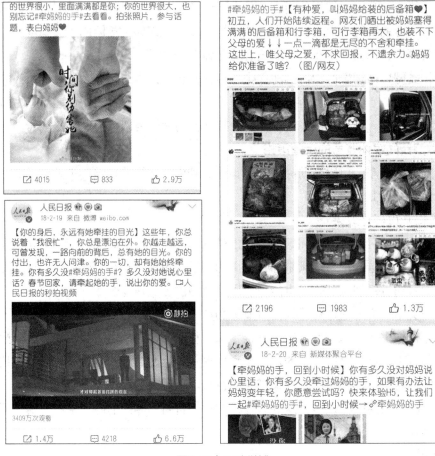

图5-18 | 互动微博

（4）"蹭"热点

不仅企业品牌官方微博和其他电商企业账号需要借助热点进行营销推广，新闻媒体也可以借热点进行宣传，提升自己的影响力，增加用户黏性。微博热点一直是微博受众关注的焦点，所以借助节假日、近期热门事件来编撰微博内容也是新闻编辑常用的一种新闻内容编辑方式。高考一直是热门话题，因此每年的高考期间及其前后，都会有不少的新闻报道，在任何粉丝数较多的新闻新媒体账号中搜索这一关键词，就能出现上千条内容，例如在2019年高考前后，不少新闻媒体就借这一热门话题策划和拟写新闻内容，如图5-19所示。其中的投票类内容，获得了7万的点赞。

（5）完善运营机制

新闻媒体的微博运营团队应该要细化队内分工、完善组织构建，将策划和内容编辑与发布区分开来，策划和内容编辑是指进行创意产品的生产制作，发布则是指编辑当天内容、发布内容和与受众进行互动。团队内分工明细、专人负责，微博新闻则会更具创意和时效。

图5-19 | 高考热点微博

情景模拟

　　小王前两天编辑的新闻稿件让领导十分满意，夸奖她新闻编辑工作完成得很出色。小王也认为自己渐入佳境，于是在接下来的工作中，她也斗志满满。在完成一系列工作任务之后，小王悄悄对自己打了分，很满意自己最近的表现，认为自己已经可以胜任这份工作了，料想领导也挑不出什么错来。谁知没两天，上级主管就找她谈话，说是工作中有一些问题需要注意一下。

　　如果你是小王的上级领导，你认为下列哪些方面的问题可以提出来？

　　（1）小王编辑短信手机报时，因为知道新闻导语是新闻最重要的内容，所以编辑新闻导语时附带链接将内容发送了出去。

　　（2）小王在写微信推文时，着重对微信标题进行了设计，还在文末加入了一些互动性的板块。

　　（3）小王有意在微博新闻的编辑中设计了一个微博话题。

　　（4）小王在微博上发布内容时，转载了其他新闻媒体的新闻稿件，但是直接复制了对方的新闻内容和图片，且正文并未提及原新闻媒体。

　　点评： 第1项和第4项不可取。虽然导语是新闻最重要的内容，但导语类型不同，有各种写法，因此手机报的导语内容需要进行编辑加工，不可太过简单地制作。而在微博中转载其他新闻媒体发布的新闻时，一般需要在正文注明来源或直接@对方，标明原出处，否则在发布相同新闻且采用对方的图片时，会让受众以为你是在抄袭，而不是转载。

思考与练习

1. 简述手机新闻客户端的发展基础。

2. 谈谈你对当前手机新闻客户端发展的了解。

3. 你认为手机新闻客户端是如何进行内容运营的?

4. 打开"央视新闻"的一篇报道,将其以短信手机报的形式进行编辑。

5. 简述手机报的编辑策略。

6. 新闻微信推文可分为哪些类型?

7. 简述政务新媒体消息推送的要求。

8. 扫描右边的二维码,将这篇文章整理设计成微博新闻的样式。

新闻原文

(提示:可利用标题、话题、链接、图片等元素,可参考微博其他新闻的写作方法。)

第6章
新媒体音视频新闻制作与传播

新媒体时代，音频与视频也成了承载新闻的重要载体，并受到了不少受众的喜爱。在各大视讯娱乐App中，也能看到新闻的身影，例如备受广大受众喜爱的短视频、网络直播、听评等。本章将以音频、视频为主，讲述新媒体平台音频新闻与视频新闻的制作与传播。

6.1 新媒体音频新闻制作与传播

音频新闻就是以声音这种传播介质来制作并传播新闻的一种新闻形式。相比其他形式的新闻，它并不需要受众分出太多的注意力，而且其使用场景多样，受众不仅可以上下班途中、吃饭时、临睡前收听，还可以在做其他事的同时收听，这是音频新闻所具备的独特优势。

6.1.1 新媒体音频新闻与平台

互联网时代，很多平台都支持音频形式的内容，甚至以音频内容为主打。受众从使用收音机收听新闻，发展到使用智能手机App收听音频新闻，后者已成为当代人获取新闻资讯的常态。

1. 音频平台的音频新闻

移动互联网的发展，"互联网+"商业模式，使"声音"迎来了第二春，中国的在线音频产业实现了较快发展，传统音频形式网络化和网络内容音频化成了在线音频的来源。例如在微信中，就已经出现了音频新闻的模式，但目前还不够完全独立。微信中的音频会下附详细的文字内容，而诸如喜马拉雅、蜻蜓FM等常见的新媒体音频平台，则是专业的在线音频平台，它们作为大型的内容聚合平台，拥有丰富的新闻资讯，同时还有有声书籍、音频课程等知识付费产品。这类音频平台容纳了从脱口秀到电台节目等各个领域的内容，将不同专业、年龄的受众吸引到了一起，且其新闻资讯时长较短，一般时长控制在5分钟上下；而少则10多秒、多则10分钟左右的内容，可以方便受众利用碎片化时间接受信息，因此这种形式的新闻受到不同年龄层用户的喜爱。以喜马拉雅为例，以"新闻"为关键词进行搜索，可以看出不少新闻相关的账号的音频播放量已上亿，订阅受众数量也多，新闻媒体账号已形成了自己的受众群。图6-1所示为喜马拉雅新闻媒体账号的订阅号和播放量大致示例。音频平台的用户只需订阅自己喜欢的媒体账号，即可在App底部的"我听"界面中快速点击自己所订阅的账号收听节目。

艾媒咨询的数据显示，2018年我国在线音频用户规模增速预计达19.5%，达到4.16亿，相较于移动视频及移动阅读行业，呈现较快增长。可以看出，音频新闻的市场前景较为明朗，不仅受众群有强大的潜力，传统媒体和自媒体在音频内容方面也都有发展空间，尤其是在音频内容还未迎来真正"爆点"的时候，音频产业建设、音频平台探索所蕴含的可能性和无限性非常大。

在内容上，以喜马拉雅为例，其PUGC模式，即"PGC（专业生产内容）+UGC（用户生产内容）＋独家版权"模式与付费阅读、打赏等功能的结合，既保护了内容生产者的版权，也增加了生产者的收入。而在新闻资讯方面，很多新闻媒体账号提供的新闻内容都是免费的，这也对用户数量产生了积极影响，在2016年，喜马拉雅的激活用户数量超过了3亿。

另外，音频新闻内容化整为零，利用一段语音对新闻事件进行报道也能让受众更容易理解事情真相，同时解放受众的双眼和双手。

图6-1 | 喜马拉雅新闻媒体账号的订阅号和播放量

2. 语音交互的音频新闻

技术驱动媒体变革，中国的智能音箱也开始提供新闻资讯产品，例如天猫精灵，如图6-2所示。天猫精灵是一款基于语音交互的智能音箱，在产品的上线与迭代过程中，天猫精灵针对不同地区用户的服务与咨询需求，与不同地区的媒体合作"语音头条"，例如"沈阳晚报""华西都市报"和"都市快报"等。

天猫精灵主打具有地方特色的服务内容，结合AI互动元素，将"语音头条"这种传统的音频与现代智能技术结合，以让用户获得优质的"听报"体验。2019年3月7日，《都市快报》在天猫精灵平台推出了"杭州早上好 佩琦说新闻"音频节目，杭州用户只要对天猫精灵智能音箱说出"天猫精灵早上好"即可收听。《南方

图6-2 | 天猫精灵图示

都市报》也与天猫精灵合作开发了"南都音频早餐",广州和深圳的用户可通过"天猫精灵早上好"获得本地新鲜资讯。成都地区的用户还可通过"天猫精灵,陪我摆会龙门阵嘛!"唤醒天猫精灵,获取天气预报、交通信息、本地时事等新闻内容。

同时,天猫精灵发现大部分用户比较喜欢使用"语音头条"功能,且习惯于早上6:00—8:00点收听,因此,针对用户需求,天猫精灵中的新闻媒体也开始调整播出时间,例如《沈阳晚报》的语音头条从2019年4月1日起定位为早晚两档新闻播出内容,早新闻以时政要闻、重大动态新闻资讯、民生服务信息等"硬新闻"为主,力求在早上为用户提供当天的新闻谈资;晚新闻则向逸闻趣事、生活文化、娱乐科技、网络体育等"软新闻"倾斜,以缓解用户工作一天之后的疲惫。其他使用语音头条功能的新闻媒体也在积极探索不同的内容输出、推广方式。具有音频生产内容或愿意生产音频内容的媒体入驻天猫精灵也比较简单,像天猫精灵这样集整合与提供地方性服务信息和新闻资讯的平台是音频新闻传播的有效渠道,它能帮助传统媒体重构商业模式和盈利模式。同时,音频新闻增强了新闻"可听化"的特点,相比其他新闻载体来说,它也具有更好的性价比优势。

音频新闻的实践能帮助传统新闻媒体进一步认识到新闻生产与传播在新媒体时代和新技术发展下的多元化道路,帮助新闻媒体开拓出智能时代的全新流量入口。

> **小提示**
>
> 音频新闻实际上就是对新闻进行口头播报,受众靠听去接收和理解内容,因此音频新闻的句子要简单,且开头不能复杂,它不适宜使用惯用的倒金字塔式结构,而更适应于用正常的讲故事的方式将事件娓娓道来。一般在播报音频新闻时会有一份底稿,底稿要朗朗上口,不要写不会说或说不好的内容。播报的语调也十分重要,应根据播报的内容选择亲和、严肃或诙谐的语调,否则会影响音频新闻的表现力。

3. 音频的运营平台

要达到良好的音频新闻传播效果,选择一个合适的音频运营平台十分重要。目前音频的运营平台很多,如喜马拉雅、荔枝FM、蜻蜓FM等,下面分别进行介绍。

（1）喜马拉雅

喜马拉雅是非常受用户喜爱的一款音频分享平台,同时支持iPhone、iPad、Android、Windows Phone、车载终端、台式计算机、笔记本电脑等各类终端,拥有大量活跃用户,通过它,用户可以随时随地收听各种类型的音频节目,如有声书、相声评书、音乐、历史、人文、感情生活、脱口秀、娱乐、教育培训、商业财经、电台、影视、时尚生活等。

喜马拉雅鼓励用户原创,是目前国内音频创作中较集中、活跃的平台。除传统媒体外,自媒体和个人用户也可以申请成为主播,将自己的原创内容发布到喜马拉雅平台中,通过主播任务来累积声誉,并赚取广告收益,打造个人音频自媒体品牌。

（2）荔枝FM

荔枝FM是一款致力于打造全球化的声音处理平台，该平台可以收录、存储和分享声音，用户也可录制并上传声音，对声音进行后期编辑。除此之外，用户也可以在荔枝FM中聆听音乐、英语、睡前故事、儿童故事、有声小说、相声段子、历史人文等内容，还可以一键直播，成为音频主播。

（3）蜻蜓FM

蜻蜓FM是一款功能强大的广播收听应用，通过它可以收听销售、音乐、相声小品、情感、健康、历史、娱乐、教育、文化、评书、脱口秀等多种类别的音频内容。同时它还支持内容的点播和回听，不受直播的限制；用户也可以使用手机硬件免流量收听本地电台，其音频收听方式多种多样。

以上音频平台都支持移动端使用，操作方便，内容丰富，平台内聚集了很多的音频受众，使用率很高，对于新闻媒体来说，它们都是很好的新闻运营与传播平台。实际上，新闻媒体可以考虑入驻知名度较高、受众量大的多家影响力大的音频平台，用心运营，打造自己的产品品牌，广泛吸纳受众。

6.1.2　音频录制与编辑

在发布音频新闻之前，还需录制与编辑音频，下面将结合软件操作，介绍音频录制与编辑的具体操作方法。

音频相关知识介绍

1. 音频录制

录制音频的设备有很多，如智能手机、录音笔、计算机软件以及音频平台自带的录音功能等，但不少用户还是习惯通过计算机的专业设备进行录制与编辑，下面以Audition软件为例讲解录制音频的方法。Audition是一款功能强大的音频处理软件，支持多种音频格式，音频录制后可存储为高质量的音频格式，可避免音质下降。使用它录制音频的具体操作如下。

步骤 01 ◐ 双击桌面上的Audition CS6快捷图标，启动Audition CS6，如图6-3所示。

步骤 02 ◐ 在"编辑器"窗格中单击下方的"录制"按钮■，打开"新建音频文件"对话框，在"文件名"文本框中输入"测试"文本，其他保持默认设置，单击 确定 按钮，如图6-4所示。

步骤 03 ◐ 此时将开始录制声音，对准音频输入设备输入声音信号，Audition CS6 将在中间的"编辑器"窗格中显示声音的波形，如图6-5所示。

步骤 04 ◐ 音频录制完成后，在"编辑器"窗格中单击下方的"停止"按钮■，即可停止声音的录制，如图6-6所示。

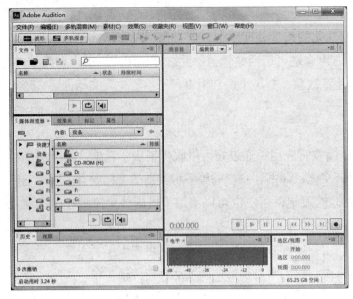

图6-3 | 启动Audition CS6

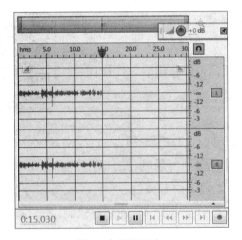

图6-5 | 开始录音

图6-4 | 新建音频文件

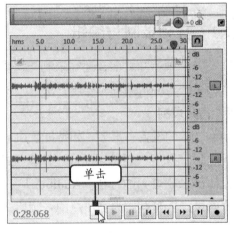

图6-6 | 停止录音

步骤 05 ♦ 选择【文件】/【另存为】命令，在打开的"存储为"对话框中设置音频文件的保存位置和格式，如图6-7所示，单击 确定 按钮保存音频文件。

步骤 06 ♦ 打开保存的位置，即可看到存储的音频文件，如图6-8所示（配套资源：效果文件\第6章\测试.pkf、测试.wav）。

小提示

在音频录制过程中，可在"编辑器"窗格中单击下方的"暂停"按钮 ⏸ 暂停音频的录制，再次单击"暂停"按钮 ⏸ 可继续录音。需要注意的是，暂停录音后，容易使音频出现数秒的卡顿，在处理音频时需要将其删除。

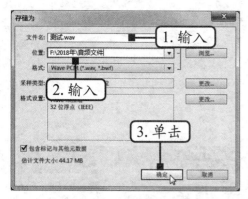

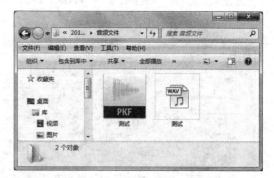

图6-7｜存储音频文件　　　　　　　　图6-8｜查看存储音频文件的位置

2. 音频编辑

要将录制的音频文件应用于商业领域中，还要先对录制的音频进行编辑处理。因为录制音频时，可能受环境干扰，出现嗡嗡声、爆破声和电流声等杂音，因此需要利用Audition处理音频，减少噪声，或将多余的、不清楚的部分裁剪掉，同时还可添加特效美化音频，如淡入、淡出等音效，使音频过渡柔和。下面介绍使用Audition编辑音频的方法，在编辑前还需要打开需编辑的音频文件。

需要注意的是，编辑音频的本质就是对一部分波纹进行改变，在处理一段音频时，难免会将该段音频中其他正常音频一同处理，导致失真的情况，因此，需要控制处理音频的力度。同时，波纹的改变往往是无法完全还原的，在为音频做特效处理前，需保留原始文件。

（1）打开需编辑的音频文件

在编辑音频文件前，需要执行打开操作，以在Audition软件中打开音频文件为例，其具体操作如下。

步骤 01 选择【文件】/【打开】命令或按【Ctrl+O】组合键，如图6-9所示，打开"打开文件"对话框。

步骤 02 选择"BGM1.mp3"文件（配套资源：素材文件\第6章\BGM1.mp3），单击 打开(O) 按钮，即可打开音频文件，如图6-10所示。

（2）剪辑音频文件

剪辑音频文件就是按照用户的需要对音频进行适当的剪裁，删除不需要的部分，其具体操作如下。

步骤 01 打开"测试.wav"文件（配套资源：素材文件/第6章/测试.wav），在"编辑器"窗格中拖动鼠标选择要删除的部分，选择的部分呈白色，如图6-11所示，按【Delete】键删除选中的部分。

步骤 02 拖动鼠标指针选择要移动的部分，如图6-12所示，按【Ctrl+X】组合键将选中的部分剪切到剪贴板中。

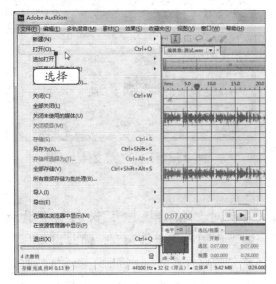

图6-9 │ 选择"打开"命令　　　　　图6-10 │ 打开音频文件

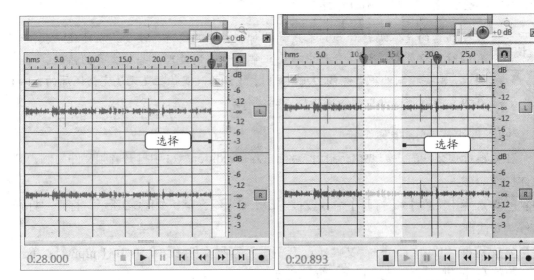

图6-11 │ 选择需删除的音频片段　　　　图6-12 │ 选择需剪切音频片段

步骤 03 在要粘贴的位置单击鼠标左键，然后按【Ctrl+V】组合键将剪贴板中的音频片段粘贴到当前位置，如图6-13所示。

步骤 04 选择【文件】/【存储】命令或按【Ctrl+S】组合键，保存已修改的音频文件，如图6-14所示。

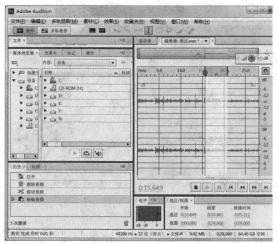

图6-13 | 粘贴音频片段　　　　　　　图6-14 | 存储音频文件

（3）编辑音频文件

如果录音环境较差，录音后的音频文件通常会存在音量过小、爆破音等情况。同时根据使用场合，部分音频文件还需要添加淡入淡出等效果，此时需要对音频文件进行编辑，使音频文件达到理想的效果，其具体操作如下。

步骤 01 打开"测试.wav"文件，将鼠标指针移动到"编辑器"窗格的"调整振幅"按钮上，向上移动鼠标指针放大音量，如图6-15所示。

步骤 02 拖动鼠标选择有爆破音的部分，选择【效果】/【自动修复选区】命令，即可自动修复爆破音，如图6-16所示。

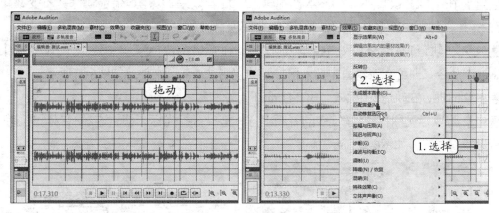

图6-15 | 调整音量大小　　　　　　　图6-16 | 修复爆破音

步骤 03 打开"BGM1.mp3"文件，拖动鼠标选择需要淡入的部分，选择【收藏夹】/【淡入】命令，设置淡入效果，如图6-17所示。

步骤 04 拖动鼠标选择需要淡出的部分，选择【收藏夹】/【淡出】命令，设置淡出效果，如图6-18所示（配套资源：效果文件\第6章\BGM1.mp3）。

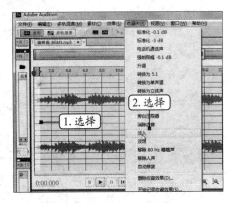
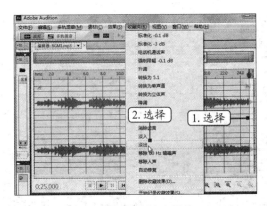

图6-17 | 淡入操作　　　　　图6-18 | 淡出操作

小提示　Audition 的收藏夹中提供了多种预设好的效果。选择一段音频，再单击收藏夹中的效果，即可快速处理音频。但是，收藏夹中的效果可能无法完全满足音频处理的需求，此时需要在效果栏中选择合适的音频处理工具。

（4）创建多轨合成项目

录音和音频处理仅仅是对单一音频文件的操作，Audition提供了多轨合成的功能，用于将多个音频文件合成为一个音频文件。在合成音频文件的过程中，仍能对音频的音量、效果和音频的进出点进行调整，其具体操作如下。

步骤 01 选择【文件】/【新建】/【多轨混音项目】命令或按【Ctrl+N】组合键，或单击软件中的 多轨混音 按钮，如图6-19所示，即可打开"新建多轨混音"对话框。

步骤 02 在"混音项目名称"文本框中输入"混音效果1"，其余选项保持不变，单击 确定 按钮，如图6-20所示，创建一个多轨合成项目。

步骤 03 在轨道1右侧空白处单击鼠标右键，在弹出的快捷菜单中选择【插入】/【测试.wav】命令，即可在该轨道中插入已打开的"测试.wav"文件，如图6-21所示。

步骤 04 同理，在轨道2中插入"BGM1.mp3"文件。

步骤 05 将鼠标光标移动到轨道2的音频上方，拖曳鼠标光标，使轨道2的音频与轨道1中的音频呈右对齐，如图6-22所示。

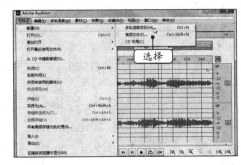
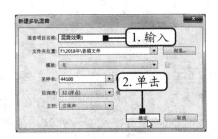

图6-19 | 选择"多轨混音项目"命令　　　图6-20 | 新建多轨混音

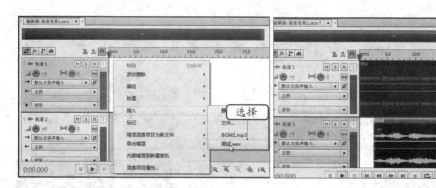

图6-21｜插入音频文件　　　　　　　图6-22｜移动音频文件

小提示　用户不仅能够拖动音轨上的文件，调整不同音频的进入时间，还能拖动音频移动至不同的音轨，将音频组合在同一条音轨中。

步骤 06 播放音频，发现背景音乐音量过大，此时将鼠标光标移动到轨道2的"调整振幅"按钮上方，拖曳鼠标光标，将音量调整至"-6"，如图6-23所示。

步骤 07 选择【多轨混音】/【混缩为新文件】/【完整混音】命令，即可将混音项目混缩为一个音频文件，如图6-24所示。

步骤 08 按【Ctrl+Shift+S】组合键，打开"存储为"对话框，存储文件并完成制作（配套资源：效果文件\第6章\混音效果1.pkf、混音效果1.wav）。

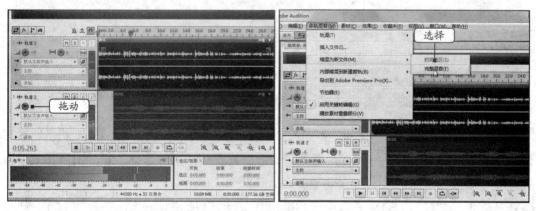

图6-23｜调整音量　　　　　　　图6-24｜完整混音

　　新闻编辑利用软件录制音频并完成音频的编辑之后，就可按平台要求对音频进行上传发布。以喜马拉雅为例，要想上传本地音频，新闻编辑需要利用喜马拉雅网页端进行操作。总之，新闻编辑应根据不同平台特点选择自己认为更加适合、操作更加方便的方案。

▎6.1.3　音频专辑制作与发布

　　音频专辑的录制比较简单，根据平台指示即可完成相关操作。下面以喜马拉雅App为例讲解新闻音频专辑的制作与发布。

步骤 01 打开喜马拉雅App，点击页面下方的"账号"按钮，进入账号页面，如图6-25所示。

步骤 02 选择"我的作品"选项，进入"我的作品"页面。点击页面上方的加号"＋"，如图6-26所示，在屏幕下方将弹出"录音""上传"和"创建专辑"3个选项，此时选择"创建专辑"选项，如图6-27所示。

图6-25 | 账号页面

图6-26 | 单击加号"＋"

图6-27 | 选择"创建专辑"选项

步骤 03 打开"创建专辑"页面，如图6-28所示。在其中根据要创建的音频专辑主题填写标题、分类、标签、简介并添加封面等，封面图片有从"相册选择"和"拍照"两种途径。填写完毕之后点击右下角的 ●创建● 按钮，如图6-29所示。

步骤 04 返回"账号"页面，点击"我要录音"按钮 或"我的作品"页面上方的加号"＋"，进入"录音"页面，根据需要录制音频。在此过程中可进行"重录""裁剪"等操作，也可添加"音效""配乐""回音""变声"等效果，如图6-30所示。

步骤 05 录制完成之后将打开图6-31所示的页面。填写完成之后在"所属专辑"栏中选择已建立的专辑，点击 上传声音 按钮，此时将打开图6-32所示的页面，表示音频正在审核。审核完成后创建的音频将正式发布到音频专辑之中，如图6-33所示。

图6-28｜填写专辑资料

使用GoldWave录制与编辑音频

图6-29｜创建音频专辑

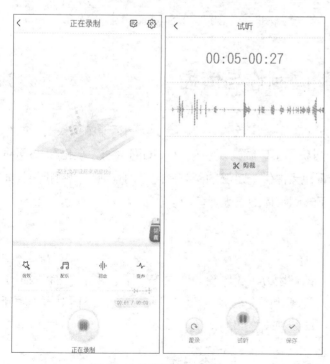

图6-30｜编辑录制的音频

图6-31｜编辑音频信息并添加至专辑

图6-32｜音频审核　　　　　图6-33｜创建完成的音频专辑及内容发布

6.2　新媒体视频新闻制作与传播

　　移动互联网的发展，使视频新闻也得到了广泛的普及。除了新闻报道中插入的新闻视频外，短视频的盛行更是让视频新闻获得了广阔的发展空间。4G网络的大众化和5G网络的使用更是为用户使用移动设备查看视频提供了足够的网络保障。而目前，视频新闻，尤其是移动短视频新闻的编辑制作成了新闻媒体的一大竞争内容。

6.2.1　短视频新闻的发展

　　近年来，看短视频成为一种流行的休闲方式。短视频便捷的操作、新奇的内容吸引了不少用户，受到了很多人的青睐。短视频新闻也在这种环境下快速兴起。下面对短视频新闻的发展进行介绍，帮助受众了解目前短视频新闻的现状。

1. 短视频迅速发展

　　从2012年开始，美国Now This（短视频媒体）作为全世界的新媒体典范，获得了广泛的关注，它与传统的新闻机构试图将受众引流到自己的网站的做法相反，而是将制作的短视频发布到各大社交媒体平台，把平台作为内容分发渠道，借助平台的影响力去吸引受众并使受众产生黏性；同时根据受众喜好与反馈做出内容的调整，构建出生产—传播—反馈闭环型新闻链条，赢得受众的广泛认可。

自2016年以来，短视频在中国发展迅速，它逐渐从一种新生的媒介形态走向主流。根据工信部的数据统计，截至2018年5月底，影音播放类应用数量为43.7万款，在我国移动应用程序规模中排名第3，仅次于游戏类应用和生活服务类应用，且呈现明显的上升趋势。

而第三方数据机构QuestMobile发布的2018春季报告显示，截至2018年3月，短视频行业的用户规模已达到4.61亿。中国互联网络信息中心发布的第42次《中国互联网络发展状况统计报告》显示，2018年短视频应用迅速崛起，截至2018年6月份，综合各个热门短视频应用的用户规模达5.94亿，占整体网民规模的74.1%。

> 短视频的火爆甚至影响了"网络直播"行业。截至2018年6月，网络直播的用户使用率较2017年末下降了1.7%。中国互联网络信息中心主任曾宇认为，其重要的因素之一就是"短视频应用分流了部分网络直播用户"。

2. 国内现象级短视频媒体出现

2013年，一名土耳其记者使用vine（当时是一个6秒的短视频分享应用）记录了美国驻土耳其大使馆外的一次自杀性爆炸事件，这段6秒的视频记录了所有重要的细节。当这段具有轰动性视听效果的新闻现场视频上传到Now This移动新闻平台后，迅速引爆了传播热潮，体现了短视频在新闻领域的传播能力。与传统媒体相比，短视频这种网络新媒体在流程、传播方面有先天优势，国内出现了一系列短视频项目，有SMG（上海广播电视台）开发的原创视频新闻客户端"看看新闻"，南方周末报社下属的"南周文化部"改组的"不做新闻，只做其他"的"南瓜视业"，新京报下属的长片、短片、直播并行的"我们视频"等。期间，抖音、快手、火山小视频以及优质短视频内容博主papi酱的红火，更是掀起了一波短视频的热潮。尤其是抖音和快手的发展，更是体现了短视频的热度和传播"能量"。

> 国内短视频多以视频、社交平台为依托，而国外则更讲究以日常报道视频化来构建视频品牌。

抖音2016年9月上线之后，一度成为一款现象级应用，截至2018年6月，其全球月活跃用户数超过5亿，国内日活跃用户达1.5亿，月活跃用户达3亿。在国内市场发展的同时，抖音也较早开启了国际化，2017年8月，抖音正式发布了海外版Tik Tok。据第三方市场数据机构App Annie统计，抖音海外版在全球已经覆盖150多个国家和地区，先后在40多个国家和地区的应用商店排名前列，是全球增速最快的短视频应用。而国际应用市场研究公司Sensor Tower数据显示，2018年第一季度，抖音海外版Tik Tok的App Store全球下载量达

4580万次，超越Facebook、Instagram、YouTube等成为全球下载量最高的iOS应用。抖音海外版在日本、泰国、越南、印尼、印度、德国等国家先后成为当地最受欢迎的短视频App。

快手在2011年诞生之初，本来只是一款用来制作与分享GIF动图的应用，但其慢慢转型为用于记录生活与分享生活的短视频平台，并在移动网络的发展下迎来了发展机遇。

短视频内容简单有趣，画面感强，表达效果好，新闻媒体可以通过真实而有创造性的内容来吸引用户，甚至个人用户或自媒体用户也能通过短视频打造自己的品牌，或获得收益。据媒体报道，2018年，通过快手销售商品的用户中，有115万人来自贫困县，全年销售额高达193亿元，有超过1600万人在快手平台上获得收入，其中340多万人来自国家级贫困县。《南方都市报》对这一现象进行了报道，称"央视《焦点访谈》对参加网络视听大会快手用户的介绍，代表着全国各地拥有大量粉丝的快手乡村'野生网红'，其在扶贫上的影响力漫过端内、也冲破了圈层，成为政府和外界认可的新型KOL"。这也体现了快手极强的社会责任感、强大的科技力量和平台优势。

目前，短视频领域确实存在一些难以规避的网络乱象，如短视频内容同质化严重，缺乏吸引力，但网络用户对短视频的需求仍在不断提高。报告显示，从2017年4月到2019年4月，中国短视频App日均使用时长从不到1亿小时，增长到了6亿小时。在微信、微博、PC端、手机新闻客户端、视频资讯App和其他新媒体应用内发布的新闻稿件中，也能频繁看到短视频的身影。

> **小提示** KOL 全称 Key Opinion Leader，在营销学上指关键意见领袖，即指拥有更多、更准确的产品信息，且为相关群体所接受或信任，并对该群体的购买行为有较大影响力的人。

3. 短视频将成为未来新闻的主要发布形式

短视频虽然热门，但其内容偏重于娱乐类，并没有很多影响力大的新闻短视频产品，目前有很多媒体也开始布局这一领域，例如梨视频、辣焦视频、我们视频等。而基于技术发展、受众可视化和阅读习惯的要求，以及短视频行业优质新闻内容的缺口，我们有理由相信，短视频将成为一种主要的新闻内容生产方式，这主要有以下3方面的原因。

（1）移动互联网带来的推动力

中国信通院政策与经济研究所发布的《中国网络直播行业景气指数及短视频报告》显示，2017年中国网络短视频带宽总量翻番增长，截至2017年12月，短视频带宽指数同比增长97.8%。而随着移动4G的快速普及、"提速降费"后流量获取成本不断降低以及未来5G网络的发展，在手机端观看视频被越来越多的受众接受。而手机屏幕小、适用于移动化场景的特征，也使得短小精悍的短视频成为与手机十分契合的视频形式，这也让短视频持续升温，成为新闻媒体在传媒竞争中寻求突破的一个重要路径。

（2）短视频内容本身存在优势

短视频作为一种立体的信息承载方式，内容丰富多样，时长短、强量化，能迎合移动互联网时代大众的信息接收习惯，满足网民碎片化的娱乐需求和大众自我表达的愿望，吸引用户使用。

（3）短视频市场有足够的发展空间

虽然短视频平台个性化的推荐算法容易造成用户沉迷，如青少年盲目模仿短视频内容造成了不良的社会影响，青少年和成年用户沉迷短视频低俗内容影响健康成长或耽误工作等，但更多的数据也表明，短视频的新生代用户，如"90后""00后"等，在网民中占据了很大比例，他们大都在互联网的包围中长大，相比于较为传统的新闻内容，他们更加喜欢视频等直观感知客观世界的新闻方式，这为短视频的发展奠定了用户基础。

另外，目前的短视频新闻多以大城市新闻为主，而在地市一级的城市还留有市场空白，如果将来短视频有所下沉，就会更容易在地市一级的城市产生影响力。且某些发达地市级地区的广告主，面对这样属地化的媒体，将会有更大的广告意向，短视频在这一层面获得合作，对于其市场扩大是很有帮助的。

▌6.2.2 移动短视频新闻平台

新闻编辑在制作短视频新闻前需要先选择合适的视频运营平台，以根据不同短视频平台和短视频目标用户的需求来制作短视频内容。秒拍、抖音、美拍、火山、小咖秀等都是比较主流的短视频平台，其功能类似。想要制作视频新闻资讯的媒体，可根据输出内容与目标用户的定位来选择需要的平台，制作各种不同类型的短视频。下面主要介绍几种比较火爆的视频运营平台。

◆**秒拍：**秒拍是一个集视频观看、剪辑和分享于一体的短视频工具，有众多知名明星加盟，可以观看搞笑、娱乐、明显、游戏、小品、影视、生活、汽车、运动等各类短视频，并且通过精准的数据算法为用户推荐与之兴趣匹配的短视频，以满足用户对视频的需求。用户可以通过秒拍拍摄视频内容并同步分享到微博、微信朋友圈、QQ空间，能和更多好友分享视频内容，是一款非常受用户喜爱的短视频平台，如图6-34所示。

◆**抖音：**抖音是一款专注于年轻人的音乐创意短视频社交软件。用户可以在抖音中选择歌曲，拍摄一段15秒或1分钟内的音乐短视频进行上传，以展示自我个性。抖音中的内容主要包括潮流音乐、搭配舞蹈、表演等形式，用户可以通过多种特效、滤镜和场景切换来编辑短视频内容，打造精致的短视频大片，如图6-35所示。

图6-34｜秒拍

图6-35｜抖音

◆**美拍：**美拍是一款既可以直播又可以制作短视频的软件。美拍自2014年5月上线后，连续24天蝉联App Store免费总榜冠军，并在当月App Store全球非游戏类App下载量中排行第一。美拍的内容十分丰富，有搞笑、美妆时尚、美食、音乐、舞蹈、吃秀等多个频道；美拍还诞生了一系列全民参与的火爆活动，其中的全民社会摇、扭羊歌还因庞大的参与规模创下过吉尼斯世界纪录。2016年1月，美拍推出了"直播"功能，同年6月推出"礼物系统"功能，播主不管是拍摄短视频还是直播都可以接受粉丝在线送礼，美拍迅速成为最有代表性的娱乐直播平台。美拍中参与直播的有网络红人、媒体机构、企业等，如图6-36所示。

图6-36｜美拍

◆**抖音火山版：**抖音火山版是一款15s原创生活小视频社区，它是今日头条旗下内嵌于今日头条的短视频App。抖音火山版可以帮助用户迅速获取内容，展示自我，获得粉丝，发现同好。用户可以通过拍摄优秀的原创短视频或者直播来获取"火力"和礼物，然后提现；新闻主播也可以在里面发布一些趣味性的视频。

◆**小咖秀：**小咖秀是一款自带搞笑功能的视频应用，用户可以通过小咖秀提供的音频字幕像唱KTV一样创作搞怪视频，它支持视频同步分享到其他社交软件。小咖秀提供了在线音频库，有很多经典音乐、影视桥段供拍摄者使用。

小提示　小咖秀目前基本没有主流媒体入驻，只有一些新闻主播，娱乐化特征明显。

◆**梨视频：** 梨视频属于资讯类视频平台，是由资深媒体团队和全球拍客共同创造的、专注为年轻一代提供适合移动终端观看和分享的短视频平台，于2016年11月3日上线。梨视频大部分视频的时长都控制在30秒到3分钟，力求展现新闻事件最精华的内容，而偶有的一些纪录片也多在10分钟的篇幅内，如图6-37所示。

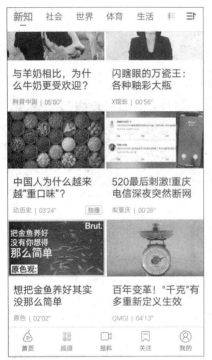

图6-37｜梨视频

▌6.2.3 视频拍摄与编辑

许多可供发布视频的新媒体平台都会自带视频录制和编辑功能，新闻编辑按照需要进行操作即可满足大多数新闻的编辑需求。但在制作一些精美复杂的视频时，视频平台自带的操作功能可能就略显单一。下面先对视频的拍摄和剪辑流程进行介绍，再以几款编辑软件为例，介绍视频拍摄与编辑的方法。

 有些视频新闻是实时录制发布的，例如突发事件的直接录制等，对视频质量的要求不高。但有些视频则需要进行细致的处理，如编辑合成多个视频素材，加音效、字母、标注等，这就需要使用专门的视频编辑软件。

1. 视频的拍摄

视频拍摄主要分为使用相机拍摄和使用手机拍摄，相机拍摄主要注重对相机的设置和拍摄尺寸的掌握，而手机拍摄则主要注重拍摄的手法和对手机的设置，下面分别进行讲解。

（1）使用相机拍摄视频

在使用相机拍摄视频前，需要先了解镜头上的标志、时间码的设置和短片记录尺寸等知识。

① 镜头上的标识

在使用不同的相机镜头时，会发现镜头上有很多不同的英文字母，这些字母是对镜头的标识，如图6-38所示。下面以佳能相机为例，对常见的标识代码进行讲解。

图6-38 | 相机镜头标识

◆**EF：** 电子对焦，佳能EOS相机的卡口名字，是佳能原装镜头的系列名称。

◆**EF-S：** APS-C画幅数码相机专用电子卡口，是佳能为其APS-C画幅数码相机设计的电子镜头，只能在APS-C画幅的佳能数码相机上使用，其最明显的特点是在接口处有一个白色方形，用于对准机身的卡位。

◆**L：** 镜头前端的红色标线，是佳能高档专业镜头的标识。

◆**IS：** 镜头防抖系统。

◆**USM：** 超声波电动机，将超声波振动转换为旋转动力从而驱动对焦，以此来实现高精度、高速对焦。

◆**AF-S：** 单次自动对焦，即半按快门开始对焦。AF为自动对焦。

② 设置时间码

时间码是相机在记录图像信号时，针对每一幅图像进行记录的具体时间编码。用时间码能将多台相机拍摄的多个视频数据同步编辑到短片中，以此提高编辑效率。时间码的记录方式有记录时运行和自由运行两种，记录时运行指只在拍摄时计时，自由运行指无论是否拍摄，时间码都在计时。

③ 短片记录尺寸

短片记录尺寸一般包括3种画质，即全高清（分辨率1920像素×1080像素）、高清（分辨率1280像素×720像素）和标清（分辨率640像素×480像素），可以根据视频的用途进行选择。全高清具有高画质、高分辨率的特点；标清画质具有数据容量小、使用便携的特点；高清介于两者之间。

（2）使用手机拍摄视频

对于相对笨重的相机而言，手机拍摄则更简便，除了在有较高拍摄要求时，需要准备必要的设备外，如三脚架、灯光和场景等，平时只需打开手机相机，将其切换为录像状态，在屏幕上方点击拍摄的人、事物进行对焦后，即可进行视频的拍摄。

2. 视频剪辑流程

新闻视频的录制一般不会太复杂，使用具有录制功能的设备或软件即可。但剪辑视频则需要根据一定的流程进行操作，主要包括捕获、剪辑和共享3个步骤。

（1）捕获

捕获包括素材导入与捕获，制作视频的前提是导入素材，即从相机或其他视频源中捕获媒体素材，将其导入到视频编辑软件中。视频、图片和音频都是常见的媒体素材。

（2）剪辑

剪辑包括素材修剪与拼接、添加转场与特效、添加字幕和添加配乐等操作，下面分别进行介绍。

- ◆ **素材修剪与拼接：** 素材修剪与拼接即对素材进行修剪、排列和拼接等操作，根据制作要求添加到不同的编辑轨道中。
- ◆ **添加转场与特效：** 添加覆叠素材、转场和滤镜等效果可以使视频效果更加精彩纷呈。
- ◆ **添加字幕：** 在完成视频主体部分的制作后，添加适当的字幕，以便观看者理解主旨。
- ◆ **添加配乐：** 添加字幕后，还可根据需要为视频添加背景音乐或旁白等。

（3）共享

共享即视频输出，是指将视频项目创建为独立完整的视频文件，发送到自己想要输出的平台，达到内容生产制作的目的，实现共享。

3. 使用爱剪辑App剪辑视频

随着移动互联网的发展，利用移动端App应用来分享生活和完成工作的现象也越来越多。爱剪辑App可快速剪辑手机录像视频，方便了新闻编辑利用移动端来发布内容。爱剪辑App同样拥有强大的视频剪辑功能和丰富的特效资源，新闻编辑在录制了长视频之后，可以利用爱剪辑App剪辑制作出更加精练、简短、价值性高的视频画面。下面简要介绍爱剪辑手机App的常用视频剪辑操作，如添加视频片段、设置视频主题、设置转场效果、设置视频格式、编辑视频片段、添加背景音乐及导出视频等。

（1）添加视频片段

爱剪辑App可自动识别手机中存放的各类视频和图片文件，用户可以快速准确地导入所需视频片段，其具体操作如下。

步骤 01 ● 在手机中启动爱剪辑App，进入主界面后，点击"创作视频"按钮，如图6-39所示。

步骤 02 ● 进入"选择片段"界面，导入手机中存放的视频和图片文件，如图6-40所示，这里选择"WeiXin"选项。

图6-39 | 点击"创作视频"按钮

图6-40 | "选择片段"界面

步骤 03 在打开的界面中可选择存放于微信中的视频片段，如图6-41所示。

步骤 04 进入"片段剪辑"界面预览视频效果，然后点击右下角的"添加"按钮 ，添加视频片段后，点击"下一步"按钮 ，如图6-42所示。

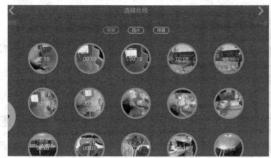

图6-41 | 选择视频片段

图6-42 | 添加视频片段

步骤 05 添加视频片段后，在剪辑页面中可查看添加的视频，如图6-43所示。点击右下角的"新增"按钮 ，按照相同的添加方法，可添加多个视频片段。下方的"所有片段"面板中将显示所有添加的片段，如图6-44所示。

图6-43 | 添加的第1段视频

图6-44 | 添加多个视频片段

（2）设置视频主题

在右侧面板选择"主题"选项，在左侧的面板中可为视频设置主题，播放效果如图6-45所示。

（3）设置转场效果

当导入多个视频片段后，在右侧面板选择"转场"选项，在左侧的面板中可在视频片段之间设置转场效果，如图6-46所示。当视频片段超过两个时，点击"全部应用"按钮，可为所有片段设置相同的转场效果。

图6-45 | 设置主题   图6-46 | 设置转场效果

（4）设置视频格式

在右侧面板选择"格式"选项，在左侧的面板中可设置视频的显示格式，如画面比例为16∶9或21∶9、全屏模式等，如图6-47所示。

（5）编辑视频片段

在"所有片段"面板中点击任意视频片段缩略图，将在页面底部弹出编辑面板，如图6-48所示。在编辑面板中可进行视频片段剪辑、画面裁剪、添加字幕、录音、设置滤镜和添加贴图等操作。

图6-47 | 设置视频格式   图6-48 | 编辑视频面板

（6）添加背景音乐

用户可为没有声音的视频片段添加背景音乐，其具体操作如下。

步骤 01 在剪辑界面右侧面板选择"配乐"选项，然后在底部弹出的面板中点击"添加"按钮，如图6-49所示。

步骤 02 进入"选择配乐"页面，其中提供了预置配乐选项、已下载的配乐和本地曲库，点击 下载更多配乐 按钮，可下载音乐文件。选择某个音乐文件后，开始播放音乐，可试听音乐效果，然后点击右上角的"确定"按钮 确认添加，如图6-50所示。

图6-49 | 执行添加操作　　　　　　图6-50 | 添加背景音乐

（7）导出视频

视频剪辑完成后，需要将其保存并导出，其具体操作如下。

步骤 01 在剪辑界面右侧面板点击"保存"按钮，此时自动保存文件，并显示保存进度，如图6-51所示。

步骤 02 保存完成后，自动导出视频，在打开的窗口中可将视频分享到微信、新浪微博、QQ及美拍等媒体平台，点击"保存到相册"按钮，可将视频保存到手机相册，如图6-52所示。

图6-51 | 保存文件　　　　　　图6-52 | 导出与分享视频

步骤 03 在导出界面中点击"预览"按钮，可预览视频，如图6-53所示。

图6-53 | 预览导出的视频

步骤 04 视频制作完成之后，新闻编辑可以根据需要将其发布到其他支持上传本地视频的新媒体平台中。

4. 转换视频格式

由于某些平台对上传媒体文件的大小、品质和格式有要求，因此新闻编辑需要掌握将目标文件转换为平台所支持格式的方法。格式工厂是一款几乎支持将所有类型的多媒体格式转换为常用的音、视频格式的免费多媒体格式转换软件，且在转换过程中可以修复某些损坏的视频文件，利用它可将视频文件转换为MP4、3GP、MKV、MPG、VOB、FLV、SWF或MOV等格式。下面以将一个MP4格式的视频文件转换为MPG格式为例，讲解其操作方法。其具体操作如下。

步骤 01 安装并打开格式工厂，在主界面左侧的功能区中单击 按钮，在展开的"视频"选项卡中单击"MPG"按钮 ，如图6-54所示。

步骤 02 打开"MPG"对话框，单击 添加文件 按钮，在打开的"打开"对话框中选择要进行转换的视频文件（配套资源：素材文件\第6章\女包.mp4）。

步骤 03 单击 浏览 按钮，打开"浏览文件夹"对话框，设置新的保存路径，单击 确定 按钮，如图6-55所示。

图6-54 | 格式工厂主界面

图6-55 | 设置新的保存路径

步骤 04 单击 确定 按钮，此时在格式工厂主界面的文件列表区中将自动显示所添加的视频文件，然后单击工具栏中的 开始 按钮，开始执行转换操作，如图6-56所示。

步骤 05 转换成功后，单击主界面工具栏中的 输出文件夹 按钮，打开保存输出文件的文件夹，可查看转换后文件的详细信息，如图6-57所示（配套资源：效果文件\第6章\女包.mpg）。

图6-56 | 转换视频

图6-57 | 输出文件夹

小提示 除了使用格式工厂转换文件格式外，利用会声会影等视频编辑软件，也能转换视频文件的格式。

6.2.4 网络新闻直播

现在是一个全民直播的时代，直播游戏、直播弹唱、聊天直播等，已经是很常见的现象了，在这样的环境下，网络新闻直播也得到了受众的广泛肯定。这是因为，一方面电视新闻直播已经为这种新闻形态打下了基础，另一方面，当有引起重大关注度的新闻事件发生后，受众可以通过网络新闻直播获取到最新鲜的第一手信息，满足其迫切得到消息的需求。

新闻直播是一种利用简便且实时性强的技术来进行新闻内容生产的新闻模式，新闻主播主要通过实时视频搭配语音直播的方式来展现事件，从而展现全方位的、如身临其境的新闻形态。近几年来，网络直播平台如雨后春笋般涌现，其中以映客、一直播、快手为代表的移动视频直播平台的崛起开启了全民直播的新时代。截至2018年6月，网络直播用户规模达到4.25亿，用户使用率为53%。

1．网络新闻直播概述

网络新闻直播以直播平台为载体，通过现场展示的方式来传达各类新鲜资讯。现在主流的新闻直播方式是使用手机摄像头和其他拍摄设备来实时呈现各种信息，以方便其他网络用户观看并进行互动。

电视或广播等传统媒体平台的现场直播是最早的直播形式，如体育比赛直播、新闻直播等。而随着移动互联网和智能手机技术的快速发展，基于互联网的直播方式开始兴起，它们通过在互联网设备上安装直播软件来进行直播，达到信息传播的目的。现在各大新闻媒体都开始纷纷借助新媒体平台来传递新闻信息，扩大自身的影响力。

多模式、多样化的新闻生产和传播方式是互联网时代对新闻发展的必然要求，也是传统新闻媒体及新兴网络新闻媒体适应并满足当下传播分众化、需求差异化、信息碎片化，以及获取信息便捷化的必然要求。网络视频直播为新闻生产提供了全新的创作视角与思维模式，促进了新闻主播在第一时间获取相关信息，并通过视频直播开展报道与分析。并且，现有的资料还有利于传播者或新闻媒体进行新闻的二次利用与开发，打破了传统的新闻信息一次利用后便失去价值的模式，提高了新闻的附加值，最大化地利用已有的信息资源。

2．网络新闻直播的要素

目前的网络直播新闻默认为是以互联网的直播平台为载体进行的全面深入的新闻报道。它与传统媒体直播相比，具有不受媒体平台限制、参与门槛低、直播内容多样化等优势。网络新闻直播包括场景、人物、事件3个要素。

◆**场景:** 场景指整个事件现场,这是直播新闻的特点之一,即展示真实画面与场景,让受众有亲临现场的感觉。

◆**人物:** 人物指直播的主角,可以是主播或直播嘉宾,也可以通过采访的形式介绍本次直播的相关内容,或与观众互动。

◆**事件:** 事件指本次直播的主题,也就是要直播的关键事件。任何一场直播都要有内容,而且是足够重要的内容,例如人物访谈直播、互动提问直播、会议直播、活动现场直播等,重点在于要让受众获得重要信息。直播时间一般较长,如果没有事件支撑,那么将难以进行下去。

3. 网络新闻直播的主要特点

随着互联网的发展,网络新闻直播因其向移动端偏移、设备简单、直观即时、时长少限制、直达受众、参与互动性强等特点而受到各大新闻媒体的喜爱。

◆**向移动端偏移:** 近年来,网民的上网工具不断向移动终端靠拢,其不受空间局限随时观看新闻的特点使受众接收信息的需求得到了极大满足,因此不少电视新闻直播开始向网络新闻直播转型,不少新闻媒体也借助各大新媒体平台开展了网络新闻直播的新形态。

◆**设备简单:** 直播使用的设备很简单,常见的手机、电视机、计算机等都支持直播,而基于互联网的直播新闻,可以直接通过手机来接收与传播,传播范围更广、速度更快,传播效果也就越加明显。

◆**直观即时:** 网络新闻直播通常是因为有重大事件或突发事件,需要为受众提供准确、及时的信息,而直播可以使受众同步看到事件的发生、发展与结果,第一时间反映现场的状态,为受众了解信息提供了直观、即时的方式。特别是对于投票、资讯、发布会等内容的直播来说,可以在介绍最新进展的同时,邀请观众同步参与互动;另外在展示灾后现场、追踪报道时,直播也能发挥很大的作用。

◆**时长少限制:** 如短视频之类的新闻时长有限,不适合做全面、深度的报道,而传统媒体的电视直播也受栏目安排、播出时长等方面的限制。网络新闻播出则没有这方面的压力,甚至可以为受众全方位展示台前、幕后等的直播与解读。

◆**直达受众:** 直播时不会对直播内容进行剪辑和加工,播出的内容与受众所看到的内容是完全一致的,不仅真实、直观,受众也和新闻主播一起成为第一见证人,这对受众来说是一种新奇的体验,能满足受众获取第一手信息的需求。但在进行网络新闻直播时要注意直播流程与设备的维护,避免出现直播失误,引发受众担忧或不满等情绪。

◆**参与互动性强:** 网络新闻直播的过程,是一个由信息传递和信息反馈组成的双向循环流程,受众在观看新闻的同时可以发表自己的评论、观点,实现实时互动,这甚至会对新闻主播的行为产生一定的直接影响，例如主播可以根据留言或评论内容，满足受众的意愿，展示活动现场的另一个场地等。这种双向的交流打破了传统直播单一、封闭的状态，有效避免了单向传播导致的舆论失衡。

4. 网络直播的主流平台

主流的直播平台有虎牙直播、一直播、斗鱼直播、花椒直播、微博直播等，这些平台都很受欢迎。一般来说，平台用户越多，受众市场就越大，对于新闻媒体来说，这些都是很好的内容传播渠道。下面对这些常用的直播平台进行简单介绍。

◆ **虎牙直播：** 虎牙直播是致力于技术驱动娱乐的弹幕式直播互动平台，可供1000万人同时在线观看高清直播，其直播内容以游戏为主，其他还包含有美食、秀场、电视、演唱会、发布会、体育、电子竞技等多种直播内容，其界面如图6-58所示。

图6-58 | 虎牙直播

◆ **一直播：** 2016年5月13日，新浪微博与秒拍宣布共同推出移动直播应用"一直播"，用于承担微博的直播业务。微博用户可以在微博内直接发起直播，也可以通过微博直接实现观看、互动和送礼，其界面如图6-59所示。

◆ **斗鱼直播：** 斗鱼以游戏直播为主，其他还包含体育、综艺、娱乐等直播内容，其界面如图6-60所示。斗鱼还与华为、中国移动合作，率先开启了5G+VR高清直播。

◆ **花椒直播：** 花椒直播定位于手机直播社交平台，于2015年6月正式上线。其主要内容涵盖娱乐新闻、各类发布会、生活趣闻等，如图6-61所示。

图6-59 | 一直播

图6-60 | 斗鱼直播

图6-61 | 花椒直播

◆**微博直播：** 微博作为一个热门的社交平台，因为聚集着大量用户，所以其直播功能的使用度也很高，尤其是微博用户习惯于通过热门话题获取和追踪浏览新鲜资讯，当发生影响力较大、有话题热度的社会事件时，微博中的新闻媒体可能会就此事以直播的形式追踪报道，以第一时间给关注此事的用户提供最新消息，而用户一般会提前得知直播消息。微博用户在微博中浏览资讯时能十分方便地通过微博直播正文跳转到微博直播页面，或在微博直播界面中自主选择，如图6-62所示。

图6-62｜微博直播

 微博并不是一个专业的直播平台，重要的直播内容也难以获得平台的推送，因此只有关注直播媒体、看到直播消息和有心搜索的用户才能看到。但因为微博用户覆盖面广，想要获取新鲜资讯的用户多，因此它也是一个重要的直播领域。

5. 网络新闻直播的现状和发展

网络直播由于互动强、时效强等逐渐被新闻行业所接受，成为新闻信息公开传递的新方式。但目前的网络平台仍存在着泛娱乐化的特点，社交、娱乐、游戏类直播仍占多数。且网络直播条件的放宽也导致一些不良现象频发，如半真半假的新闻会破坏网络新闻环境，或一些新闻主播在报道过程中短时间内多次重复相同信息，或语言组织混乱、播报不成体系等现象也频繁出现。这都说明当前网络直播质量需要得到提升，网络直播环境需要得到规范监管，网络直播平台的准入门槛需要提高。

媒介融合是当前媒体环境的大趋势，但不少新媒体在受众心目中的公信力、影响力仍不及传统媒体，网络新闻直播要想得到长期发展，新媒体平台更要规范自身，提高媒体自身的公信力，争取像传统媒体一样获得广泛而忠实的粉丝，积累品牌力量。国家对网络方面也十分重视，2014年2月，中央网络安全和信息化领导小组第一次会议上就提出了"网络强国"战略；2017年，央视新闻移动网上线，其移动直播系统"正直播"功能也标志着大数据和新媒体时代的到来。如果网络新闻直播平台在提高对网络新闻直播认识的基础上，以网络直播内容为导向，合理规划和选择不同的发展策略，将用户体验和服务作为行业发展的基本方向，结合先进技术和新型传播媒体，将会大大降低网络新闻直播行业在发展和媒体融合中因为技术缺陷问题而导致的难度。建立健全网络新闻直播内容生产机制和新闻直播法律法规，转变网络新闻直播形式，将有利于加强网络新闻直播品牌建设，帮助实现网络新闻直播的持续稳定发展。

 ## 思考与练习

1. 你认为短视频会成为新闻领域的主力军吗？谈谈你的理由。

2. 网络新闻直播有哪些特点？

3. 在喜马拉雅建立一个自己的新闻专辑，以最近的新鲜资讯为例在该专辑中上传一则音频内容。

（提示：新闻专辑主题自定，但选择录制的音频需符合专辑主题，着重训练音频内容的录制、编辑加工与发布操作。）

4. 以身边任何可利用的资源为素材库，确定一个主题，制作一则短视频新闻。

（提示：网络及生活中有不少新鲜事件，在整理之后录制视频并进行编辑加工，可采取多素材合并，或增加字幕、背景音乐、图片等内容增加视频的表现力，做成一个有头有尾的短视频新闻，可参考梨视频中的新闻。）